U0923758

内 容 提 要

本书是《重庆绕城高速公路科技示范工程丛书》中的一本。全书共分两篇，第一篇为高速公路路域资源综合利用技术，包括绪论、重庆绕城高速公路路域资源特点及其利用途径、路域土地资源节约与利用技术、路域水资源保护与利用技术、路域植被资源保护与利用技术、路域资源综合利用效益分析；第二篇为高速公路生态修复与景观营造技术，包括绪论、公路生态恢复与景观营造的理论基础、公路路域生态恢复技术、公路景观营造技术。

本书可供交通行业的科研人员、管理人员、工程技术人员等学习和参考。

图书在版编目（CIP）数据

山区高速公路路域资源综合利用与景观营造技术 / 敬世红，李玉峰，邓卫东编著．—北京：人民交通出版社，2013.7

ISBN 978-7-114-10474-9

Ⅰ．①山… Ⅱ．①敬… ②李… ③邓… Ⅲ．①山区道路—高速公路—路侧地带—生态恢复—研究②山区道路—高速公路—公路景观—景观规划—研究 Ⅳ．①U418.9

中国版本图书馆 CIP 数据核字（2013）第 055257 号

交通运输部科技示范工程丛书
重庆绕城高速公路科技示范工程丛书

书　　名：山区高速公路路域资源综合利用与景观营造技术
著 作 者：敬世红　李玉峰　邓卫东
责任编辑：韩亚楠　崔　建　贾秀珍
出版发行：人民交通出版社
地　　址：（100011）北京市朝阳区安定门外外馆斜街 3 号
网　　址：http://www.ccpress.com.cn
销售电话：（010）59757973
总 经 销：人民交通出版社发行部
经　　销：各地新华书店
印　　刷：北京盛通印刷股份有限公司
开　　本：880×1230　1/16
印　　张：12.5
字　　数：350 千
版　　次：2013 年 7 月　第 1 版
印　　次：2013 年 7 月　第 1 次印刷
书　　号：ISBN 978-7-114-10474-9
定　　价：82.00 元
（有印刷、装订质量问题的图书由本社负责调换）

《重庆绕城高速公路科技示范工程丛书》编委会

主　任： 滕宏伟

副主任： 李祖伟　韩道均　唐伯明

委　员：（按姓氏笔画排序）

邓卫东　田启贤　刘　浪　孙立东　庄卫林　何　川

张太雄　李关寿　李海鹰　杜国平　陈李峰　周　刚

易亚滨　胡旭辉　钟　宁　钟明全　凌天清　高海龙

敬世红　蒋再文　蒙　华

参　编　单　位

重庆市交通委员会

重庆高速公路集团有限公司

招商局重庆交通科研设计院有限公司

重庆交通大学

四川省交通运输厅公路规划勘察设计研究院

西南交通大学

中铁大桥局集团武汉桥梁科学研究院

江苏省交通科学研究院有限公司

交通运输部公路科学研究院

前言
preface

环境与发展是当今社会备受关注的热门话题，处理好资源环境与发展之间的关系，已成为21世纪面临的重大课题。随着我国公路交通事业的发展，尤其是公路建设项目向西部山区的转移，公路建设与环境保护的矛盾日益突出。然而，与飞速发展的路、桥、隧等土建技术相比，我国公路生态环境保护、路域资源利用、景观营造等方面的理论、技术与方法却相对滞后，成为制约我国公路建设水平进一步提升的因素之一。

路域资源包含的范围可以非常广泛，可定义为路域范围内在公路建设和运营过程中被利用的一切资源，如自然资源、人力资源、信息资源、地理资源等，公路景观也涉及到感受层面、环境生态与资源层面、文化艺术层面。本书以重庆绕城高速公路建设的实践为基础，结合相关的理论与方法，就公路建设中常面临的路域土地资源、水资源、植被资源综合利用，以及路域生态修复与景观营造的原则与对策措施予以阐述。期望所获得的经验可为类似工程的建设提供参考和指导。

本书是以2007年度交通运输部和重庆市科委科技示范工程—重庆绕城高速公路的部分科技成果为基础撰写的。在项目的实施和本书的撰写过程中，得到了交通运输部科技司、西部交通建设科技项目管理中心、重庆市科委的倾心关怀和支持，得到了项目承担单位的大力帮助和指导，项目其他参加人员为此付出了辛勤的劳动，在此，一并表示深切的谢意。

由于笔者理论水平和实践经验有限，书中难免存在欠缺、不妥甚至错误之处，望各位读者批评指正。

作　者

2013年5月

第一篇

高速公路路域资源综合利用技术

第一章　绪　　论

第一节　路域资源及其特点

一、路域资源的含义

《辞海》对“资源”一词的解释为“资财之源，一般指天然的财源”，《牛津现代高级英汉双解词典》对它的解释是：“Wealth，supplies of goods，raw materials，etc which a person，country，etc has or can use”，从上述解释上可以看出资源的可利用性。从不同的角度，采用不同的标准，可对资源进行不同的分类。例如，按照生产要素的实物形态，可以划分为人力资源和物资资源；按资源的根本属性，可划分为自然资源和社会资源；按利用限度，可划分为可再生资源和不可再生资源。

路域资源可定义为：公路路域沿线范围内，在公路建设和运营过程中被利用的一切资源。路域资源又可延伸为在公路上通行或在它的有效区域内运营而获得经济与社会效益的条件。

二、路域资源类型

路域资源包含的范围非常广，按路域资源的形态意识可划分为有形资源和无形资源。有形资源包括路域自然资源、人力资源和信息资源等；无形资源包括路域地理资源、空间资源、技术资源和社会资源等。

（一）有形资源

1. 自然资源

自然资源是在一定社会经济和技术条件下能够产生生态价值或经济价值，从而提高人类当前或可预见未来生存质量的天然物质和自然能量的总和。自然资源具有可用性、整体性、变化性、空间分布不均匀性和区域性等特点。路域资源通常所包含的自然资源有：土地资源、水资源、森林资源、矿产资源、生物资源、野生动植物资源、人文景观资源等。

2. 人力资源

人力资源包括公路的建设者、科研院所从事公路研究和技术支撑的人力资源，以及从事与公路建设相关工作的劳动者。

3. 信息资源

信息资源包括道路沿线的广告标识，提供信息提示的可变情报板、电子告示牌等。

（二）无形资源

1. 地理资源

公路运营带来沿线土地升值，经济发展，这就是公路地理资源。目前在我国尚未根本扭转交通运输滞后于经济发展的情况下，公路所产生的便捷交通优势是一种区位优势，蕴藏巨大的吸引力和发展潜力。公路促进区域经济发展是公路地理资源利用比较典型的表现，公路的修建，使一块土地由远离交通线、空间可达性差而变得交通便利。新城市、工厂的建设，使附近土地产生空间位移，从而导致土地使用价值的大幅度提高。

鉴于越来越严峻的土地利用形势，结合路域土地资源分布特点，重庆绕城高速公路在规划可行性研究初期就特别重视土地资源的节约与保护，把保护耕地放在首位。

图 1-2-1　重庆市都市区建设用地总体规划（2007~2020 年）

根据重庆市建设用地政策，以及重庆绕城高速公路都市圈范围内的用地规划，重庆交通行业也出台相应政策，指导公路建设用地，如重庆市交通委员会发布了“重庆市交通委员会关于加快建立节约型交通行业的通知”，以节约交通用地，提高土地资源利用率，并提出高速公路平均每公里征地，四车道控制在 110 亩以内，六车道控制在 140 亩内的硬性指标。

二、路域水资源分布及其特点

重庆市位于长江上游，境内河流纵横，长江自西南向东北横贯市境，北有嘉陵江，南有乌江汇

第一章　绪　　论

第一节　路域资源及其特点

一、路域资源的含义

《辞海》对“资源”一词的解释为“资财之源，一般指天然的财源”，《牛津现代高级英汉双解词典》对它的解释是：“Wealth，supplies of goods，raw materials，etc which a person，country，etc has or can use”，从上述解释上可以看出资源的可利用性。从不同的角度，采用不同的标准，可对资源进行不同的分类。例如，按照生产要素的实物形态，可以划分为人力资源和物资资源；按资源的根本属性，可划分为自然资源和社会资源；按利用限度，可划分为可再生资源和不可再生资源。

路域资源可定义为：公路路域沿线范围内，在公路建设和运营过程中被利用的一切资源。路域资源又可延伸为在公路上通行或在它的有效区域内运营而获得经济与社会效益的条件。

二、路域资源类型

路域资源包含的范围非常广，按路域资源的形态意识可划分为有形资源和无形资源。有形资源包括路域自然资源、人力资源和信息资源等；无形资源包括路域地理资源、空间资源、技术资源和社会资源等。

（一）有形资源

1. 自然资源

自然资源是在一定社会经济和技术条件下能够产生生态价值或经济价值，从而提高人类当前或可预见未来生存质量的天然物质和自然能量的总和。自然资源具有可用性、整体性、变化性、空间分布不均匀性和区域性等特点。路域资源通常所包含的自然资源有：土地资源、水资源、森林资源、矿产资源、生物资源、野生动植物资源、人文景观资源等。

2. 人力资源

人力资源包括公路的建设者、科研院所从事公路研究和技术支撑的人力资源，以及从事与公路建设相关工作的劳动者。

3. 信息资源

信息资源包括道路沿线的广告标识，提供信息提示的可变情报板、电子告示牌等。

（二）无形资源

1. 地理资源

公路运营带来沿线土地升值，经济发展，这就是公路地理资源。目前在我国尚未根本扭转交通运输滞后于经济发展的情况下，公路所产生的便捷交通优势是一种区位优势，蕴藏巨大的吸引力和发展潜力。公路促进区域经济发展是公路地理资源利用比较典型的表现，公路的修建，使一块土地由远离交通线、空间可达性差而变得交通便利。新城市、工厂的建设，使附近土地产生空间位移，从而导致土地使用价值的大幅度提高。

2. 空间资源

公路空间资源包括公路上空与地下资源。如公路上修建的上跨人行天桥、地下通道，或电缆、通信光缆、下水道、天然气管道等。这些管线大部分埋设在公路路肩或中央分隔带之下，既充分利用了公路地下资源，又没有影响到公路的运营。

3. 技术资源

公路建设在一定程度上促进了交通行业的技术创新，促进了科研技术成果转化以及产学研的结合。

4. 社会资源

公路建设必将对周边的社会、经济以及民众产生深远而广泛的影响，这些影响有短期和长期的，主要体现在高速公路建设对周边辐射及带状影响，实现资源共享，而这部分共享资源统称为“社会资源”。

三、路域资源的特点

路域资源作为一种特定资源，有其自身的性质和特点，具体体现在如下几方面。

1. 路域自然资源有其可利用性

资源在用途上可划分为生产资源和生活资源，按其自身性质，又可分为水、土地、森林、矿产、生物、野生动植物资源等。路域资源作为一种自然资源，首先有其可利用性。

2. 路域人工资源有其可再生性

在路域资源的利用过程中，通过对路域资源的改造，可使其成为一种人工资源，并可使其循环再生利用。经济学上，可再生性是指资源在受到某种干扰时能保持其生产率的能力。资源可再生利用所要追求的目标是：既要使人类的各种需要得到满足，人类得到充分发展，又要保护资源和生态环境，不对后代人的生存和发展构成威胁，简单地说，就是一代人对资源的利用不能损害到下一代人对资源的利用。因此，路域资源作为一种人工资源，必须在其被利用过程中，充分发挥其可再生性。

3. 路域生态资源有其可持续性

路域生态资源，简单来说，就是在公路沿线、中央分隔带或公路地块范围内进行绿化，恢复和维持原有的生态，并对其充分利用，最终形成一种资源。生态建设不仅改善路容路貌，同时陶冶了人们的心灵。而生态建设的成果，在防治水土流失以及保障动植物群落的繁衍方面，可实现公路路域范围内和当地生态系统的可持续性。

4. 路域社会资源有其可推广性

高速公路立交区场地引入社会资源共同开发，可带动地方经济；高速公路施工便道可作为“村村通”公路的组成等。这些社会资源的共享，既造福于地方百姓，又不浪费资源，避免重复建设。路域社会资源利用的方法和措施，可着力推广应用。

5. 路域资源有其效益性

路域资源是一种价值资源，其利用过程中产生的工法、先进技术、节约意识等，不仅能节约公路建设成本，而且能产生良好的社会和经济效益。公路的建设和运营，不仅提供便捷的出行交通，更能促进区域社会经济发展。

第二节　路域资源利用存在的主要问题及本书阐述的主要内容

一、路域资源利用存在的主要问题

环境与发展成为当今国际社会备受关注的热点话题，处理好资源环境与发展之间的关系，已成为

21 世纪面临的重大问题。在加强公路交通基础建设的同时，保护和恢复路域生态环境，路域资源的节约与保护，路域资源的综合利用和循环利用，是实现社会经济可持续发展和行业落实科学发展观的重要标准之一。在《国民经济和社会发展第十一个五年规划纲要》和《国务院关于落实科学发展观加强环境保护的决定》中明确提出，要把节约资源作为基本国策，把环境保护摆在更加重要的战略位置，根据不同地区资源禀赋、环境容量、生态状况，实行优化开发、重点开发、限制开发和禁止开发。因此，公路建设应当从我国人口众多、资源有限、环境承载力弱的基本国情出发，坚持以人为本、科学发展、集约利用土地资源，通过优化设计，最大限度地保护生态环境，走出一条资源节约和环境友好的可持续发展之路。

随着我国公路交通事业的发展，尤其公路建设项目逐步向西部地区转移，导致公路建设与环境保护的矛盾日益突出。在促进社会经济发展的同时，公路建设也占用了大量土地，对沿线水、动植物等自然资源造成干扰、破坏。人类一面享受着“阡陌交通”的便捷与舒适而为自己“道路开，财路来”的胜利欣喜之余，另一面却在不得不承担着“路通，人涌，树枯，兽空”的恶果。随着公路里程的不断增长，等级不断提高，通达深度不断向山区延伸，这种影响会日益加剧。

公路交通行业是资源占用型和能源消耗型行业。在资源、能源和资金约束日趋明显的情况下，必须采取更加有效的措施，保护资源，节能降耗，开源节流。在交通建设和发展理念上，必须坚持走交通的可持续发展道路，建设节约型行业；必须正确处理公路发展与环境和谐、资源高效利用的关系。

进入 21 世纪以来，随着我国人们生活水平的提高和环境保护意识的增强，公路路域资源的利用已逐步得到重视，但与发达国家相比，仍有较大差距，未形成系统的节约、保护和综合利用的措施和方法，由于各地社会经济发展的形式不同，进而认识不尽相同，且做法也不尽相同。目前我国公路路域资源利用存在的问题主要体现在如下几方面。

1. 认识不足

长期以来，我国公路交通建设存在着过分强调技术标准、工程规模、工程造价和建设工期等因素为主导的建设思想，对资源保护、节约与综合利用重视不够，存在一定的盲目性和自从性，路域资源的综合利用概念尚无定论，普遍存在利用率低、综合承载能力低、整体产出效率低的“三低”现象。

2. 体系不全

针对具体项目，开展了一些资源节约与保护的实践，学术界对公路环境影响评价和公路项目评价的研究较多，但在路域资源节约与保护方面的评价体系仍是空白，目前还没有一套完整系统的理论基础，缺乏衡量“资源节约与保护”的科学尺度，尤其是缺乏效益分析体系的可量化指标，也无具体的相关政策支持，更无相适应的规范、标准和技术指南等。

3. 开发滞后

公路建设沿线有着丰富的路域资源，而这部分路域资源的综合利用和开发相对滞后，例如路域范围内的筑路材料应用，立交区场地区域闲置等，目前大多采用景观绿化的方式处理，而未采取其他措施进行利用开发。

4. 把关不严

个别地区的工程建设仍存在野蛮施工现象，工程管理粗放，造成施工建设过程中的浪费现象比较严重，甚至造成了公路沿线大量的水土流失，其影响范围不仅是工程项目区本身，还会对整个区域生态环境造成极大的威胁，因此加强工程建设管理，对路域生态环境和路域资源的保护起着至关重要的作用。

二、本书阐述的主要内容

路域资源的范畴非常广泛，本书以重庆绕城高速公路为背景，以理论研究和工程实践相结合，以

鉴于越来越严峻的土地利用形势，结合路域土地资源分布特点，重庆绕城高速公路在规划可行性研究初期就特别重视土地资源的节约与保护，把保护耕地放在首位。

图 1–2–1　重庆市都市区建设用地总体规划（2007~2020 年）

根据重庆市建设用地政策，以及重庆绕城高速公路都市圈范围内的用地规划，重庆交通行业也出台相应政策，指导公路建设用地，如重庆市交通委员会发布了“重庆市交通委员会关于加快建立节约型交通行业的通知”，以节约交通用地，提高土地资源利用率，并提出高速公路平均每公里征地，四车道控制在 110 亩以内，六车道控制在 140 亩内的硬性指标。

二、路域水资源分布及其特点

重庆市位于长江上游，境内河流纵横，长江自西南向东北横贯市境，北有嘉陵江，南有乌江汇

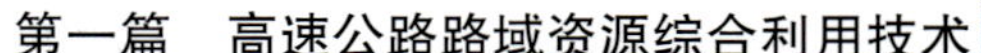

入，形成向心的、不对称的网状水系。境内流域面积大于 100km^2 的河流有 207 条，其中流域面积大于 1 000km^2 的河流有 40 条。

（一）重庆市水资源现状及分布（以 2008 年为例）

降水量：2008 年重庆市平均降水量 1 187.7mm，折合年降水量 978.70 亿 m^3，比上年偏少 6.40%，较多年平均降水量偏多 0.30%，属平水年份，如图 1-2-2~ 图 1-2-6 所示。

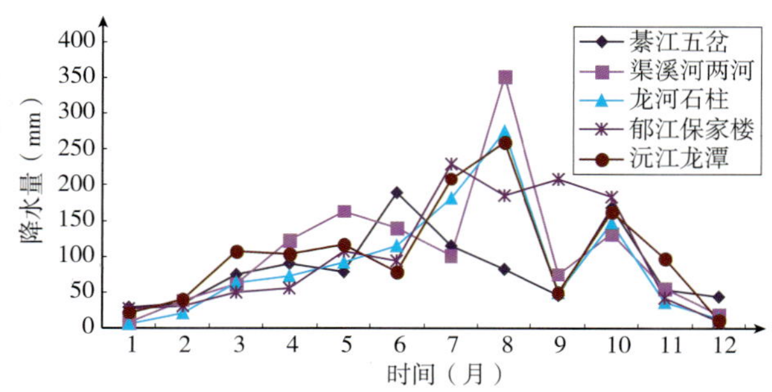

图 1-2-2　2008 年重庆市雨量代表站月降水量图

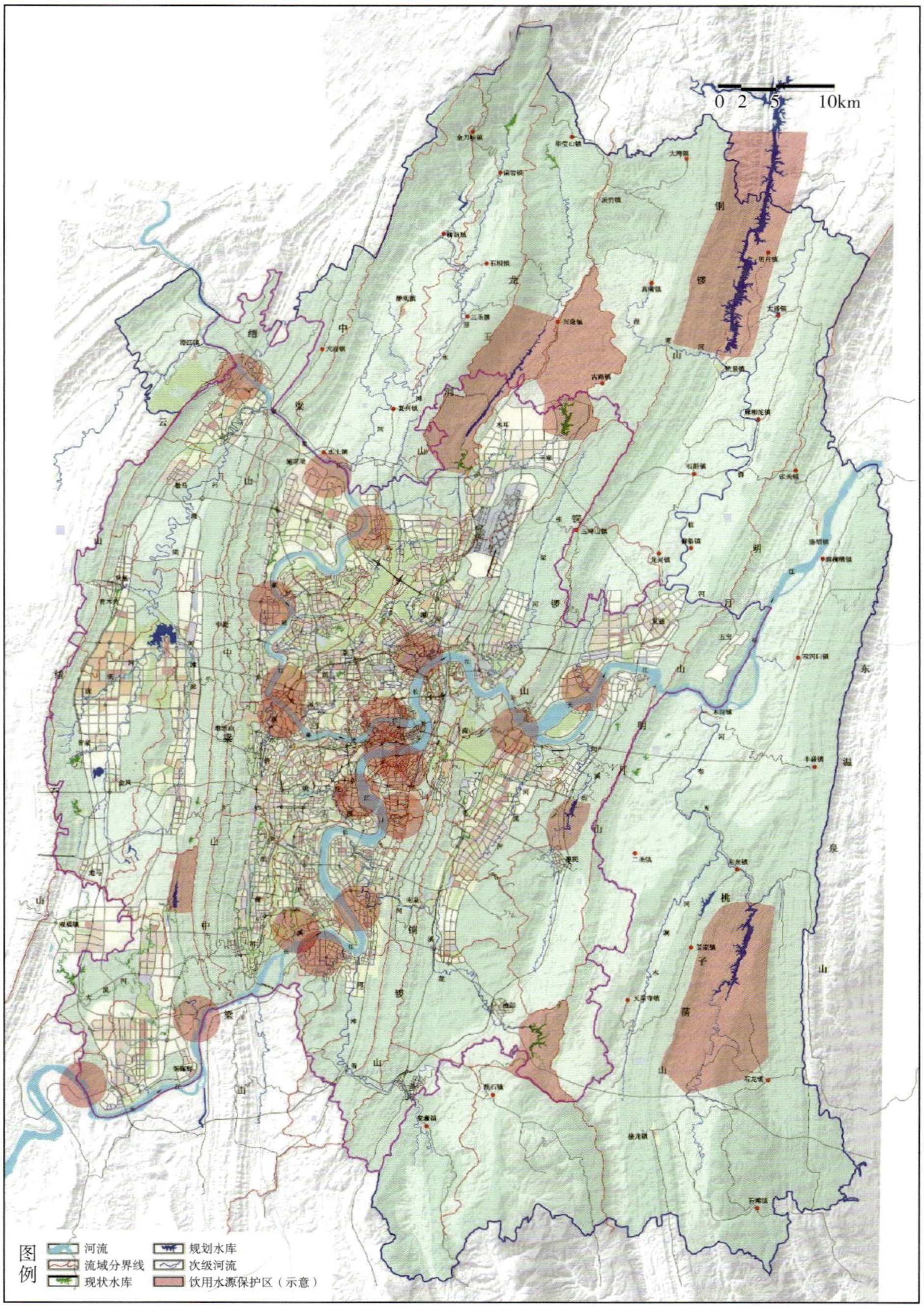

图 1-2-3　重庆市都市区河流水系与水源保护示意图（2007~2020 年）

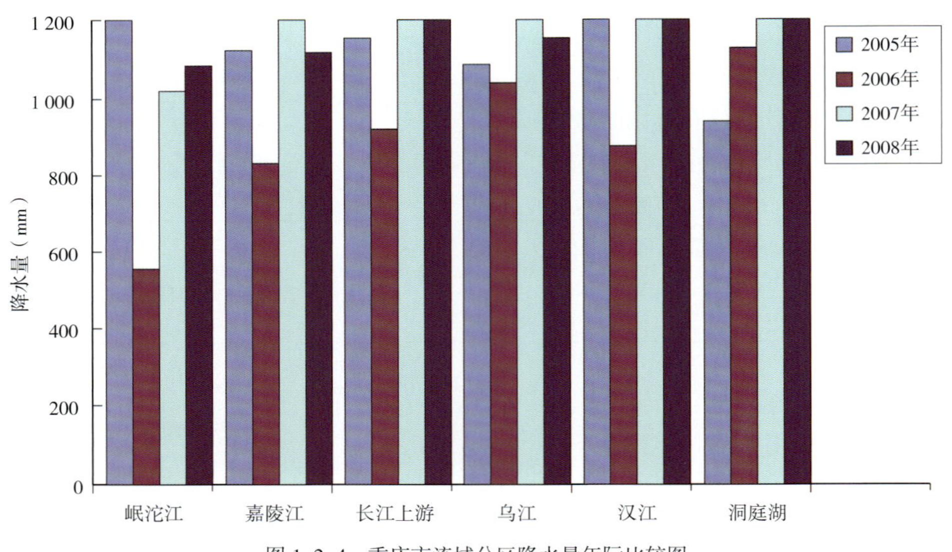

图 1-2-4　重庆市流域分区降水量年际比较图

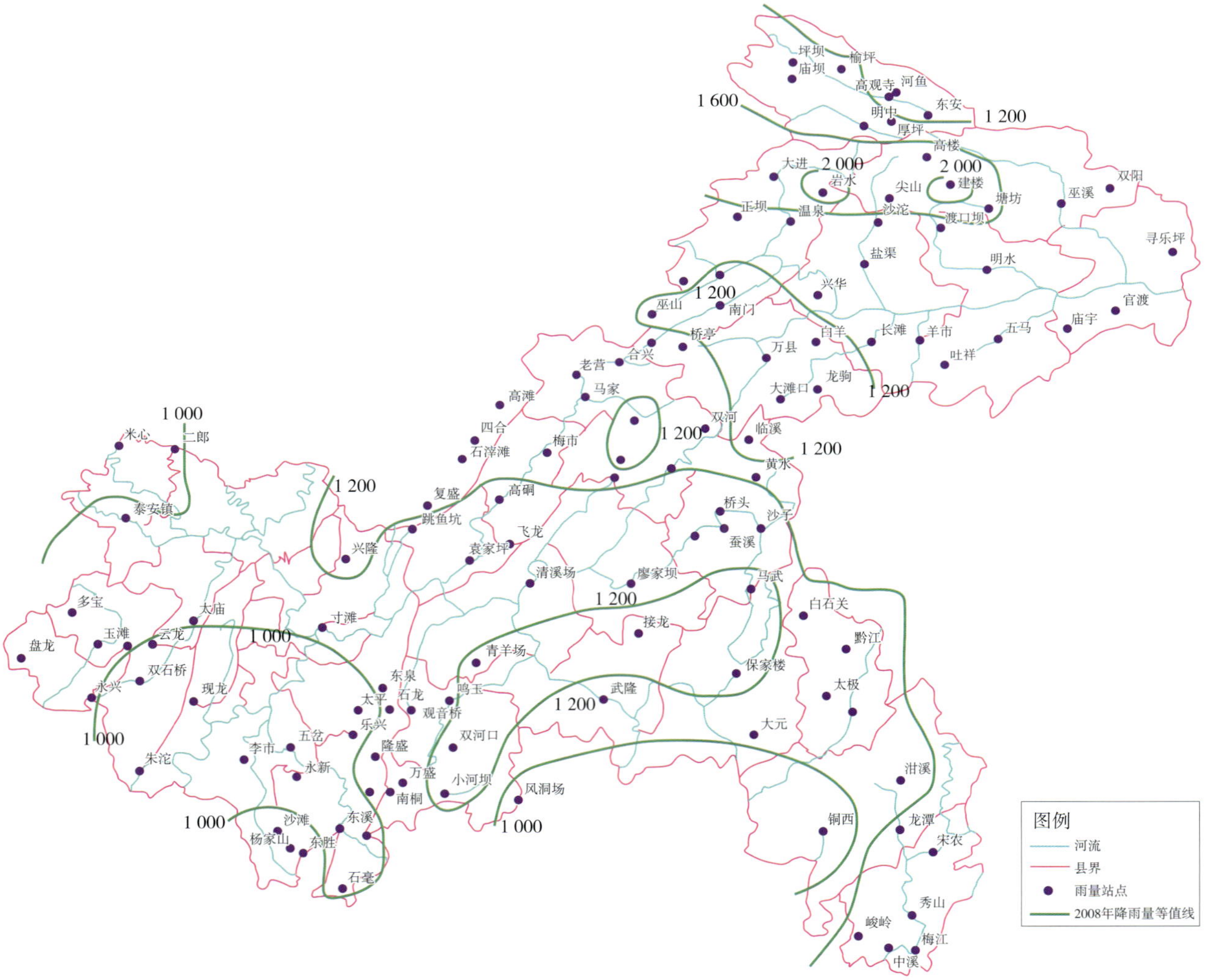

图 1-2-5　2008 年重庆市降水量等值线图

图 1-2-6　2008 年重庆市降水量距平等值线图

水资源量：2008 年重庆市当地地表水资源量为 576.93 亿 m^3，比上年偏少 12.98%，较多年平均值偏多 1.62%，如图 1-2-7 和表 1-2-2 所示。

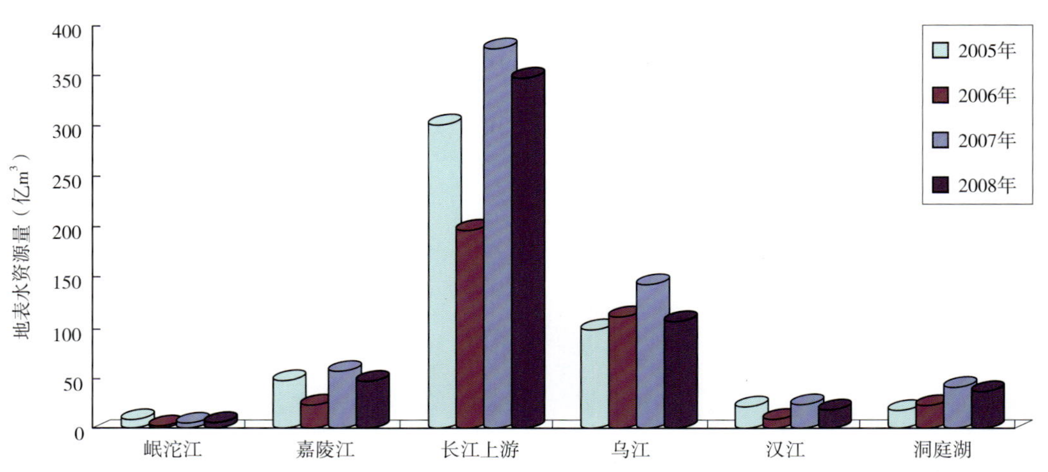

图 1-2-7　重庆市流域分区地表水资源量年际比较图

2008 年重庆市行政分区水资源量　表 1-2-2

行政区	降水量（mm）	地表水资源量（亿 m^3）	地下水资源量（万 m^3/km^2）	重复计算量	水资源总量	产水系数	产水模数
万州区	1 202.1	23.60	2.01	2.01	23.60	0.57	68.27
黔江区	1 102.9	15.51	3.69	3.69	15.51	0.59	64.72
涪陵区	1 183.1	17.99	2.55	2.55	17.99	0.52	61.08
渝中区	1 066.4	0.10	0.02	0.02	0.10	0.43	45.34
大渡口区	1 066.4	0.44	0.07	0.07	0.44	0.44	47.13
江北区	1 066.4	1.00	0.15	0.15	1.00	0.44	46.81
沙坪坝区	1 066.4	1.74	0.27	0.27	1.74	0.43	45.34
九龙坡区	1 066.4	2.06	0.31	0.31	2.06	0.44	46.52
南岸区	1 066.4	1.29	0.13	0.13	1.29	0.43	46.21
北碚区	1 125.0	3.84	0.53	0.53	3.84	0.45	50.80
万盛区	1 042.1	3.09	0.27	0.27	3.09	0.52	54.51
双桥区	875.7	0.10	0.03	0.03	0.10	0.31	27.57
渝北区	1 192.1	8.48	1.02	1.02	8.48	0.49	58.37
巴南区	1 008.7	7.59	0.86	0.86	7.59	0.41	41.47
长寿区	1 117.9	7.42	0.98	0.98	7.42	0.47	52.47
江津区	927.4	10.81	1.65	1.65	10.81	0.36	33.77
合川区	1 016.7	9.59	1.65	1.65	9.59	0.40	40.71
永川区	1 097.4	7.63	1.11	1.11	7.63	0.44	48.44
南川区	1 149.6	16.68	3.49	3.49	16.68	0.56	64.11
綦江县	941.4	9.97	1.03	1.03	9.97	0.49	45.71
潼南县	958.1	5.59	1.11	1.11	5.59	0.37	35.24
铜梁县	960.1	4.75	0.94	0.94	4.75	0.37	35.43
大足县	1 034.1	5.83	0.98	0.98	5.83	0.41	41.95
荣昌县	1 104.4	5.16	0.76	0.76	5.16	0.43	47.84
璧山县	956.7	3.24	0.64	0.64	3.24	0.37	35.48
梁平县	1 342.4	14.17	1.33	1.33	14.17	0.56	74.99
城口县	1 296.7	30.03	8.19	8.19	30.03	0.70	91.38
丰都县	959.9	13.54	1.60	1.60	13.54	0.49	46.68
垫江县	1 256.3	10.19	1.07	1.07	10.19	0.53	67.14
武隆县	1 138.2	18.43	4.47	4.47	18.43	0.56	63.52
忠县	1 256.4	15.09	1.45	1.45	15.09	0.55	69.07
开县	1 363.9	31.07	2.78	2.78	31.07	0.58	78.47
云阳县	1 306.2	27.69	2.30	2.30	27.69	0.58	76.20

续上表

行政区	降水量（mm）	地表水资源量（亿 m^3）	地下水资源量（万 m^3/km^2）	重复计算量	水资源总量	产水系数	产水模数
奉节县	1 286.1	38.66	5.49	5.49	38.66	0.74	94.58
巫山县	1 289.9	29.17	4.99	4.99	29.17	0.76	98.62
巫溪县	1 714.4	63.96	9.77	9.77	63.96	0.93	158.71
石柱县	1 126.1	19.96	2.00	2.00	19.96	0.59	66.25
秀山县	1 330.9	24.02	3.23	3.23	24.02	0.74	98.06
酉阳县	1 133.2	35.40	7.49	7.49	35.40	0.60	68.43
彭水县	1 229.5	32.04	6.01	6.01	32.04	0.67	82.10
全市	1 187.7	576.93	88.40	88.40	576.93	0.59	70.02

蓄水动态：2008 年重庆市大中型水库年末总蓄水量 21.392 4 亿 m^3，比上年末增加 8.72%。

供用水量：2008 年重庆市总供用水量为 82.773 1 亿 m^3，比上年增加 6.90%，如图 1-2-8 所示。

用水指标：2008 年重庆市人均用水量为 292m^3，万元 GDP 用水量为 162m^3，万元工业增加值用水量为 226m^3，人均生活用水量为 121L/d，农业亩均用水量为 222m^3，城镇人均公共用水量为 47L/d，如图 1-2-9 所示。

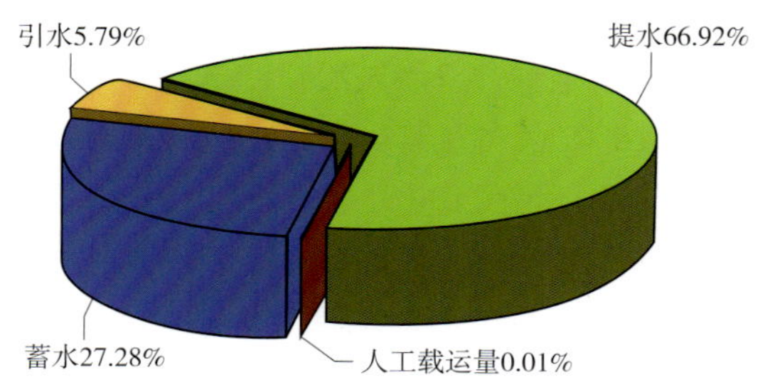

图 1-2-8　重庆市地表水源供水量比例图

生产84.34%
生态0.56%
生活15.10%

图 1-2-9　重庆市用水组成图

河流水质：2008 年，长江、嘉陵江、乌江（以下简称“三江”）水质评价结果表明：“三江”重庆段水质保持稳定，21 个监测断面均满足Ⅲ类水质标准，如图 1-2-10 所示。

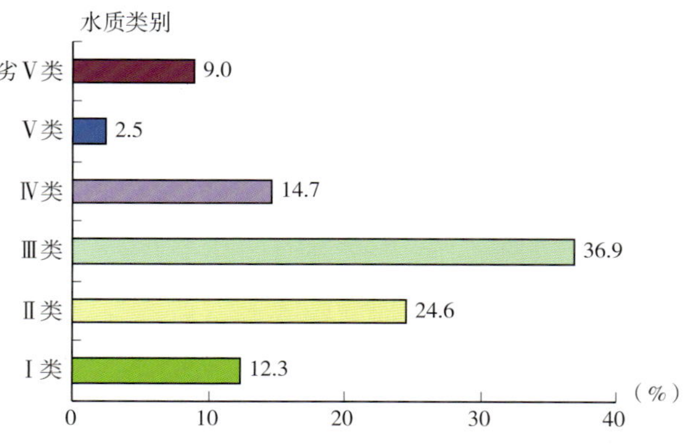

图 1-2-10　重庆市次级河流水质状况图

水土流失：据 2005 年遥感调查，重庆市水土流失面积 4.0 万 km^2，占幅员面积的 48.55%。平均土壤侵蚀模数 3 641.95t/km^2·年，土壤侵蚀总量 1.46 亿 t/ 年。其中三峡库区水土流失面积 2.38km^2，占幅员面积的 51.71%，平均侵蚀模数 3 738.51t/km^2·年，土壤侵蚀总量 8 924 万 t/ 年。2008 年重庆市累计投入水土保持生态建设资金 3.08 亿元，初步治理水土流失面积 2 538.7km^2，其中三峡库区水保投入资金 1.49 亿元，初步治理水土流失面积 1 475km^2。重庆市水系森林工程建设完成绿化面积 7.55 万亩。

（二）沿线河流与水资源特点

重庆绕城高速公路所经区域内主要河流有嘉陵江、鱼溪河、綦江河、箭滩河、花溪河、磨滩河、龙凤溪、黑水滩河、雷家沟河、沙湾沱河、后河等，均为长江水系，雨量充沛，地表径流较活跃，各

类岩组裂隙、岩溶较发育，为地下水的富集提供了条件。地下水主要为松散堆积层孔隙水、红层裂隙水、碎屑岩类孔隙裂隙水及碳酸盐岩岩溶水四大类。沿线路域水资源具有以下特点。

1. 水资源时空分布不均衡

重庆高山、丘陵、平坝交错，地形地貌复杂，气候条件差异甚大，高山地区降雨丰富，丘陵地区相对较少，水资源分布极不平衡。且由于重庆市位于我国东西大陆南端，受大气环流控制，属中亚热带季风气候，所以水资源有着时空分布不均衡的特点。

（1）年内降雨分布不均，夏秋多，冬春少，多集中在 5~10 月，降雨量占全年的 70% 以上，而且往往以大暴雨的形式产生。

（2）年际变幅大，枯水年与丰水年降雨量相差达 2 倍左右。

（3）地域分布不均，东部多于西部，北部大于南部，中低山区大于丘陵河谷区。

2. 水资源短缺极为严重，但过境客水却相当丰富，可利用前景广阔

降雨形成地表径流，多年平均径流深为 621mm，换算成地表水资源量为 $511.4 \times 10^8 m^3$，人均占有当地水资源量为 1 681m^3。据有关资料介绍，我国人均水资源量为 2 400m^3，占世界人均水平 10 800m^3 的 22%，被列为世界上 13 个贫水国之一。而重庆市的水资源形势更为严峻，问题十分突出，全市人均占有水资源量仅占全国人均的 70%，占全世界人均的 15.6%，水资源严重短缺。

全市当地水资源不足，但过境客水却相当丰富，有着得天独厚的优势，除我国第一大河流——长江干流横贯其境外，还有嘉陵江、乌江等长江一级支流的大江大河流经市域，多年平均过境客水量为 $3\,981 \times 10^8 m^3$。但由于诸多客观条件的限制，近年来经调查，实际利用过境水量仅有 $25 \times 10^8 m^3$，占过境水量的 0.6%，具有开发利用的广阔前景。

三、路域植被资源分布及其特点

重庆位于东经 105° 17′~110° 11′、北纬 28° 10′~32° 13′ 之间的青藏高原与长江中下游平原的过渡地带。气候属亚热带季风性湿润气候，年平均气候在 18℃左右，冬季最低气温平均在 6~8℃，夏季平均气温在 27~29℃，日照总时数 1 000~1 200h，冬暖夏热，无霜期长、雨量充沛、温润多阴、雨热同季，常年降雨量 1 000~1 400mm，春夏之交夜雨尤甚，素有“巴山夜雨”之说。

重庆绕城高速公路沿线区域的主要植被类型为亚热带常绿阔叶林、常绿阔叶林和针阔叶混交林。区域内植物资源丰富，各类植物共有 6 000 多种，境内主要原生本土乔木有银杏、雪松、云杉、柏木、侧柏、木麻黄、钻天杨、桤木、青冈栎、栓皮栎、朴树、黄葛树、天竺桂、枫香、喜树、法国珊瑚等，灌木有千头柏、铺地柏、接骨木、六月雪、小果蔷薇、茶梅等。药用植物资源丰富，是全国重要的中药材产地之一，主要有黄连、白术、金银花、党参、贝母、天麻、厚朴、元胡、当归等。

重庆绕城高速公路沿线植物资源主要植物群落类型有乔—灌—草组合，乔—灌组合，乔—草组合，灌—草组合四种类型。具有以下特点：

（1）具有区域性。根据沿线不同的地形地貌及景观段落，植物分布具有明显的区域性特点。

（2）具有多样性。根据所经区域的不同，植物类型具有多样性特点。

（3）具有生态脆弱性。沿线的路域植被一旦遭受破坏，很难自我维持，必须通过人工干预和生态恢复工作才能得以恢复。

（4）具有可再生性。沿线路域植被在生态恢复过程中，通过育苗点栽和乡土化植物原则，进行再生恢复。

（5）具有时间性。沿线路域生态系统和植被资源遭受破坏后，达到建设前的生态水平，需要一定的时间和期限，因此，必须采取生态恢复措施，来缩短生态恢复过程。

第二节　路域资源保护与利用的解决途径与措施

一、解决途径

对路域资源的保护、节约以及综合利用，需要通过政策引导、宣传导向、技术改造、经验总结等多个途径，从工程实践中形成一套有效的解决办法，实现从决策到工程建设管理，从创新设计理念到精细化的工程施工，从初期投入到后期养护管理全寿命周期的节约与保护，具体途径可归纳为以下几点。

1. 增强可持续发展意识，树立资源节约的目标

应在各级领导者和决策者的脑海中，牢固树立起“资源、环境、经济协调发展”的思想，增强决策者的可持续发展意识，使其贯彻到机制设置、人才培养、决策程序、资金投入等每一步决策制定和具体操作中去，使得可持续发展成为政府及企业自觉、自愿的行为。应在交通行业开展绿色交通行动，推进节约型交通教育，加强可持续发展宣传教育活动，使广大民众人人都树立自觉的可持续意识，主动参与到交通建设与环境保护的行列中，从领导干部到一般群众，从设计人员到施工人员，从交通基础设施建设者到运输生产经营者，人人都树立起交通可持续发展和资源节约与保护的意识。

2. 建立健全科学决策机制，统筹规划

建立健全科学决策机制，通过深入调查、论证，广泛听取多方意见，在工程实践过程中，在加强工程建设管理的同时，应实行工程建设的科学化和民主化，杜绝形象工程，避免路域资源的浪费现象。

统筹规划合理安排，根据公路交通发展的需求及路域生态系统承载力，可考虑适当超前与路域资源综合利用的统一，并合理安排工程建设工期，避免出现因工程建设工期而忽略资源的节约与保护。

3. 加大宣传力度和技术交流，强化节约意识

在工程建设过程中，应重视对公路建设人员的保护和节约路域资源的技术培训和理念宣贯，并在不同的施工合同段、不同的技术领域、不同层面人员间开展关于保护和节约路域资源方面的技术研讨和经验交流。编制关于资源节约与保护的宣传册和施工技术要求等，让工程建设者充分认识到资源节约与保护的重要性和必要性，并进行指导，具备可操作性。

4. 开展创新工作，提升节约理念

在工程建设中，组织实施理念创新、技术创新、管理创新和制度创新等工程。通过开展创新工作，提升保护与节约理念。例如，坚持技术创新，就应合理选用设计标准，从交通工程所处的区域特点和实用性角度出发，充分考虑地区之间、不同地理条件之间的发展差别和不同情况，坚持针对工程项目所处的自然、地理、环境、地质条件等特点，尊重不同区域的特殊性和差异性，在满足安全性、功能性的前提下，通过对工程方案和技术经济的比选，合理运用技术标准，确定经济合理的建设规模、技术标准，达到满足公路功能要求与路域资源利用间的合理统一。

5. 预防为主，保护优先

牢固树立“不破坏就是最大的保护”的思想，坚持最大限度地保护，最小程度地影响，最强力度地恢复，实现基础设施建设与环境保护并重，建设项目与自然环境和谐。

6. 将“人与自然和谐理念”贯穿公路建设各个环节

要把“人与自然和谐”的理念贯穿到交通发展的各个环节，实施最严格的环境保护措施。对生态系统正常地区，要尽可能减少负面影响；对生态环境脆弱地区，要避免造成生态系统失衡；对已被破坏地区，要最大限度恢复生态平衡。

应倡导绿色交通和清洁运输，减少污染物排放，提高水上防污和事故污染处置能力，真正做到交通发展与自然条件、生态环境、人文景观的和谐统一。

7. 提倡文明施工，注重施工细节

在工程建设中，良好的施工保障是决定资源节约与保护的关键，再好的理念和思路均要通过工程实践和现场施工才能实现。因此，在施工的每个环节和细节保护与节约显得尤为重要，如在施工中强调对古树、古墓、线外森林植被的保护，合理规划临时用地，严格限定施工范围，实行严格的水土保持制度，以及红线内植物移栽保护和耕植土保护、车辆进出场冲洗、严格污水排放、施工便道硬化等诸多施工细节中体现对路域资源的节约与保护。

8. 加大研究力度，转化技术成果

在工程建设中，应加大科研力度，积极转化技术成果。通过技术改造等途径将先进的技术和工法等应用于工程实践，切实做到资源的节约和保护、建设成本的降低。在重庆绕城高速公路建设中，通过开展“废旧橡胶粉改性沥青路面研究”和“路域植被资源育苗点栽技术研究”等技术改造工作，并在工程实践中予以应用，为重庆绕城高速公路建设提供技术支持。

9. 发展交通循环经济，建设资源节约型交通

以大幅度提高资源利用效率为核心，以转变交通增长方式、调整运输结构、加快交通技术进步为途径，实现交通发展对资源的少用、用好和循环用。

目前所提倡的循环经济是一种以资源的高效利用和循环利用为核心，符合可持续发展理念的经济增长模式，是对“大量生产、大量消费、大量废弃”的传统增长模式的根本变革。公路路基和隧道开挖过程中产生大量的弃渣，其中不乏质地较好、硬度较高的砂岩、灰岩等，对这些片块石材料经过一定的打磨和加工可广泛应用于公路工程的结构物砌筑中，既减少了料场征地，也大大节约了开采和运输等费用。

重庆绕城高速公路建设中大量采用路基范围内既有的建筑材料，实现了公路建设资源的循环利用。同时，对高速公路范围内有大量闲置的土地资源，如立交区和取弃土场等场地，通过社会化开发，引入社会投资与高速公路建设相结合，用作社会苗圃，并与公路绿化建设紧密结合，既塑造了公路场地景观，充分利用土地价值，又减少了场地绿化工程费用，降低了建设成本，让各方受益，实现公路建设与社会投资的双赢。

10. 实时经验总结和技术推广

及时总结在路域资源综合利用方面的实践经验，并根据各地不同的区域特点，总结出一套行之有效、具有可操作性的路域资源综合利用技术及工法，并在后续工程建设中得以推广和应用。

综上所述，公路交通行业，应该从资源占用型和能源消耗型的行业逐步转变为资源节约型行业，并协调处理好日益矛盾的交通与环境、交通与资源和交通与社会经济发展之间的关系。

二、重庆绕城高速公路路域资源综合利用的技术保障措施

围绕“保护、节约、循环利用和综合开发”主题，重庆绕城高速公路的路域资源综合利用，采取了以下的技术保障措施。

1. 加大宣传力度，强化节约意识

注重对公路建设人员的保护和节约路域资源的技术培训和理念宣贯，并在不同的施工合同段，不同的技术领域，不同层面人员间开展关于保护和节约路域资源方面的技术研讨和经验交流；编制关于资源节约与保护的宣传册和施工技术要求，让建设者们都认识到资源节约与保护的重要性和必要性，并进行指导，具备可操作性。

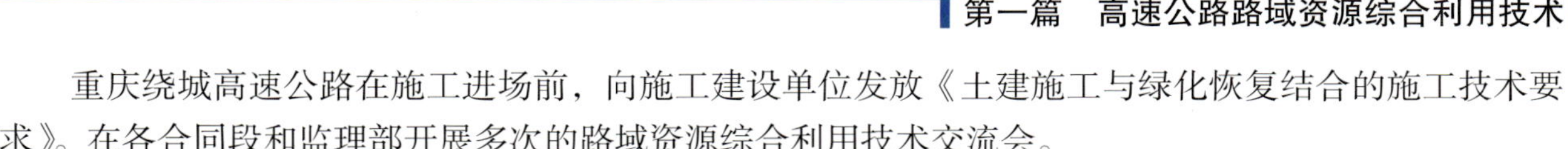

重庆绕城高速公路在施工进场前，向施工建设单位发放《土建施工与绿化恢复结合的施工技术要求》。在各合同段和监理部开展多次的路域资源综合利用技术交流会。

2. 开展创新工作，提升节约理念

组织实施理念创新、技术创新、管理创新和制度创新的典型示范工程。在勘察设计新理念指导下，通过开展金点子创意工程，路域土地资源社会化开发，耕植土在后期绿化工程的应用，路域雨水收集系统在绿化养护中的应用等一系列创新工作，提升保护与节约理念的同时，树立了典型并予以大力推广。

3. 开展示范咨询工作，提供技术支持

开展技术咨询、施工咨询、跟踪服务“三位一体”的示范咨询工作。通过设计阶段咨询和施工阶段系统的现场调查咨询，采取现场交流、座谈与会审的形式，充分沟通与协调，让施工与资源节约理念相结合，以“发现问题，解决问题，并进行总结和提炼”，又将总结的经验反馈于设计和施工，实现设计新理念与施工现场的互动，达到路域资源节约和保护的目标。

4. 提倡文明施工，注重施工细节

强调对古树、古墓、线外森林植被的保护，合理规划临时用地，严格限定施工范围，实行严格的水土保持制度，以及红线内植物移栽保护和耕植土保护、车辆进出场冲洗、严格污水排放、施工便道硬化管理等措施，执行“净空工程”要求，从施工细节做到对资源的节约与保护。

5. 加大研究力度，转化技术成果

通过开展“废旧橡胶粉改性沥青路面研究”和“路域植被资源育苗点栽技术研究”等技术改造工作，并在工程实践中予以应用，为重庆绕城高速公路的建设提供技术支持。

图 1-2-11 表述了公路建设及营运对地区路域资源生态系统可能带来的影响以及保护与恢复对策措施。

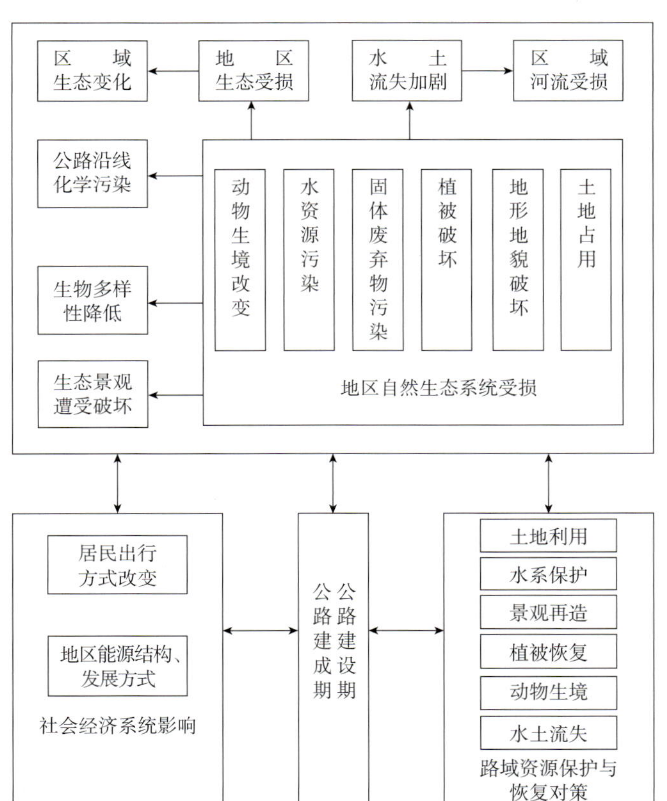

图 1-2-11　公路建设路域资源保护与恢复对策

第三章　路域土地资源节约与利用技术

第一节　公路建设用地特点

一、公路建设对土地资源的影响

从影响范围来看，公路建设对环境的影响，不仅仅局限于公路征地范围内，且已与公路穿越的各种生态环境系统的发展演化息息相关。

1. 公路建设影响区域的总体发展

交通系统的便捷程度决定着区域的空间形态。由于公路的可达性，使人们得出一个结论，即公路建设尤其是高速公路建设投资对土地开发利用的区位、类型和数量的多少产生很大的影响。交通设施尤其是公路设施的欠缺将阻碍某一特定地区的经济发展，而良好的交通设施从理论上讲，将使某一地区拥有胜过其他地区的优势。

2. 公路建设影响土地利用

公路建设影响土地利用的因素主要涉及城镇建设、农田水利建设等方面。其中高速公路建设与城镇建设的关系原则是服务城镇，避开城镇，专线连接，主体交叉；与农田水利关系原则是配套建设，路渠同向，路堤结合，减少桥涵。出行时间是决定土地价值的重要变量，在土地价值与土地利用中，通达性及快捷性是一个关键的因素，而通达性及快捷性的变化源于交通系统中高速公路的出现。正因为如此，人们认为方便快捷的公路对人口密度、土地利用强度和城市空间范围等土地利用因素有着重要影响。

3. 公路建设影响土地价格

土地价格取决于租金，租金取决于土地区位，而区位取决于土地可达性，也就是说，地价取决于可达性。土地的可达性与交通系统密切相关，土地价格将随着它到城市中心的交通运费增加而下降，反之随着交通条件的改善促使地块的可达性提高，提升土地价值并吸引更多的交通流，最高地价将产生于城市中心可达性最高的地块。

4. 公路建设影响农村经济的产业布局

公路建设对农产品的输出起着非常重要的作用，同时，也促进农村形成规模经济，产生规模效益。在农业基本用地得到保障的同时，公路建设对促进农村经济发展起着很重要的作用。

二、我国公路建设用地现状

（一）我国公路建设用地指标

根据各级公路路基宽度（表 1–3–1），大体测算出各级公路用地指标，其测算方式主要为公路总宽度乘以该线路长度即为该路的线路占地面积，再加上养护公路的用地和沿线设施用地，即为整条公路的用地面积。一般来讲，高速公路和一级公路总用地宽度在 65m 以上，二级公路为 30~40m，三级公路为 25~30m，四级公路为 20~30m。

各级公路路基宽度　　表 1-3-1

公路等级		高速公路、一级公路								
设计速度（km/h）		120			100			80		60
车道数		8	6	4	8	6	4	6	4	4
路基宽度（m）	一般值	45.00	34.50	28.00	44.00	33.50	26.00	32.00	24.50	23.00
	最小值	42.00	—	26.00	41.00	—	24.50	—	21.50	20.00

公路等级		二级公路、三级公路、四级公路					
设计速度（km/h）		80	60	40	30	20	
车道数		2	2	2	2	2 或 1	
路基宽度（m）	一般值	12.00	10.00	8.50	7.50	6.50（双车道）	4.50（单车道）
	一般值	10.00	8.50	—	—	—	

原建设部和国土资源部于 1999 年发布《公路建设项目用地指标》，根据平原区、微丘区、山岭重丘区等不同地形，确定了各技术等级的公路用地总体指标，如表 1-3-2 所示。

公路建设项目用地总体指标（单位：hm²/km）　　表 1-3-2

地　形		高速公路		一级公路	二级公路	三级公路	四级公路
		六车道	四车道				
平原区	高值	8.525 8	7.731 7	6.633 9	3.160 8	2.534 8	2.293 0
	中值	8.212 2	7.400 4	6.384 3	3.041 5	2.504 8	2.233 1
	低值	7.912 5	7.100 7	6.171 3	2.952 0	2.444 9	2.203 1
微丘区	高值	9.396 4	8.418 4	7.338 3	3.303 9	2.569 7	2.320 0
	中值	9.041 3	8.068 2	7.067 8	3.118 0	2.539 7	2.261 0
	低值	8.714 6	7.746 6	6.825 8	3.020 6	2.480 9	2.243 1
山岭重丘区	高值	—	9.687 0	7.854 4	3.879 9	3.121 9	2.843 8
	中值	—	8.877 6	7.338 3	3.574 3	2.920 5	2.683 7
	低值	—	7.881 9	6.849 9	3.267 7	2.718 2	2.522 8

（二）我国公路建设用地规模

1996 年全国公路用地 509.93 万 hm²，约占国土面积的 0.53%；2000 年全国公路用地 536.39 万 hm²，约占国土面积的 0.58%；2007 年全国公路用地 874.45 万 hm²，约占国土面积的 0.91%。

根据 2004 年底国务院批准的《国家高速公路网规划》，到 2030 年国家高速公路网（国家网）总体规模约为 8.5 万 km，此外各省（区、市）根据当地社会经济长远发展的需要，先后规划了本地区的地方高速公路网（地方网），并相继获得地方政府的批准，总里程超过 5 万 km。因此，到 2030 年全国高速公路总里程将达到 14 万 km 左右。由此可见，公路交通建设土地利用形势严峻。

三、我国公路建设用地面临的主要问题

随着交通行业深入落实科学发展观，交通运输部勘察设计新理念的倡导和实施，严格控制占用耕地和保护土地资源的意识不断增加，在节约与集约利用土地方面取得了一定成效，但在具体实施过程中，仍存在一些问题亟待解决，主要体现在如下几方面。

1. 公路建设用地总数量较大，供需矛盾突出

与公路建设的迅猛推进相对应，公路建设的土地使用量急剧扩大，呈持续增长态势。近年来，公

路建设特别是高速公路用地量维持在一个较高的水平，并且在全国建设用地总量中占较大的比例。交通用地与商业用地、农业用地等其他产业用地是此消彼长、相互制约的关系。虽然国家为支持交通发展，对交通重点项目用地予以倾斜，但随着我国社会经济的飞速发展和城市化进程的不断加快，交通建设用地的需求将会进一步扩大，供需矛盾日益突出。我国日益紧缺的土地资源，特别是可耕地资源的紧张状况无疑成为交通建设的重要约束条件。

据统计，截至 2006 年底，中国公路通车总里程达 3.48×10^6km，其中高速公路 4.54×10^4km，一级公路 4.53×10^4km，二级公路 2.63×10^5km，三级公路 3.55×10^5km，四级公路 1.57×10^6km，等外公路 1.17×10^6km。公路密度达到 0.36km/km^2，每万人为 26.6km。按一般估算，全国公路建设用地达到 9.06×10^6hm^2，分别占国土总面积和当年耕地面积的 0.94% 和 7.44%。

据以上统计及近年来的全国土地利用变更调查，我国耕地面积不断减少，建设用地持续增加。调查结果表明："十五"期间全国耕地面积减少 616 万 hm^2，人均耕地已经不足 1.4 亩；同期新增建设用地 219 万 hm^2，其中占用耕地 109.4 万 hm^2。"十一五"期间安排新增公路用地 55 万 hm^2。2006—2020 年全国公路建设用地还需要 272 万 hm^2，其中新增公路用地 145 万 hm^2。"十二五"及更远时期，是需要公路继续发展的重要战略期，也是土地资源约束加剧、供需矛盾凸显的时期。这一阶段是处理交通发展与土地资源可持续利用的关键时期。

2. 越来越严格的建设用地政策

1999 年交通部主编了《公路建设项目用地指标》，成为公路部门编制、评估和审批公路建设项目可行性研究报告，确定建设项目用地规模的依据。2004 年 10 月《国务院关于深化改革严格土地管理的决定》出台了一系列土地管理，特别是耕地保护的严格措施，根据决定，今后从严从紧控制农用地转为建设用地的总量和速度。同年，交通部发布《关于在公路建设中实行最为严格的耕地保护制度的若干意见》，引导公路建设规范用地、科学用地、合理用地和节约用地。2006 年 8 月，国务院发布《国务院关于加强土地调控有关问题的通知》，进一步明确土地管理和耕地保护的责任。2008 年 1 月，国务院发布《国务院关于促进节约集约用地的通知》，该通知针对我国当前建设用地供需矛盾十分突出的现实，提出要切实保护耕地，大力促进节约集约用地。

十七大报告显示，未来我国将继续实行最严格的耕地保护制度、节约能源制度、环境保护和监管制度。综合开发土地，加快高速公路连接成网，加大旧路升级改造，充分发挥存量交通资源的使用效率，坚持节约土地，通过优化设计、旧路利用、占补平衡，尽量少占土地、节约耕地将成为今后公路建设的主导思想。

3. 公路用地普遍存在"三低"现象

目前公路建设用地普遍存在土地利用率低、公路用地的综合承载能力较低、公路用地的整体产出效率低的问题。

1）公路用地利用率低

表 1-3-3 和表 1-3-4 分别为 2004 年和 2006 年不同等级公路的用地情况。从表中结果可见，高级公路、一级公路用地占公路用地总面积的比重均较小，2006 年仅为 4.22% 和 3.47%。

2004 年各等级公路建设占地情况 表 1-3-3

等级级别	全国公路通车里程（10^4km）	用地面积（10^4hm^2）	占公路总用地比重（%）	占国土总面积比重（%）
高速公路	3.428 8	28.84	5.64	0.03
一级公路	3.352 2	23.23	4.54	0.02
二级公路	2.317 15	75.08	14.68	0.08

续上表

等级级别	全国公路通车里程（10^4km）	用地面积（10^4hm^2）	占公路总用地比重（%）	占国土总面积比重（%）
三级公路	33.534 7	88.87	17.38	0.09
四级公路	88.095 4	210.55	41.17	0.22
等外级公路	35.483 5	84.81	16.59	0.09
合计	185.8	511.36	100	0.53

2006 年各等级公路建设占地情况　　表 1-3-4

等级级别	用地面积（10^4hm^2）	占公路总用地比重（%）	占国土总面积比重（%）
高速公路	38.18	4.22	0.04
一级公路	31.39	3.47	0.03
二级公路	85.11	9.40	0.09
三级公路	93.99	10.38	0.10
四级公路	376.37	41.56	0.39
等外级公路	280.60	30.98	0.29
合计	905.64	100	0.94

高速公路与一般公路相比，在资源的集约效益，交通运输效率，促进地区社会经济发展、环保与交通安全等方面都具有更加显著的效益和作用。据测算，每公里高速公路的土地占用面积为一般二级公路的 2~3 倍，但通行能力为 8~10 倍，在提供相同路网通行能力条件下，修建高速公路的土地占用量仅为一般公路的 40% ~50%。若修建同样通行能力的普通公路，大约需多占用土地 3.666×10^5hm^2。这说明我国公路建设土地利用率总体还很低，公路建设用地的结构有待于进一步优化。

2）公路用地的综合承载能力较低

公路用地承载能力等于公路网承载的汽车总量除以公路网总长度之商。通过计算可知，在几个主要公路大国中，我国公路建设用地的实际承载能力很低。据有关统计，2006 年美国汽车保有量是我国的 60 多倍，日本汽车保有量是我国的 2.2 倍；我国高速公路里程是美国的 70%，是日本的 4 倍多。然而，我国车辆运行速度较慢，拥堵现象已达到非治理不可的地步。

3）公路用地的整体产出效率低

衡量公路建设用地经济性的高低，归根结底是看其促进经济增长能力的高低。可用单位公路长度而不是单位公路面积的平均产出状况来衡量土地使用的经济效率。利用改革开放以来我国公路交通建设占地的历史数据以及有关 GDP 记录，分析我国公路用地与 GDP 的相关关系，可以得出：

$$Y=0.658X+2.124\,6,\ r^2=0.735\,9 \tag{1-3-1}$$

式中：X——公路用地的对数值；

Y——以 GDP 衡量的经济增长对数值；

r——相关系数，r=0.858。

计算结果显示，公路建设用地每增加 1%，经济增长的增幅为 0.658 个百分点。与发达国家相比（表 1-3-5、表 1-3-6），提高我国公路用地投入对 GDP 的拉动效应还有很大空间。

1999 年公路建设用地产出效率的比较　　表 1-3-5

国别	年份（年）	公路总里程（km）	GDP（10^8 美元）	产出效率（10^4 美元 /10^2km）
美国	1999	6 304 193	98 374.0	1.56
日本	1999	1 161 894	48 415.8	4.17
加拿大	1999	901 903	6 878.8	0.76
法国	2000	894 000	12 942.5	1.45
英国	1999	371 913	14 145.6	3.80
意大利	1999	479 688	10 739.6	2.24
德国	1999	230 735	18 729.9	8.12
以上七国平均				3.16
中国	2003	1 809 828	10 799.4	0.60

2002 年公路建设用地产出效率的比较　　表 1-3-6

国别	公路总里程（km）	GDP（10^8 美元）	产出效率（10^4 美元 /10^2km）
美国	6 378 254	109 485.5	1.72
日本	1 171 647	43 008.8	3.42
加拿大	1 408 800	8 565.2	0.61
法国	893 100	17 576.1	1.97
印度	3 315 231	5 561.0	0.17
中国	1 761 000	12 371.0	0.70

4. 公路建设阶段重视不够、措施不力，节地意识有待加强

长期以来，我国交通建设过程中存在着过分强调工程造价，而对节约土地、保护耕地重视不足的倾向。随着近些年资源节约意识的宣传和贯彻，各级交通建设部门已经逐步认识到节约用地问题，但在具体项目的规划、设计和施工建设过程中节地意识尚不强，未能全面实施贯彻节约土地的思想，还存在决策不力，规划不到位，设计不尽合理，工程实施阶段节地措施执行不力等问题，导致土地资源浪费，主要体现在以下三个方面。

1）科学决策能力有待提高

科学决策、民主决策机制亟待建立与完善；决策手段与方法陈旧落后，缺乏现代化决策支持技术（如决策仿真等）作支撑。在“建与不建，建新还是改扩建，急建还是缓建，高标准还是低标准建”等一系列重大问题上，科学决策能力还有待提高。

2）前期工作不“深”不“细”

项目前期工作对节约用地、合理用地起着决定性作用。有些工程由于前期勘测工作深度不足，方案比选工作不细，设计人员节约用地意识不强，导致路线选线不合理、线形指标选用不合理，以及桥、路、隧方案选择不合理。如一些线位横穿村镇或标准农田，未很好地利用山地、林地、边角等，给征迁造成难度，同时，也给高速公路增加了安置地、占补平衡用地等额外的征地；个别线位多次调整，造成重复征地；个别路段由于没有充分掌握复杂的地质条件而导致高边坡滑坡等，造成二次甚至多次征地。

3）工程实施阶段多“征”多“占”

在工程项目实施阶段，由于工作不细，导致额外征地，给工程建设节约用地带来不利因素。如个别施工单位不按工程实际需要，盲目扩大施工场地、施工便道等临时用地，工程完成后，复耕不到位，

造成部分耕地损失；路基、隧道等工程的取土、弃土，不严格按照环评指定的场地，随意取弃土，擅自扩大范围；取弃土场未按要求进行防护，造成水土流失，也造成土地资源浪费。

5. 相关政策、体系标准不够健全和完善，研究工作不够深入

对公路用地的评价体系，以及公路建设各阶段节约用地的控制措施等方面的研究还不深入，有关标准的制订工作相对滞后，主要体现在以下几个方面。

1）缺乏配套的交通用地总体规划

国土资源部先后发布了《全国土地利用总体规划纲要（1997~2010）》和《全国土地利用总体规划纲要（2006~2020）》，以及《全国土地开发整理规划（2001~2010）》，该规划将“五纵七横”公路沿线土地复垦整理工程作为全国土地开发整理的七项重大工程之一，而目前交通行业尚未制定相关配套专项规划。

2）体制机制有待完善，与土地管理部门的沟通协调有待加强

我国土地管理归口于国土资源部门，而作为用地大户的交通部门并无专门组织机构负责协调管理，节约土地、保护耕地缺乏有力的组织保障。发达国家的管理体制可以给我们以启示，如在日本国土与交通部门同属于国土交通省，美国运输部联邦公路局下设有专门的土地管理处等。因此，交通部门与国土管理部门的沟通与协调应得到切实加强，促进交通规划与土地利用的一体化。

3）技术标准规范体系有待完善

我国现行公路标准规范体系尚局限于国家一级层面，缺乏地方性的配套标准与规范，难以适应我国幅员辽阔、地形地貌复杂、地区差异性大的特点；且科技成果转化不及时，鼓励技术创新的动力不足。如我国现行的《公路建设用地指标》仍为1999年颁布实施的标准，难以满足现阶段公路建设用地规模和标准；我国区域性差异大，东西部交通路网密度差异，平原和山区差异，经济发达和欠发达地区差异，生态环境脆弱地区间的差异等，均需要根据不同区域特点，灵活采用不同的标准。因此，因地制宜，因时制宜地建立完善相关标准规范，对提高我国公路建设水平极为重要。

《公路建设用地指标》、《公路工程技术标准》等相继发布，而与之配套的节约集约用地实施细则或公路建设项目节地设计施工技术指南处于空白；科学合理的土地利用效率评价体系、实时监控体系以及信息发布制度亟须建立和完善。

4）公路建设用地与节地补贴的经济政策和制度有待健全

公路建设征地是公路建设过程中的一个重要环节，是影响公路建设工期和工程造价的一个重要因素和关键环节，也成为社会各界关注的焦点问题之一。各地经济发展环境不同，土地价值存在区域差异，会出现不同的公路建设用地赔偿标准。应根据不同地区的情况，构建同一区域赔偿政策机制，建立统一的标准，避免造成难征。

节地补贴的经济政策和制度体系尚未建立。如对优化路线走向实现保护耕地而带来的建设成本增加，减少施工临时占地，土地复垦，路域范围内的土地循环利用，路域土地资源的综合利用开发等，均缺乏配套的节地补贴经济政策。

6. 路域土地资源的综合利用和开发相对滞后

公路建设过程中会留下一定闲置的土地资源，如取弃土场、立交区场地，以及服务区等，针对这些土地资源的综合利用开发相对滞后。

如公路建设征用的取、弃土场，目前的处理方式主要还停留在生态恢复阶段，未考虑将取弃土场进行复耕、建生态林、经济林等，甚至还可将其作为休闲、娱乐、停车、观景等服务设施用地考虑；公路立交区场地作为公路路域范围内的封闭土地，目前主要处理方式是绿化恢复和景观营造，未考虑将这部分土地资源进行综合开发利用，使其升值；服务区等公路附属设施，目前主要停留在服务于公

路使用者本身，而未考虑将服务区综合统筹利用，作为区域或者周边城镇甚至是城市物流和农贸集散地等。

四、公路建设用地的趋势

1. 集约用地趋势明显

将各技术等级公路的设计交通量和用地指标的区间范围值作对比，可得出年平均日行驶量用地面积的大致取值范围，见表 1–3–7。倘若取表中年平均日行驶量用地面积的区间中值进行比较，可以得出：设计通行能力相同时，六车道、四车道高速公路，一级、二级、三级公路，以及双车道、单车道四级公路，占地面积的比值为 1 : 1.7 : 2.4 : 3.2 : 6.4 : 8.2 : 41.0，也就是说，等级公路中土地利用效率最高的六车道高速公路同利用效率最低的单车道四级公路相比，相同用地面积时的设计通行能力高出 40 多倍。这表明，高等级公路特别是高速公路对土地资源利用的集约效益显著。

随着我国公路建设进入快速发展时期，高等级公路尤其是高速公路建设蓬勃发展，路网结构日趋合理，技术等级不断提升，使公路建设以相对较少的占地实现了路网通行能力大幅提升，极大地促进了公路用地的集约化程度，公路用地结构在发生重要变化。

每年平均日行驶量用地面积取值范围　　表 1–3–7

公路等级	高速		一级	二级	三级	四级	
	六车道	四车道	四车道			双车道	单车道
适应交通量（辆 /d，折合标准小客车）	45 000~80 000	25 000~55 000	15 000~30 000	5 000~15 000	2 000~6 000	＜ 2 000	＜ 400
用地指标（公顷 /km）	7.912 5~9.396 4	7.100 7~9.687 0	6.171 3~7.854 4	2.952~3.879 9	2.444 9~3.121 9	2.203 1~2.843 8	2.203 1~2.843 8
年平均日行驶量用地面积（公顷 / 万车 km）	0.99~2.09	1.29~3.97	2.06~5.24	1.97~7.76	4.07~15.61	＞ 11.02	＞ 55.08

注：1. 适应交通量依据《公路工程技术标准》(JTG B01—2003)。
2. 用地指标上、下限分别取《公路建设项目指标》中山岭重丘区高值、平原区低值。

2. 土地利用效率逐年提高

据相关研究和统计，我国公路单位运输周转量用地呈逐年下降趋势，国省道干线公路的土地利用效率呈上升趋势，以相对较少的占地大幅度提升了路网的通行能力，公路用地效率呈现较快提高趋势，极大地促进了公路用地的集约化。

第二节　公路节约与集约用地原则

一、公路节约与集约用地总体思路

公路建设节约和集约用地的总体思路是：实现公路对土地资源的少用、用好和循环用。少用，就是根据减量化原则，通过采用新的规划设计理念，因地制宜灵活实用的标准和技术规范，在满足交通设施增量需求的前提下，尽可能少占用土地资源，严格保护耕地；用好，就是要充分发挥各种运输方式在综合运输体系中的比较优势，实现以最小的土地资源满足最大的交通运输需求，依靠科技进步，提高运输组织管理水平和运输效率，充分发挥交通行业存量资源的运输能力，在满足需求的前提下，尽量减少对土地资源的占用；循环用，就是采用符合再循环原则的技术手段和管理方式，实现废弃道

路和临时用地的复垦、复耕，充分利用旧路进行升级改造，以提高土地资源的使用效率，最大限度地发挥土地资源效能。

二、公路节约与集约用地基本原则

1. 坚持在发展中节约

抢抓战略机遇期，加快公路交通发展。坚持把发展作为第一要务，使公路交通发展与经济社会发展相适应并适度超前，立足国情，走具有中国特色的节约型交通发展之路。

2. 坚持优化供给与优化需求相结合

一方面，注重合理规划，实现交通资源配置和使用的最优化，注重提高既有交通基础设施的利用效率，充分发挥既有存量资源的利用水平；另一方面，也要加强交通需求管理，引导社会形成良好的绿色交通消费模式，优化交通消费结构，进而带动交通生产方式的根本性转变。

3. 坚持经济手段与行政规范相结合

充分发挥市场机制对资源配置的基础性作用，切实依靠经济手段，如探索土地资源有偿使用制度，经济补贴政策等；同时，强化政府在政策法规、标准规范等方面的监管和引导，充分依靠法律手段和必要的行政手段，规范土地资源使用和耕地保护工作。

4. 坚持全过程、全领域节约

注重决策、规划的协调和衔接，统筹考虑建设、运营、维护和管理环节，强调总成本最优，坚持结构性节约、管理性节约与技术性节约相结合，全方位地节约与集约利用土地资源。

5. 坚持制度创新与技术创新相结合

既注重政策、法规、体制、机制等软环境建设，又加强行业技术创新与科技成果的转化应用，提升土地资源的节约能力。坚持技术创新，合理选用设计标准，牢固树立勘察设计新理念，精心设计；从交通工程所处的区域特点和实用性角度出发，创新设计；区分强制性标准与推荐性标准的差别，充分考虑地区之间、不同地理条件之间的发展差别和不同情况，坚持针对工程项目所处的自然、地理、环境、地质条件等特点，尊重不同区域的特殊性和差异性，在满足安全性、功能性的前提下，通过对工程方案和技术经济的比选，合理运用技术标准，确定经济合理的建设规模、技术标准，达到满足公路功能要求与减少建设用地的有机统一。

6. 坚持公路发展与土地集约利用的理念

首先，应分析公路建设用地的特点，选择最佳的投入点。土地经济学原理告诉我们，土地报酬率是递减的。这就需要分析不同区域、不同性质的公路发展特点，研究不同区域的发展规模、土地利用合理结构等，加强宏观控制，优化区域公路用地布局和结构，从而合理安排不同公路的建设时机，有效提高公路的承载能力。

7. 正确处理公路建设与土体保护间的关系

应在工程实践中，逐步建立起低占地、低能耗、低费用、高效率、集约型高速公路发展模式。一方面，公路作为国民经济和社会发展赖以存在的基础设施，需要进一步加快建设，以适应社会经济的发展，强调合理和有效利用土地。在公路建设用地的筹划上，不能简单地以占用土地的多少来衡量，关键要看是否对经济发展更有利，是否更有利于整体路网布局的完善和效率效益的提高，是否更有利于人员交流和技术的推广应用，进而促进国民经济整体运行水平的提高。另一方面，明确后续公路建设项目多、规模大，对土地资源依赖性依然较大的事实，重视节约和提高土地资源使用的有效性，对路网进行合理布局和选择适当的建设标准，考虑目前和今后的需要，严格用地制度，科学、合理地使用土地，实现可持续发展。

第三节　公路节约与集约用地方法及对策措施

一、政策及导向性措施

（一）完善政策法规，加强决策领导

1. 编制公路用地专项规划和指导意见

表 1–3–8 为我国现行的主要土地管理法律法规及文件。根据国土资源部发布的《全国土地利用总体规划纲要（2006~2020）》，以及《全国土地开发整理规划（2001~2010）》，该规划将“五纵七横”公路沿线土地复垦整理工程作为全国土地开发整理的七项重大工程之一，而目前还缺乏配套的公路用地专项规划，应以全国土地利用总体规划纲要修编和发布为契机，建立和完善各级交通建设用地专项规划体系，由交通运输部、地方政府、地方国土管理部门及地方交通部门联合制定公路用地专项规划和公路节约与集约利用土地的指导意见和具体政策，确保规范用地、科学用地、合理用地和节约用地。

我国现行的主要土地管理法律法规及文件　　表 1–3–8

序　号	文　件
1	中华人民共和国土地管理法（2004 年第 2 次修订版）
2	中华人民共和国基本农田保护条例（1999 年 1 月 1 日实行）
3	中华人民共和国农村土地承包法（2002 年）
4	中华人民共和国公路法
5	国务院关于深化改革严格土地管理的决定（2004 年 10 月）
6	耕地占补平衡考核办法（国土资源部令 2006 年第 33 号）
7	国务院关于加强土地调控有关问题的通知（2006 年 8 月）
8	建设项目用地预审管理办法（国土资源部令 2008 年第 42 号）
9	国务院关于促进节约集约用地的通知（国发［2008］3 号）
10	全国土地利用总体规划纲要（2006~2020 年）

2. 成立专门的公路建设用地部门

建议以交通部门为依托，由其他相关部门联合组成交通用地协调领导办公室或综合管理国土、交通、建设的政府部门。通过成立协调办或专门的政府职能部门，加强主动沟通与协调，为交通节约和集约用地的协调工作提供组织保障，统一、统筹规划各类交通基础设施建设和国土开发利用，制定土地使用、市场秩序等相关政策法规，完善土地宏观调控。通过对土地利用进行调整，合理改变和调整土地用途，提高土地利用效率，实现人与自然、经济和生态的和谐，达到土地资源可持续利用的目标，为建设节约型社会提供土地资源载体。

3. 建立健全科学决策和责任机制，统筹规划

建立健全科学决策机制。深入调查、论证，广泛听取多方意见，通过有效的群众监督，提高项目决策的科学性、准确性和民主性，实现交通决策的科学化和民主化，避免浪费土地资源。

建立健全责任制。进一步明确各部门在公路节约工作中的责任，完善土地资源节约与集约利用的计量、报告、奖罚等管理制度，把节约土地和保护耕地的责任纳入工作岗位、日常管理和工作考核之中，提高思想认识，加强组织领导，强化监督检查，做到层层有责任，逐级抓落实。

统筹规划，合理安排。加强各种运输方式规划的衔接，做好公路建设规划与城市规划、区域经济

发展规划等其他规划间的协调。根据公路交通发展所需土地资源及其供给状况，考虑适度超前与资源综合利用的统一，加强政策引导与破除体制性障碍的探索，并以编制的公路交通规划为蓝本，统筹兼顾，合理安排，加快解决地方经济社会发展的问题。

4. 建立土地资源和高速公路等交通设施的综合开发建设机制

综合利用规划、政策和法律手段，从土地利用、公路建设等多个方面进行综合规划，全面管理，实现市场经济条件下公路建设土地资源的集约利用。

5. 严格公路用地审批，分类确定合理地价

严格公路用地审批。各级交通主管部门在工可、设计审查时，将土地占用特别是耕地占用作为重要的考核指标，做好建设占地的源头控制，对不符合《公路建设用地指标》要求的项目，不得通过审查。同时加强建设用地审批后的监督管理。

分类确定合理地价。为了大力发展公路交通，各级政府及土管部门对公路用地采取了各种优惠政策。建议国家土地管理部门，对公路压地面积的地价下浮和挖地面积的地价上浮，使上浮、下浮总额大体持平。这样分类定价，可使公路建设自我约束，尽可能采用远运废弃土及工业废渣，少挖耕地。

6. 完善征地补偿安置制度，保障被征地农民合法权益

合理确定征地补偿标准，保障被征地农民的合法权益。合理估算区域土地环境的承载能力，做好移民安置工作；实行“占多少、还多少”的用地政策等。

7. 制定补偿奖励机制和优惠政策，提高节地积极性

切实将激励机制引入土地管理工作，使之制度化。切实奖励对节约用地有贡献的单位和个人。

（1）工程设计及其主管部门，应在工程造价不增加或少增加的前提下，鼓励采用节约用地的方案。在方案实施过程中，由于采用种种措施，节省的土地或资金，本着节约归地方的原则，提高节地积极性。

（2）制定少占耕地和土地综合利用的补偿、奖励政策措施，对少占耕地而采取的必要工程措施予以补偿，降低工程建设单位承担由于节约用地、保护耕地而带来的经济损失。

（3）合理确定各设计阶段的勘察设计费用及充分的勘察设计时间，避免相互竞争而人为压低勘察设计费用和压缩勘察设计时间，保证勘察设计质量。

（4）鼓励利用工业废渣（粉煤灰、磷矿渣等），变废为宝，既保护环境，减少废渣的压废土地，又减少了筑路的挖废土地。经过有关研究测算，在30km范围内利用废渣是经济可行的。

（5）除在政策机制上对土地综合利用进行的工程实践予以引导之外，尚应制定必要的经济优惠政策，鼓励对路域土地资源进行综合利用开发，如采取引入社会化开发、被占用土地农民入股或承包等方式，实现路域土地资源的综合有效利用。

（二）深化改革，严格土地管理，把高速公路建设外部成本内部化

1. 严格土地利用总体规划及相关规划的管理，合理利用土地资源

结合高速公路可持续发展的需要，对土地资源进行整合。高速公路土地利用总体规划一经批准，必须严格执行，不得突破土地利用总体规划确定的建设用地规模。加强对土地利用规划修改的管理，凡涉及改变土地利用方向、规模等内容的修改，应按法定程序报原批准机关批准。

2. 采取得力措施，严格保护耕地

公路建设经批准占用耕地的，建设单位应补充数量、质量相当的耕地。耕地开垦费应列入工程概算，实行专户管理，严禁减免和挪用。应加强对占用耕地补偿工作的监督、检查和考核，对补充耕地的数量、质量进行严格验收。

（三）提前做好土地利用规划，加强高速公路建设用地储备

公路交通发展规划是政府的重要规划之一，各级政府应制定公路发展长远规划，并做好公路建设

用地储备，以保证公路建设征地及时到位。

1. 采取“先取后予”方式

在供应土地使用权之前，政府先要取得这块土地的产权，无论是集体土地、出让土地，还是划拨土地。这样，有利于产权保护、社会公平与公正。政府将具有明确产权的土地供应给新的用地者时，应通过招标拍卖挂牌的形式履行正常的土地供应程序。

2. 分清土地资产管理和市场管理目标

国土资源管理部门负责的土地资产，除了土地出让、交易中政府权益的保障以外，更主要的是实现土地资产的保值、增值，实现土地使用价值最大化。

3. 建立风险共担、利益共享的社会化资金运行机制

认清土地储备运作周期长、资金投入多、受宏观经济环境影响显著的特点，探索多渠道筹措资金的机制。如采取设立土地基金、实施土地债券化、推行换地权益书等方法，吸引高速公路建设公司、经营公司等社会资金来实施土地的储备。

4. 健全组织机构，加强部门之间的协调

土地储备涉及多个政府部门，特别是与规划、建设、计划、财政、土地管理等部门都有直接关系。应健全组织机构，建立一个以政府领导为核心，有关部门共同参与的组织协调机构，有效协调，减少运作环节，提高土地储备和土地资产运作效率，把土地收购储备和供应计划与整个经济发展计划、用地计划、资金筹措计划等有机协调起来，保证政府对土地资产的有效经营，促进经济社会发展。

（四）提高运输效率和土地利用效率

从公路交通运输业现实情况看，一方面公路交通运输仍是国民经济发展的瓶颈，需要大力发展；另一方面却存在结构性过剩、运输效率低下等问题。目前，我国公路货运车辆结构不尽合理，干线车辆平均吨位明显偏低，应通过提高运输业的技术装备水平、合理组织，进一步提升公路交通基础设施的利用效率，降低单纯路网扩张带来的更多土地占用。

（五）完善标准体系，灵活把握用地标准

加快修订《公路建设用地指标》，补充公路改扩建项目、施工临时用地指标，增加八车道高速公路、六车道一级公路的用地指标，区分四级公路中单向、双向车道用地指标等。我国交通建设用地存在着区域间的巨大差异，如地形地貌复杂差异，东西部交通路网密度差异，经济发达和欠发达地区差异，生态环境脆弱地区间的差异等，需建立更加完善合理的标准规范体系，并在规范的理解和运用上，根据项目建设所在区域特点，灵活采用不同的用地标准。

（六）加大宣传力度，强化节约意识，明确各方责任

明确施工节约用地各方责任（表 1-3-9），加大节约和集约用地技术培训和理念宣贯。在不同地区、不同技术领域、不同层面人员间开展节约与集约利用土地的技术研讨和经验交流；加强宣传，强化施工人员对土地资源的保护观念，始终将减少工程占地作为一项重要的工程内容加以实施；组织实施理念创新、技术创新、管理创新和制度创新的公路建设节约和集约用地的典型示范工程，以点带面，促进节约和集约用地。

施工节约用地各方责任 表 1-3-9

责任方	责　任
项目法人	统筹工程实施临时用地，加强科学指导，交工验收时对土地利用和恢复情况进行全面检查
监理单位	加强对施工过程中占地情况的监督，督促施工单位落实土地保护措施
施工单位	严格控制临时用地数量，根据工程进度统筹考虑施工便道、各种料场、预制场，尽可能将其设置在公路用地范围内或利用荒坡、废弃地；施工过程中采取有效措施防止污染农田；项目完工后按照合同条款要求认真恢复临时用地

（七）探索市场经济条件下新的用地模式

1. 研究探索公路建设用地新模式

单一的公路建设征用土地的模式已经越来越不适应公路建设形势，阻碍建设工期和工程造价，也不符合市场经济模式。因此，可以探索公路建设用地从单一的征用土地逐步向“征用、租用和土地使用权参与合作”等形式转变。

2. 加强土地开发，鼓励综合利用

以立交区、大型取弃土场等占用土地资源较大的路域资源为突破口，进行社会化的综合利用开发，并与高速公路绿化建设等结合起来，吸引社会投资，用作社会苗圃、地方经济林等，既塑造了立交景观，充分利用土地价值，又减少了场地绿化工程费用，降低了建设成本，让各方受益。

二、技术性措施

（一）规划立项阶段

在规划阶段，要科学安排建设时序和时机，统筹协调交通建设规划，加强与土地利用规划和年度用地计划的衔接，控制用地规模，避免过度超前和低水平重复建设而浪费土地资源。

公路建设应与经济发展需求相适应，不能片面追求高标准、高指标，避免盲目用地、选线不当、等级过于超前、路基两侧留地过多等现象。规划阶段应充分考虑各种因素（表 1–3–10），分析项目的必要性，提高项目决策的科学性、合理性，避免重复建设，浪费土地资源。

项目规划阶段应充分考虑的因素　　表 1–3–10

1. 项目所在区的战略地位，包括经济、社会、民族和军事战略等；
2. 项目所在地区国家和省市地方有关规划和方针政策；
3. 项目所在地区社会和经济发展布局带来的未来交通需求；
4. 项目功能定位，避免功能定位失误导致项目功能发挥不力；
5. 项目所在地区的综合运输体系，合理把握公路与其他交通运输方式的协调；
6. 项目所在地区现有路网状况及容量，尽量利用旧路资源；
7. 项目所在区的资源、资金和技术等经济条件；
8. 项目所在区域内的土地利用状况，如耕地状况、工农业用地状况及土地供给能力；
9. 项目所在区域的环境承载力，如地质、水文、生态、环保等自然地理条件；
10. 广泛听取各方的意见，包括其他部门、接线省市意见，沿线地方政府意见，沿线公众意见等

（二）可行性研究阶段

项目可行性研究阶段（以下简称可研阶段）是节地的关键阶段。路线走廊方案是影响高速公路节约用地的最主要因素，一旦公路线位确定，整体的路线规模和结构物（桥梁、隧道等）数量也基本确定，决定了用地基数。因此，在项目工程可行性研究时，应确保线形走廊方案选择的合理性，并将公路建设项目的土地占用情况作为路线走廊方案选择的重要指标。

项目可研阶段，可采取以下节约、集约用地措施。

1. 确定合理的路线走廊和主要控制点

可研阶段应详细调查项目当地的土地情况，收集土地资料，进行分类研究，将土地占用情况作为路线走廊方案选择的重要指标，确定合理的线位方案。建议在工程量增加不大的情况下，优先选择最大限度节约土地、保护耕地的方案；充分利用荒山、荒坡地、废弃地、劣质地。如在山区要尽量利用河边和山坡修建高速公路，尽量减少占用耕地，避让基本农田和经济作物区。

2. 合理确定建设规模和技术标准

应达到公路功能要求与减少建设用地的合理统一，不为追求政绩工程或形象工程而提高建设标准，扩大建设规模；也要避免采用过低的规模和标准，使得公路在远未达到其使用年限时就达到饱和状态，而不得不进行改扩建，或在同一通道内新建，导致二次征地。这些都会造成对土地资源的浪费。

3. 服务于地方规划又不影响地方规划

公路与城镇的连接方式通常有环线绕行式（整环和部分环线）、穿越式和分离式三种（表 1-3-11），路线通过城镇时应对城镇的规模、布局结构、自然地形条件、经济发展水平和城镇发展用地布局进行综合研究，确定合理布局方式。同时在可研阶段，应充分考虑城镇和经济组团等将来发展需要和规划布局，做到服务于地方规划又不影响地方规划。路线在城镇和沿经济组团规划区边缘布设时，应按照“远而不疏，近而不入”的思路，既方便了经济组团和主城区的交通，又为其发展留有余地。

公路与城镇连接方式选择　　表 1-3-11

公路与城镇连接方式选择
1. 10 万人以上的城镇，一般配合城镇路网规划，可考虑采用环绕形式；
2. 狭长形布局的城镇，可在保留足够宽度防护绿化带的基础上穿越；
3. 当与城镇干扰较大时，可考虑采用高架、隧道等形式穿越城镇；
4. 小城镇可采用连接线连接的分离方式通过

4. 充分考虑利用旧路资源

高速公路升级改扩建时，应将充分利用旧路资源作为首要原则，避免出现采用新建公路的设计手法进行设计的现象，可不强求旧路某个平面设计指标、某段路基宽度满足标准规定值，避免大段落废弃旧路，导致占用大量的土地资源。

5. 重视地质选线

在我国公路建设过程中，不乏因地质问题导致设计变更，被迫进行二次征地，造成土地资源的极大浪费，甚至影响建设工期的深刻教训。因地质问题而造成二次征地的原因很多，但在工可阶段的地质勘察费用和投入不足，不能提出全面深入的地质勘察报告和结论是不可忽视的问题。工可阶段的地质选线应该更多地加强地质区域调查和现场地质形态的观察和分析。

6. 重视环保选线

重点关注水土流失，保护生态环境，使公路与周边环境自然协调。随着公路建设向西部和偏远山区等生态环境脆弱地区延伸，公路建设对周围生态环境产生强烈影响，防治水土流失的工作越发艰巨，如果处理不当会产生严重的水土流失，诱发一系列不良的连锁反应，生态环境遭到破坏，原有的土地沙化，林地、耕地面积减少等。因此，做好工程建设项目的环评、水保报告，重视环保选择是可研阶段的重要工作。

7. 严格控制互通立交的数量和规模

互通立交的规模和数量在高速公路总体用地中占有相当大的比重，因此，深入进行互通立交的需求分析，在满足交通需求量、运行功能、安全保障和运用管理要求的前提下，互通立交应力求布局紧凑、指标合理、规模适度，尽可能选用占地少、造价低、规模小的互通式立交形式，最大限度节约用地。

对于经济发展较快，特别是经济相对发达地区，可适度提高互通式立交的规模和设计标准，或者预留互通立交接口，做足方案，充分考虑将来交通发展需要，尽量避免出现二次增设互通立交接口等现象。同时，避免追求高标准和盲目扩大规模。

8. 合理确定土地的影子价格

现行公路建设项目可行性研究报告中，国民经济评价部分土地影子价格的确定主要依据国家发改

委和建设部发布的《建设项目经济评价方法与参数》。土地影子价格应根据项目占用土地所处地理位置、项目情况以及取得方式的不同分别确定（表 1-3-12）。当难以用市场交易价格类比方法确定土地影子价格时，可采用收益现值法，或以开发投资应得收益增加土地开发成本确定土地的影子价格。

土地影子价格确定方法　　表 1-3-12

土 地 类 型	影子价格确定方法
通过招标、拍卖和挂牌出让方式取得所有权的国有土地	应按财务价格计算
通过划拨、双方协议方式取得使用权的土地	分析价格优惠或扭曲情况，参照公平市场交易价格，对价格进行调整
经济开发区优惠出让使用权的国有土地	参照当地市场交易价格类比确定

（三）设计阶段

1. 重视设计阶段与工可阶段的路线方案比选

在两阶段设计中，初步设计阶段路线方案的确定最为关键。初步设计的路线方案基本确定了结构物形式、工程规模、工程数量和投资。在初步设计阶段对工可线位进行优化，可直接影响工程规模、投资和占地情况。因此，在初步设计阶段，应高度重视与工可阶段路线方案的比选，把尽量减少占用耕地，避让基本农田和经济作物区作为节约和集约用地的首要目标。同时，以全过程投资和从远考虑，不拘泥于一时增加结构物形式和增加投资，综合考虑长期投入与产出间的效益平衡，在工程量增加不大的情况下，应优先选择能够最大限度节约土地、保护耕地的方案，充分利用荒山、荒坡地、废弃地、劣质地；应合理调配土石方，在经济运距内充分利用移挖作填，严格控制土石方工程量；应合理设置取、弃土场，并尽量不占用农田，将取、弃土和改地、造田结合起来。

2. 加强线形方案的比选论证

路线平、纵面线形方案的合理与否直接关系到桥梁、隧道、互通立交等大型构造物的选址及其规模，这些大型结构往往对征用土地数量起着举足轻重的影响。在山区，路线平、纵面线形方案还往往决定着填挖方量的大小。因此，路线平、纵面线形设计应根据有关技术标准、规范，结合桥梁、隧道、互通立交等大型结构物的选址和规模，合理选用技术指标，进行详细的比选优化，在满足交通要求的情况下，尽量选用中、低值，避免片面追求高标准、高指标，以期达到最佳的工程经济合理性和减少占地。

3. 深化设计方案

在设计中应充分考虑以桥梁和隧道取代高填深挖，充分体现环保要求，降低对环境和水资源的影响，同时也能大大节约建设用地。应细化、优化和深化设计方案比选，认真进行高填路堤与桥梁、深挖路堑与隧道、互通立交规模形式、路基填料、边坡坡率、排水沟尺寸与形式、取弃土设计、沿线设施布设等方案比选，在环境与技术条件可能的情况下，宜采取低路堤和浅路堑方案；在通过基本农田及经济作物区的高填深挖路段，应在技术经济比较的基础上，尽量考虑设置挡墙、护坡、护脚等防护设施，缩短边坡长度，节约用地。

当路堤较高时，以桥代路是节约土地资源的最好方法。按一般填土路堤 1∶1.5 的边坡坡率计算，当路堤高度大于 5m 时，高速公路路堤占地面积将是桥梁占地面积的 2 倍以上，但以桥代路无疑会提高公路建设的造价。因此，应从长远可持续发展考虑，充分考虑土地占用的机会成本，综合考虑路基工程的造价、土地资源占用、环境保护等因素，在造价控制允许范围之内，尽量增加桥梁代替路基，减少征地面积。一般情况下，山区公路路基填方高度大于 20m 时，平原地区及东部沿海等土地资源紧张地区路基填土高度大于 6~7m 时，应进行桥路方案必选。

隧道代替深挖路堑可以有效地缩短公路长度，大大节约建设用地，同时减少对原有地貌的破坏，

保护自然和生态环境。从节地、环保、可持续发展等方面考虑，在造价控制允许范围之内，应尽可能以隧道代替深挖路堑。一般情况下，路基路堑边坡大于30m以上的路段，应进行隧路方案的比选。

4. 把好桥梁设计关

桥梁设计应综合考虑投资与环保的因素，在造价控制允许范围内可采用能够降低高程的新型桥梁结构，以降低桥头填土高度，减少占地。同时采用合理的桥梁结构形式，减少墩台开挖量，墩台尽量采用钻孔桩基础、高桩承台等，减少墩台等措施，减少桥位对原生地形地貌的破坏和水土流失。

5. 把好隧道设计关

应从合理确定隧道选址、加强地质调查和地质选线、加强方案比选、细化设计参数等方面努力。同时采用合理的隧道洞门形式，采用“早进洞，晚出洞”，接长明洞等措施，减少开挖仰坡，减少隧道洞口原生地形地貌的破坏和水土路流失。各种隧道形式的造价与用地情况比较见表1-3-13。

各种隧道形式的造价与用地情况比较　　表1-3-13

隧 道 形 式	造价与用地情况
分离式隧道	造价最低，但用地最多
小净距隧道	造价一般，用地居中
联体隧道	造价最高，但用地最省

6. 把好路基设计关

1）改进边沟设置形式

改进边沟设置形式能有效减少土地占用，如将常采用开口宽度1.8m的梯形边沟，改变为开口0.6~1.2m的U形或者矩形边沟，平均按宽度改为1.0m计算，能减少土地占用约2.4亩/km（图1-3-1）。根据汇排水分析计算，对不需要边沟的路段可以不设边沟，通过自然长草或人工植草方式自然排水。

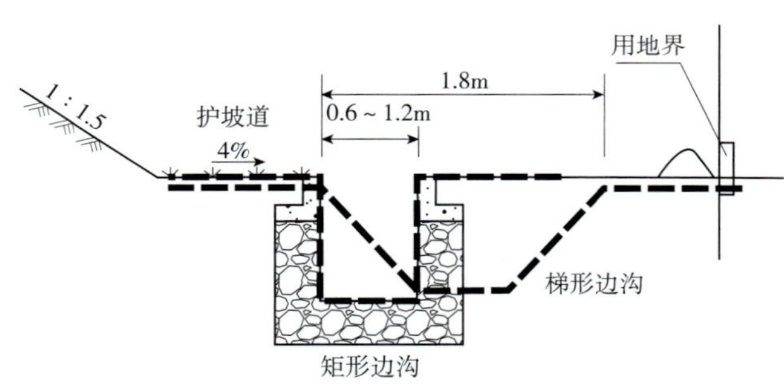

图1-3-1　不同边沟形式占地比较

2）降低路堤高度

在满足功能和相关条件下，应尽量降低路堤高度，采用低路堤方案，减少占地。研究表明，高速公路路堤高度降低1m，路基边坡比率按1∶1.5计算，土地占用就减少4.5亩/km。采用低路堤的条件见表1-3-14。

采用低路堤的条件　　表1-3-14

1. 农村人口比例极少，农业全部是机械化，对横向跨越高速公路的需求极少的路段；
2. 人口密度小，农村多集中居住，出行方向较明确，便于采用支线上跨解决横向跨越的路段；
3. 低路堤路段应具有足够的长度，不宜少于10km；
4. 人均耕地面积相对较少，取土困难地区；
5. 利用线外工程能有效解决地方路网交通地区；
6. 在地方矛盾相对不突出，便于建设管理的路段

目前，我国农村村庄密集，交通机械化程度低，农民田地耕作主要靠步行、畜力车或拖拉机，高速公路穿越田地时需要设置较多的通道。在村庄密集区，平均几百米一道（人行通道净高2.2m，机耕道净高2.7m），路基高度普遍较高。如采用低路基形式，通道改用上跨形式，将带来诸多弊端。因此，

在村庄密集区，采用低路堤措施对沿线百姓穿行、耕作将产生较大的不利影响，节约用地的正面效应相对不明显；而在人烟稀少区，采用低路基方案可行性较大。

控制高速公路填土高度的因素一般有：河流的防洪和通航、相交道路的通行净空、乡村道路横向穿越的净空、高速公路路基的最小填土高度等，降低填土路基高度应根据具体情况合理把握，可采取表 1–3–15 所列技术措施。

采用低路堤形式的技术措施　　表 1–3–15

1. 对相交的等级公路交叉方式进行分析，尽可能使支线上跨高速公路；
2. 对机耕道标准以上的地方道路进行归并，结合路网，每 2~5km 设置一处支线上跨天桥解决横向沟通问题；
3. 采用辅道使地方路网与合并后设置的支线上跨天桥衔接

3）减少填方路基边沟或路堑边坡截水沟外用地宽度

通常将公路路堤排水边沟或路堑边坡截水沟外 2~3m 作为公路征用土地，现一般建议改为 1m，以节约用地，按此计算，大约可节约土地 4.5 亩 /km。

4）因地制宜安排绿色通道用地

通常公路工程中的绿色通道用地按边沟外 5~10m 考虑，现一般建议因地制宜设置，对于地区绿化情况较好的路段可不设置绿色通道，将公路两侧的田野和自然植被作为沿线公路景观的重要部分。

5）合理设置路堑边坡台阶宽度

挖方路堑上边坡台阶宽度通常设置为 2m，根据实际地质条件和防护需要，现在一般建议改为 1m，不但节省了大量土方工程，而且节约了用地。对一般挖方路段，如按一级台阶计算，可节约 1.5 亩 /km。

6）因地制宜，优化路堑边坡设计坡比

公路路基断面的形式及边坡坡比应避免千篇一律，应根据不同地质岩性进行精细化设计。根据测算，对一般路堑段落，设计坡比由 1 : 1 改成 1 : 0.75，可节约 7.5 亩 /km。路堑边坡坡比建议值见表 1–3–16。

路堑边坡坡比建议值　　表 1–3–16

1. 硬质完整砂岩、灰岩边坡，坡比 1 : 0.10~1 : 0.50；
2. 软质易碎落泥岩、页岩边坡，坡比 1 : 0.75~1 : 1.00；
3. 软硬岩组合边坡（上硬下软），坡比 1 : 0.50~1 : 0.75，采用“强腰护脚”方案；
4. 软硬岩组合边坡（上软下硬），坡比 1 : 0.30~1 : 0.75，采用“立脚戴帽”方案

7）采用新型路堤形式收缩坡脚

对高填路堤段，可采用加筋路堤、增设护脚、加强护坡等形式来收缩坡脚，进行瘦身，减少对土地的占用。

8）采用新型、合理的支挡结构物形式

对于斜陡坡路段和与相邻结构物有干扰的路段，尽量采用占地最少的路肩墙和新型挡墙结构形式，如 L 形挡墙（图 1–3–2）、吉奥挡墙等，尽量收缩坡脚，减少占地。

7. 做好互通区设计及方案比选

实践证明，良好的路网规划，合理有效的互通设置，对有效和合理利用土地资源，节约用地有着良好的控制效果。路网规划应有一定超前性，尽量避免多条高速公路近距离平行或相交于一点，以降低互通的复杂性和规模。在路网规划中，应将互通立交（包括分离式立交）的设置和节地综合考虑，并作为一个重要的考虑因素。表 1–3–17 为互通间距及设置建议值。

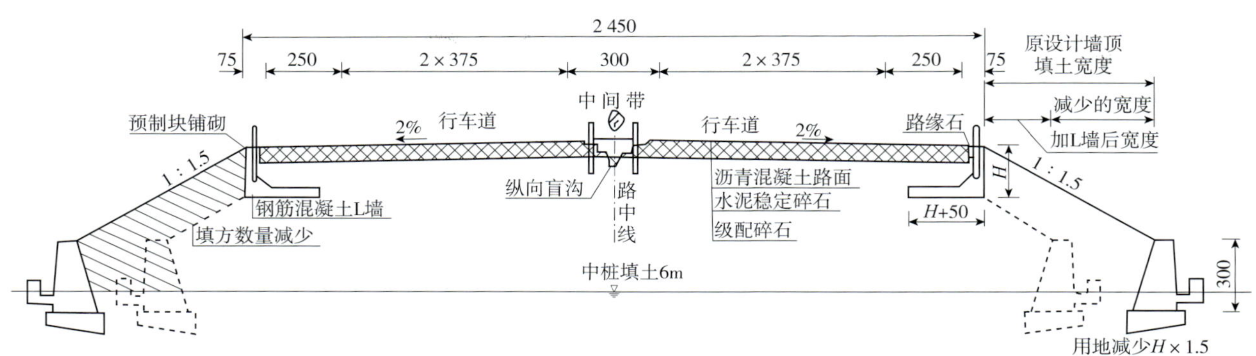

图 1-3-2 原路基标准横断面与增加 L 墙后路基标准横断面（尺寸单位：cm）

互通间距及设置建议值 表 1-3-17

1. 大城市周围、主要工业地区的互通平均间距：5~10km；
2. 平原区一般路段互通平均间距：9~15km；
3. 山岭重丘区一般路段互通平均间距：12~25km；
4. 互通间距较小时，应将枢纽互通与一般互通组合成一体设置；
5. 互通最小间距和组合式互通，应充分考虑交通标志设置的合理性和行车的安全性

应根据不同的地形、交通量和路网关系，合理选择互通形式，充分发挥不同互通的优势，达到既能优化交通流，又能控制建设用地的目的。为尽可能节省占地面积和降低造价，应尽量多地采用喇叭形互通，少用菱形和半苜蓿叶形互通。表 1-3-18 为各互通类型的特点比较表。

各互通类型特点比较表 表 1-3-18

类型	造价（万元）	平均占地（亩）	备 注
半苜蓿叶形	2 000~4 000	279.9	需要设置两个收费站，运营费用较高，管理难度较大
单喇叭	3 000~6 000	169.5	只需要设置一个收费广场，便于集中设置收费道口，方便运营期的养护和管理
双喇叭	5 000~12 000	298.2	
枢纽互通	大于 15 000	651.8	四肢以上高速公路相交的枢纽工程规模和占地面积特别大，所以在设计中要慎重采用

8. 合理设置沿线通道工程

应充分比较上跨人行、车行天桥和地下通道的用地状况，优化通道设置。据测算，一座天桥一般需要占地 30 亩，同时引道土方取土及路基占用等需 100 亩地，与地下通道相比大大增加了土地占用面积，造成了不必要的土地浪费。

9. 合理设计取弃土场

取弃土场最容易产生水土流失，破坏生态环境。取弃土场设计应遵循以下原则：

（1）应尽可能选择荒地或小山丘、山川河谷地貌易恢复的位置，尽量不占用农田。

（2）设置在视线范围外、对环境影响小的地段，对于紧邻路基的取弃土场，从总体设计上进行综合考虑，与相关工程结合在一起，达到最佳。

（3）应充分考虑取、弃土场的后期植被恢复。

（4）进行综合利用和开发，从单纯的恢复植被，防止水土流失，逐步走向可持续发展的综合利用开发。

10. 控制服务区和收费站等附属设施的房建规模

合理设置各房建工程的规模，集约化使用土地。收费站采取“大站带小站”方式，不但能更好地发挥房建工程的服务功能，而且能够有效节约房建工程用地。

根据交通量大小、路段长度、地形条件、社会服务需要，选择适当地点设置服务区，并合理确定服务区的规模；应尽量利用废弃地、荒山和坡地，或结合弃土场设置，原则上不得占用基本农田，服务设施内的建筑物应尽量集中布设。

11. 合理布置管线

在符合技术、经济和安全要求的条件下，在公路用地范围内，沿公路走向，将公路工程所需的通信、监控、供电等系统管线，以及相关通信、网络管线，共沟架设，减少占地。

（四）施工阶段

1. 保护耕植土（腐殖土）

耕植土（腐殖土）是一种重要的宝贵资源，与植物生长密切相关，一旦破坏，需若干年才能形成，故对其保护十分必要。施工过程中应加强对耕植土（腐殖土）的养存利用，节约有限的土地资源，提高资源的利用效率，在后期绿化工程中对耕植土可进行再利用。耕植土（腐殖土）的保护可采取以下措施：

（1）施工进场前进行充分的调查，了解该工程项目实施区耕植土（腐殖土）的分布和数量。

（2）对腐殖土与非腐殖土进行正确的界定，以备再使用。

（3）耕植土或腐殖土的堆放地点、堆放方式、保护措施和施工组织均做到有方案，能落实。

（4）耕植土（腐殖土）的堆放应遵循“就近、隐蔽、依山傍水、进林”的原则。

（5）有条件时，应设置临时场地集中堆放，也可将耕植土（腐殖土）堆放于大型弃土场规划一角处集中堆放，或堆放在互通式立交区域内、隧道进出口左右线间等区域。

2. 合理取弃土

在施工过程中，应根据弃土场的位置，分层次、分视距和地段，多层次进行植被恢复，防止水土流失，并与主体工程综合考虑，设置临时停车区、观景台等，利用社会资源进行综合利用开发，打造城市生态林、绿育基地，或将取弃土场与改地、造田结合起来。可采取以下措施处理取弃土场：

（1）对远离视线的一般性取、弃土场，进行植被恢复，防止水土流失。

（2）靠近路线在视线范围内的取、弃土场，采取绿化封闭等手法，进行遮蔽绿化和植被恢复。

（3）紧邻路基的取、弃土场，结合路线主体工程，结合周边环境，修饰整理、植草皮、栽灌木、置孤石、辅以花草，打造成趣味十足的小品景观点；在条件许可、景色秀美的路段，设置临时停车区和观景台。

（4）取弃土场交付地方百姓，进行复耕或退耕还林，种植经济作物和果树等。

（5）取弃土场作为绿育基地，为绿化施工养护提供苗源，同时达到绿化与恢复目的。

（6）引入社会资源，进行取弃土场生态综合利用开发。

3. 合理规划施工临时用地

临时征地多为施工过程中满足施工的进出场便道、材料场、预制场、临时建筑等的需要，应采取有效措施减少临时用地，并在施工后采用有效措施加以恢复。

对临时用地的设置与恢复可采取以下一些措施：

（1）合理布局施工临时设施，减少工棚、拌和楼、堆料场等临时用地规模。

（2）充分利用红线内的土地或已经征用土地设置预制场、堆料场、拌和楼等临时设施，减少对红

线外土地资源的占用。

（3）统筹规划施工便道，充分考虑当地的可持续发展能力，采用“一次投入，后续再利用”的原则，将在建工程项目与地方发展的需要相结合。

（4）项目驻地建设与当地学校、活动中心、村镇办公场所等地方公共设施建设相结合，集约用地，项目建设完成后留作地方公共设施，为地方服务，节约资源。

4. 充分利用红线内筑路材料

对隧道和路基开挖产生的大量弃方，应根据弃渣类型进行筛选，合理调配利用。对可用作路基填料的尽量用于路基填筑，对可用作构造物的石料尽量用于路基挡防工程，减少弃土场占地，平衡土石方填挖量，节约土地资源，避免资源浪费。

5. 严格限定施工范围

施工中应严格控制工作面，限定在红线内或已经征用的用地内开展工作，减少对红线范围外土地的占用。特别困难路段结构物施工，应采取临时工程措施，减少对周边环境的破坏，保护土地植被资源。具体可采取以下措施：

（1）施工前，采用撒白灰或拉彩色条带等方式明确红线范围，保证不干扰和占用红线外的土地。

（2）施工过程中，对临时弃渣等不乱堆放和丢弃在路基红线范围外，做到随清随走。

（3）特别困难结构物施工路段，采用“梭槽运渣”等方式清除弃渣，不侵占红线外土地。

（4）合理组织调配填挖方路基的施工，尽量将可作为填方路基填料的弃渣，直接用于路基填料，避免二次转运，少侵占红线外土地。

6. 实行严格的水土保护制度

路堑开挖、路基填筑、弃渣堆放、桥隧建设工程等将占用大面积土地，扰动和破坏公路建设用地范围内的原生地貌、土壤、地表植被，并造成大面积的裸露地表，应以填挖方边坡为主体工程区，取弃土场、桥隧结构物、生活区为重点防护区，系统布设工程措施和生态措施，实现“点、线、面”的水土流失综合防治。具体可采取以下一些措施：

（1）加强不良地质地段、高填深挖地段，以及取弃土场等易形成水土流失地段的水土流失防治工作，及时进行坡面防护。

（2）取弃土场做到“先挡后弃”，并采取针对性措施进行复耕或植被恢复，控制水土流失。

（3）结合当地气象条件和水土流失特点，结合施工进度，合理选择施工工期，尽量避开雨期施工；对地表填土临时堆积区、弃渣场等区域，应加强降雨期间的临时防护。

（4）加强临时排水设施。

（5）临河临江的桥梁等结构物施工，应防止开挖弃渣直接排入河道水系，基础开挖前采用围堰、临时沉淀池等，将弃渣及泥浆排入沉淀池沉淀后，再运至弃渣场集中堆放。

（6）注重主体工程中已有水土保持功能与新增水土保持功能的互补性，使主体工程区和易被忽略的临时工程区同时得到较为完善的防护，将工程防护的速效性和生态防护的长效性相结合。

7. 与附近的水利工程结合

公路工程需要大量挖废土地，而水利工程却需要大量压废土地，在有条件的时候，可使两者互相结合，挖河筑路或利用附近水利工程弃土筑路，使其互利互惠，相得益彰。

（五）运营阶段

运营阶段可采取以下一些节约占地的措施。

1. 提高运营养护管理，减少对土地资源的破坏

采取各种土地资源的保护措施，如避免路面雨水流入当地农田，将公路养护与道路周边土地资源

保护融为一体，减少由于公路营运引起的土地资源破坏。

2. 定期宣传，强化公路养护人员对土地资源的保护观念

应将土地资源的节约与保护宣传贯穿至公路营运和养护阶段，定期对公路养护人员及邻近群众宣传土地资源的宝贵性与不可再生性，提高全民的土地保护意识。同时强化土地管理和合理利用工程用地，协调好工程建设、土地利用和环境保护的关系。

3. 加强对营运车辆的管理，降低对土地资源的污染

对运输危险品的车辆进行严格监管审查，将车辆运输事故破坏土地资源的风险降到最低。

4. 大力推进交通信息化和智能运输系统的普及应用

大力推进交通信息化和智能运输系统的普及应用，全面挖掘现有交通网络潜能，最大限度提高基础设施的利用效率。根据发达国家的经验，通过应用智能信息系统和交通信息化提高公路通行能力，可以使公路交通用地效率提高 10% 以上。

5. 及时复垦，让废弃公路用地变成良田

土地复垦是指对在生产建设过程中因挖损、塌陷、压占等造成破坏的土地，采取整治措施，使其恢复到可供利用状态的活动，是解决生产建设和土地破坏之间矛盾的最有效的途径。经国土资源部测算，我国现有的废弃地约有 60% 以上可以复垦为耕地，每年可新增加粮食 270 亿 km；约 30% 的废弃地可以复垦为其他农用地，可新增产值 405 亿元；约 10% 的废弃地可以复垦为建设用地，至少可满足我国 4~5 年的建设需要。

三、其他措施

（一）强化相关工程管理

（1）在“工可”评估、两阶段设计审查阶段，应严把设计审查关，千方百计节约用地。

（2）积极开展加强耕地保护、节约用地的宣传教育活动，增进全行业对国家土地管理政策和耕地保护政策的了解，把保护耕地变成全体交通建设者的自觉行动，使节约土地在公路建设中得以贯彻落实。

（3）加强对公路建设项目前期设计工作、工程建设期间土地征用、借用等重点环节的监督，杜绝设计、施工等环节浪费土地资源。

（4）建议项目招投标中各方案比选时，应将节地作为重要的参考标准之一，并增加评标分值权重。项目施工招标时，应将耕地保护的有关条款列入招标文件，并严格执行。合同段划分应以能够合理调配土石方，减少取、弃土数量和临时用地数量为原则。

（5）严格审查施工组织方案，进场施工前，应制定完善的施工临时用地占补平衡和完善的取、弃土处置方案，防止取挖土、弃土、弃渣堆存占地。

（二）开展节约与集约用地的相关研究和技术成果转化

1. 研究服务区发展模式，提高区域土地价值

服务区是其高速公路基础服务设施。以往服务区的建设投资巨大。如何使其建设合理、物尽其用，并带来巨大收益，是值得研究的重点问题。

建设更加人性化和服务齐全的开放式服务区。将以往封闭的服务区模式逐步转变为开放式服务区，服务区的服务对象不仅面向高速公路驾乘人员，而且面向更加广泛的周边群众。

服务区建设与物流中心相结合的开发建设。在服务区发展物流产业，服务区为企业提供城市快速配送服务、门到门运输服务、仓储及流通加工服务，采用招商引资方式进行服务区建设。服务区与物流中心相结合的开发建设模式，对地方社会和经济发展，提高经济运行质量和效益、实现经济增长方

式的根本转变具有重要的意义。

2. 研究车道路幅设置，解决大容量交通

为减少重复建设，为城市发展预留空间，在有限的资金条件下解决大容量交通的问题，对已建成的高速公路，改变车道布设是一种新的思路（表 1–3–19）。具体的布设研究应根据项目的不同，加以深入研究。

增加车道布设需解决的问题　　表 1–3–19

1. 适用交通量的问题；	4. 互通立交加减速车道及端部调整问题；
2. 超车道及停车视距问题；	5. 路基工程交通工程衔接问题；
3. 桥梁段、隧道段的车道布设及结构安全问题；	6. 行车港湾式紧急停车带的设置问题

第四节　重庆绕城高速公路节约与集约用地示范

一、土地资源的节约与保护

（一）科学规划路线方案

（1）重庆绕城北段和南段以重丘和低山为主，植被繁盛，人口密度相对较小。地貌为近南北向的条状重丘与低山，与近东西向的路线呈大角度相交，地面横坡较陡。规划、设计过程中主要顺应山势采用隧道、傍山桥梁通过，减少了占地及对原始地貌的破坏。

（2）重庆绕城东段、西段主要以浅丘、丘陵为主，农业发达，人口密集，路网发达，中、远期为规划的重要经济组团，近期为农田生态区，远期为城镇生态区。规划、设计过程中对于绕城周边城市组团采取“连而不穿、近而不扰”的设计思路（图 1–3–3、图 1–3–4），充分利用和发挥城市组团的土地价值。同时路基设计采用低路堤方案，实现高速公路建设与地方经济建设的和谐统一，并有效地控制了宝贵的土地资源。

图 1–3–3　北段总体（玉峰山隧道）

图 1–3–4　西段总体（歇马互通）

（3）大学城路段考虑公路建设应有利于社会的进步和发展，符合服务社会、可持续发展原则，在设计中采用了对大学城干扰较少，符合大学城今后发展需要的比较线方案，路线布设沿大学城右侧山坡绕行，少占良田，在走坡地的同时，消除了与大学城干扰的不利因素（图 1–3–5）。

（4）滴水岩—槽坊互通立交段路线设计中结合地质选线和少占良田的原则，力求用舒缓的、较大平面曲线半径的线形来匹配原始地面自然的空间曲线。路线沿经济组团规划区边缘布设时，设计中按照“远而不疏，近而不入”的思路，既方便了经济组团和主城区的交通，又为其发展留有余地（图 1–3–6）。

（5）在桥梁的设计中选择合理的通道宽度以及净空高度，确保给当地的发展留下空间。

图 1–3–5　大学城路段

图 1–3–6　滴水岩路段

（二）选择确定经济、合理的工程技术方案

（1）K136+000~K138+900 是桥口坝国家级森林公园的核心区，植被茂密。为了减少占地，少破坏植被，工程建设对自然生态环境的影响比较敏感，在设计调整中，花土岗隧道上下行间距由 40m 压缩为 15m，将花土岗隧道设为小净距，并同时充分利用地形，优化纵面，适当增加桥梁长度，减少挖方，较初设占地节省 120 亩，减少公路建设对自然景观的影响（图 1–3–7）。

（2）K150+400~K152+900 为了减少路堑长度和挖方数量，降低挖方边坡高度，在 K152+350 增设一个弯道，调整后路堑长度由原来的 600 多米降为近 300m 左右，且挖方边坡高度由原来的 30m 降为 10m 左右，减少挖方约 36 万 m^3，减少了弃方处理数量，节约了土地资源（图 1–3–8）。

图 1–3–7　花土岗小间距隧道

图 1–3–8　K152+371~K152+545 挖方边坡

（三）合理规划施工临时用地

对于施工临时用地，重庆绕城高速公路采用了以下几种方式尽可能减少破坏，节约用地，保护资源。

（1）合理布局施工临时设施，合理安排施工，减少工棚、拌和楼、堆料场等临时用地规模。

（2）充分利用红线内的土地或已征用土地组织安排施工，减少预制场、堆料场、拌和楼等临时设施对红线外土地资源的占用。

（3）在施工便道的利用和使用上，统筹规划，充分考虑当地的可持续发展能力，采用“一次投入，后续再利用”的原则，并将高速公路建设和地方发展的需要相结合，与“村村通公路”工程等统筹考虑。

（4）各项目驻地建设与学校、活动中心、村镇办公场所等地方公共设施建设相结合，集约用地，高速公路建设完成后留作地方公共设施，为地方服务，避免重复建设，节约资源。

案例 1：在重庆绕城高速公路施工进场前，合同中对桥梁施工进行强制性规定，通过施工合同对施工单位进行约束，减少临时性征地对土地资源的浪费（图 1-3-9~ 图 1-3-14）。如：①为了减少沿线随桥梁结构产生的预制场和料场的临时征地，合同约定加快桥梁引道连接路基施工的特别措施，使挖方路基或填方路基尽快形成，为桥梁施工提供料场和预制场；②合同中约定桥梁上部梁片进行集中预制和统一吊装，工厂化制作片梁，引入专业化队伍，保证施工技术和拌和设备、养护设备、吊装设备的到位，这既有利于质量的控制，提高梁体预制的质量，又能减少施工的临时用地，减少施工对环境的破坏和耕地的浪费，还对保证上部梁体安装安全有较好的控制作用；③对于桥墩基础开挖产生的弃土，及时搬运至弃土场，尽量避免和杜绝乱堆乱弃的现象，减少了不必要的环境污染。

图 1-3-9　东段卧龙大桥预制场

图 1-3-10　北段迎龙湖大桥预制场

图 1-3-11　桥梁上部结构集中预制

图 1-3-12　桥梁结构工厂化施工

图 1-3-13　桥下规范施工

图 1-3-14　墩台开挖梭槽运渣

案例 2：为体现高速公路建设更好服务地方的要求，各合同段在建设过程中结合当地道路交通情况，将施工便道建设与地方发展需要相结合，采用“一次投入，后续再利用”的原则，并与市政府开展的“村村通公路”工程等统筹考虑（图 1-3-15、图 1-3-16）。

图 1-3-15　施工便道硬化处理

图 1-3-16　全面整治南惠公路

案例 3：各项目驻地和项目部的建设因地制宜，根据所在合同段的不同，统一进行规划和建设，并在建设完成后交由地方政府，作为学校、活动中心、村镇办公场所等，既为地方服务，同时避免重复建设，充分体现节约与集约用地原则（图 1-3-17、图 1-3-18）。

图 1-3-17　N11 项目部驻地

图 1-3-18　E2 项目部驻地

（四）实行严格的耕植土保护制度

重庆绕城高速公路沿线土壤均属于铁铝土。铁铝土是亚热带的主要土壤类型，其共性是：在湿热条件下土壤矿物质强烈分解，盐基和 SiO_2 都遭淋失，铁铝氧化物则相对富集，土壤呈红色或黄色，酸性反应。由于重庆位于高温多湿地区，又有不同高度的山体，其水热状况重新分布，形成不同类型的铁铝土，细分类别为红壤和黄壤。

重庆绕城高速公路沿线腐殖土累积少，取土难，但路域范围内和取土场弃土场的表土、耕植土大面积分布，在后期绿化、生态恢复工程中可以再利用。在施工过程中加强了对耕植土（或腐殖土）的养存利用，利用现有弃土场规划堆放耕植土，或利用路基边缘 3m 红线范围的用地堆置耕植土，减少了征地，保护了耕植土，并在后期绿化工程中对耕植土进行再利用（图 1-3-19~ 图 1-3-22）。对耕植土的保护采用了以下具体措施。

（1）施工进场前进行宣传导向，重视资源节约意识，发放“土建施工与绿化恢复结合的施工技术要求”。

（2）对腐殖土与非腐殖土进行正确的界定，以备取走和再使用。

图 1-3-19　耕植土剥离保护

图 1-3-20　耕植土集中搬运

图 1-3-21　耕植土集中堆放

图 1-3-22　耕植土再利用

（3）各合同段耕植土或腐殖土的堆放地点、堆放方式、保护措施和施工组织均做到有方案并落实实施。在施工中，腐殖土（种植土）的堆放做到了“就近、隐蔽、依山傍水、进林”。

（4）有条件的合同段设置了临时的小型专用弃土场堆放，大部分腐殖土均在大型弃土场规划一角集中堆放，部分合同段堆放在互通式立交区域内、隧道进出口左右线间等区域。

（5）在施工中注意做到取土场、弃土场的耕植土不掩埋在弃方之下，避免造成后期无法再利用的情况发生。

重庆绕城高速公路共收集耕植土 177.86 万 m^3，利用耕植土 62.85 万 m^3，如表 1-3-20 所示。

耕植土收集再利用统计 表 1-3-20

工程数量 绕城段落	路线长度（km）	路基长度（km）	耕植土收集数量（万 m^3）	耕植土再利用数量（万 m^3）
绕城东段	36.777 0	27.365 7	36.67	14.67
绕城北段	49.286 0	28.507 5	38.20	11.46
绕城西段	51.060 1	42.149 9	58.16	23.27
绕城南段	50.180 4	32.485 5	44.83	13.45
合计	187.31	130.51	177.86	62.85

（五）充分利用红线内筑路材料

重庆绕城高速公路在施工过程中对隧道开挖和挖方边坡产生的大量弃方，确定合理的利用方案，对可用于路基的弃渣用作路基填料，可用于构筑物的石料用作构筑物材料，减少弃土场占地，平衡土石方填挖量，节约了土地资源，物尽所用，避免资源浪费。

案例 1：合理调配合同段内的隧道或挖方弃渣，将满足填方填料的挖方弃渣用于填方路基段落；将隧道围岩根据标准和强度，经过筛选作为片碎石材料使用，减少了弃方占地，节约了工程材料费用（图 1-3-23~ 图 1-3-26，表 1-3-21）。

图 1-3-23 玉峰山隧道Ⅲ级围岩

图 1-3-24 花土岗隧道弃渣作片碎石

图 1-3-25 施家梁隧道Ⅲ级围岩

图 1-3-26 施家梁隧道洞渣作为仰拱回填片石

隧道弃方利用情况　　表 1-3-21

利用情况 / 绕城段落	隧道座数及长度	隧道围岩分类			弃方利用情况		减少征地	节约造价
		Ⅴ级	Ⅳ级	Ⅲ级	填方路基填料	挡防工程材料		
	座 /m	m^3	m^3	m^3	m^3	m^3	亩	万元
绕城东段	1/562.5	51 810	34 530	—	77 706	—	10	90
绕城北段	7/11 708.7	575 131	539 186	682 968	718 914	12 685	92.5	832.5
绕城西段	—	—	—	—	—	—	—	—
绕城南段	3/5 912	235 948	317 622	399 296	381 147	6 670	49.5	445.5
合计	11/18 183.2	862 889	891 338	1 082 264	1 177 767	19 355	152	1 368

案例 2：完整砂岩的边坡段落，根据砂岩强度，将挖方产生的块石用于挡防工程，片块石材料广泛用于截排水沟、渗水盲沟、墙背回填等，破碎成碎石材料用于路基底基层的铺设（图 1-3-27~图 1-3-29）。

图 1-3-27　砂岩边坡作为块石料场

图 1-3-28　砂岩边坡块石构筑挡墙

图 1-3-29　砂岩破碎作碎石材料

（六）严格限定施工范围

施工中严格控制工作面，限定在红线内或已经征用的用地内开展工作。特别困难路段结构物的施工，采取了临时工程措施，减少对周边环境的破坏，保护土地植被资源。

（1）施工前，采用撒白灰或拉彩色条带等方式明确红线范围，保证不干扰和占用红线外的土地。

（2）施工过程中对临时弃渣等不乱堆放，不丢弃在路基红线范围外，做到随清随走，及时运至弃土场等。

（3）在特别困难的结构物施工路段，采用梭槽运渣等方式清除弃渣，不侵占红线外土地。

（4）合理调配填挖方路基的施工组织，尽量将可作为填方路基填料的挖方弃渣直接用于填方路基填料，避免二次转运，少侵临时占地（图 1-3-30~ 图 1-3-32）。

图 1-3-30　挡墙施工严格控制红线

图 1-3-31　路基施工红线控制

图 1-3-32　箭滩河桥施工保护周边环境

（七）实行严格的水土保护制度

根据重庆绕城高速公路水土流失的特点，水土保持措施布局以填挖方边坡为主体工程区，取弃土场、桥隧结构物、生活区为重点防护区，系统性布设工程措施和生态措施，构建“点、线、面”的水土流失综合防治体系。

（1）由于重庆绕城地形地质条件复杂，在规划选线过程中，注重地质选线，结合主体工程造价、不良地质及水土保持综合评价选出最优路线，减少水土流失源头，保护生态环境，保持水土，使公路与周边环境自然协调。

（2）设计合理的边坡排水系统、拦渣墙、急流槽、拦水缘石、沉沙池、消能池等，有效拦截地表径流，快速排除降水，防止下渗危害路基，防止洪水冲刷等，对减少水土流失起到了积极作用。

（3）采用合理的桥隧结构物工程形式，减少墩台开挖量。墩台采用钻孔桩基础、高桩承台等；隧道采用“早进洞，晚出洞”，接长明洞，减少开挖仰坡等措施，减少对桥位区和隧道洞口原生地形地貌的破坏。

（4）在施工建设过程中，加强对不良地质地段、高填深挖地段以及取弃土场等易形成水土流失地段的水土流失防治工作，及时进行坡面防护，对取弃土场，做到“先挡后弃”，并采取具有针对性的复耕或植被恢复措施，从源头上控制水土流失。

（5）结合重庆本地的气象条件和水土流失特点，合理选择施工工期，尽量避开雨期施工。对地表填土临时堆积区、弃渣场等区域，降雨期间注意做好防护措施，同时加强边坡、路基、路面、隧道进出口等路段的排水，做好水土保持。

（6）对临河临江的桥梁等结构物，为防止开挖弃渣直接排入河道水系，基础开挖前采用了围堰、临时沉淀池等，将弃渣及泥浆排入沉淀池沉淀后，再运至弃渣场集中堆放。

（7）注重主体工程中已有水土保持功能与新增水土保持功能的互补性，使主体工程区和易被忽略的临时工程区同时得到较为完善的防护，将工程防护的速效性和生态防护的长效性相结合，使重庆绕城高速公路水土流失得到及时而长效的治理（图 1–3–33~ 图 1–3–36）。

图 1–3–33　边坡绿化防护及表土覆盖

图 1–3–34　弃土场绿化恢复

图 1–3–35　K51+530 涵洞出口设置沉沙池

图 1–3–36　大岚垭坪隧道洞口生态恢复

二、土地资源的综合利用

（一）施工便道与农村公路建设相结合

重庆绕城高速公路施工前期统筹规划施工用便道，与地方政府“村村通公路工程”及农村交通需要相结合，采用“一次投入，后续再利用”的原则，既为高速公路建设服务，又便于地方居民生产生活，提高了农村公路的通达深度，减少了重复建设，有效地利用了有限的土地资源（图 1–3–37、图 1–3–38）。

图 1-3-37　硬化乡村道路作施工便道

图 1-3-38　施工便道与乡村道路结合

（二）人行路网建设恢复与高速公路建设相融合

重庆绕城高速公路沿线人行系统的恢复与完善，总体上按照促进城乡统筹发展的要求，合理利用高速公路资源，与高速公路建设同步，并且做到“少干扰、早恢复、提标准、便于行”（图 1-3-39）。

a）

b）

c）

d）

图 1-3-39　人行路网与高速公路融合

三、土地资源的社会化开发

以立交区、大型取弃土场等占用土地资源较大的路域资源为突破口，进行社会化的综合利用开发，并与高速公路绿化建设等结合起来，吸引社会投资，用作社会苗圃等，既塑造了立交景观，充分利用了土地，又减少了场地绿化工程，降低了建设成本，让各方受益，节约了资源。

（一）取弃土场的社会化开发与综合利用

重庆绕城高速公路沿线共有取、弃土场 161 处，在取、弃土场选址上尽量做到设置在视线范围外、对环境影响小的地段，对于紧邻路基的取、弃土场，与相关工程结合，从总体设计上进行综合考虑。针对沿线分布的众多弃土场，根据弃土场的位置不同，分层次、分视距和地段统筹考虑，多层次进行植被恢复，并与主体工程综合考虑，设置临时停车区、观景台等，并利用社会资源进行综合利用开发，打造城市生态林、绿育基地等。具体采用了以下几种处理方式。

（1）对于远离视线的一般性取弃土场，采用植被恢复、防止水土流失。

（2）靠近路线，在视线范围内的取弃土场，采取回填、修饰、绿化封闭等手法，进行遮蔽绿化和恢复。

（3）紧邻路基的取弃土场，结合路线主体工程，结合周边环境，修饰整理，植草皮、栽灌木、置孤石、辅以花草，打造成趣味十足的小品景观点，并在条件许可、景色秀美的路段，设置临时停车区和观景台。

（4）取弃土场交付地方百姓，进行复耕或退耕还林，种植经济作物和果树等。

（5）取弃土场作为绿化施工养护的绿育基地，为绿化施工养护提高苗源的同时，达到取、弃土场的绿化与恢复。

（6）引入社会资源，对取弃土场进行生态综合开发，打造城市生态林，既封闭了不雅景观，吸引视线，又增加了层次感，形成新的景观点，同时节约了大量取、弃土场生态恢复所需的资金（图 1-3-40~图 1-3-45）。

图 1-3-40　弃土场植被恢复

图 1-3-41　弃土场绿育基地

图 1-3-42　利用弃土场设置临时停车区

图 1-3-43　利用弃土场作苗圃

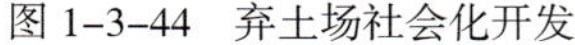

图 1-3-44 弃土场社会化开发

图 1-3-45 弃土场社会化开发

（二）立交区场地的社会化开发与综合利用

重庆绕城高速公路共布设立交共 24 座，枢纽立交 8 座，一般互通式立交 16 座，全线互通式立交环形区域占地面积约为 2 621 亩，具有大量宝贵的土地资源。对这些土地资源，以往的设计思路及处理方式为，在封闭的环形区域内进行生态景观绿化，设置景观雕塑等。重庆绕城高速公路打破传统的封闭绿化思路，让立交区的环形场地区域土地面向社会资源，吸引社会投资，实现多赢，既节约了资源，又实现了公路交通与土地资源的可持续发展。

（1）立交区绿化与养护苗圃相结合，使立交区场地的绿化不再是单纯的绿化，同时考虑后期的边坡、中分带等绿化养护所需的苗源，在立交区场地内设置小型的苗圃。

（2）吸引社会资源的投资，让立交区场地社会化，进行综合的绿化与美化、植被恢复和生态林建设相结合的开发。通过立交区的场地社会化，建设和投资方可以节约用于立交区场地绿化所需的建设投资，同时让宝贵的土地资源加以充分利用，让社会投资得以回报（表 1-3-22，图 1-3-46~ 图 1-3-49）。

重庆绕城高速公路立交区社会化开发后节约投资统计 表 1-3-22

投资情况 绕城段落	原设计绿化景观计划投入（万元）	社会化后实际投入（万元）	社会化减少投资（万元）	备 注
绕城东段（共 3 个互通）	466	317	149	
绕城北段（共 5 个互通）	1 172	483	689	
绕城西段（共 8 个互通）	1 287	737	550	
绕城南段（共 5 个互通）	1 194	994	200	
合计	4 119	2 531	1 588	

图 1-3-46 金凤互通社会化

图 1-3-47 西彭互通社会化

图 1-3-48　花溪互通社会化

图 1-3-49　互通区社会化

四、土地资源的深度开发与延伸

（一）六车道预留八车道

为城市的发展预留空间，减少重复建设，重庆绕城高速公路在建设初期对路幅布置进行了专项研究，以满足未来城市快速道路功能。

重庆绕城高速公路西南段设计车速 120km/h 的路段（K50+820~K116+600），因江津观音岩长江大桥已作八车道预留，且无隧道控制，利用右侧硬路肩宽度和减窄中央分隔带宽度 1.0m，通过增加交通限速标志，完善交通标志，增设紧急停车带等措施，为远期规划预留一行车道是基本可行的。

原路基标准断面划分是 75cm+300cm+3 × 375cm+75cm+300cm+75cm+3 × 375cm+300cm+75cm=3 450cm，在路基宽度不变的情况下若要调整为八车道，路基标准断面改为：50cm（土路肩）+25cm（侧向余宽）+50cm（路缘带）+2 × 375cm（大车道）+2 × 350cm（小车道）+50cm（路缘带）+200cm（中央分隔带，含左右侧向余宽各 25cm）+50cm（路缘带）+2 × 350cm（小车道）+2 × 375cm（大车道）+50cm（路缘带）+25cm（侧向余宽）+50cm（土路肩）=3 450cm。这样调整的前提条件是，须将设计车速 120km/h 降为设计车速 100km/h，因 120km/h 的侧向余宽为 50cm，100km/h 的侧向余宽为 25cm。

若将来发展重庆绕城高速公路变为城市快速路，按照《城市道路设计规范》（CJJ37—2012）的要求，其指标要求的设计速度最高为 80km/h（现在有些城市已将快速路的超车道设为 80~100km/h 的区间速度），车道宽度：大型汽车或混行汽车道宽为 3.75m，小型汽车专用道为 3.50m，分隔带最小宽度 2.0m。按此要求，调整后的断面划分基本能满足要求（图 1-3-50~ 图 1-3-52）。

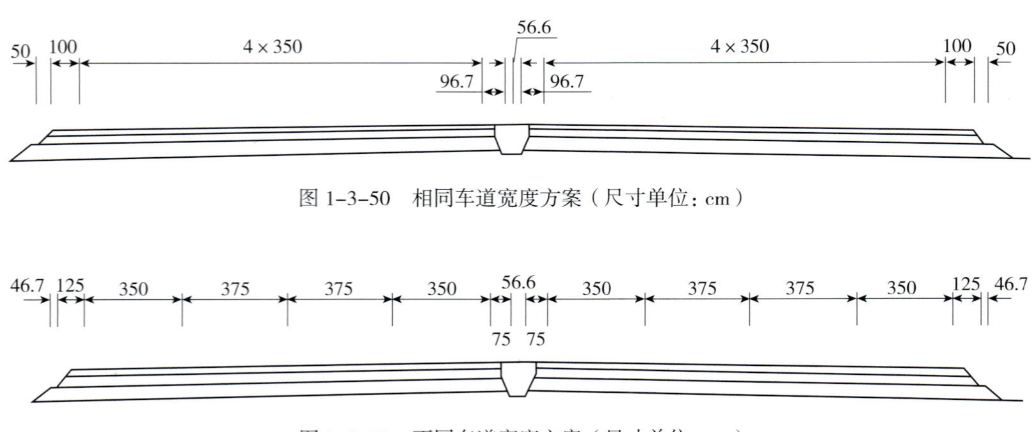

图 1-3-50　相同车道宽度方案（尺寸单位：cm）

图 1-3-51　不同车道宽度方案（尺寸单位：cm）

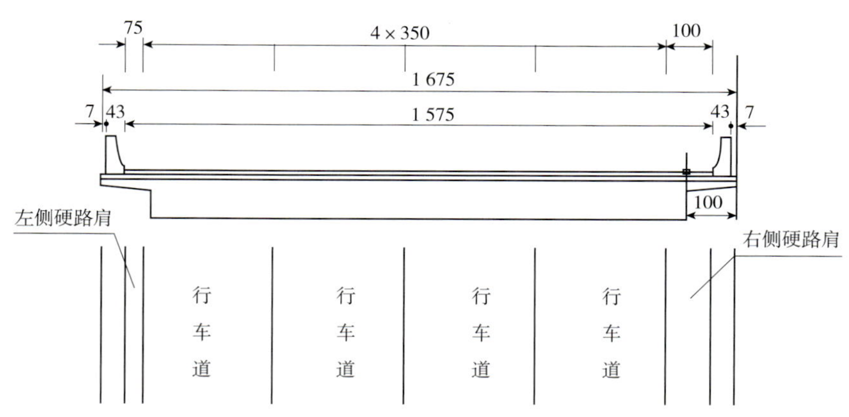

图 1-3-52 分离式桥梁路段设计方案（尺寸单位：cm）

（二）拓展服务区发展模式

重庆绕城高速公路在服务区发展模式方面进行了积极的探索，并进行相关的专项研究，如提出将以往封闭的服务区模式逐步转变为开放式服务区，服务区的服务对象不仅面向高速公路驾乘人员，而且面向更加广泛的周边群众，同时在服务区发展物流产业，促进地方社会和经济发展，提高经济运行质量和效益，实现经济增长方式的根本转变。

1. 更加人性化和服务齐全的开放式服务区设置

按照高速公路服务区一体化经营管理的需要，逐步构建高速公路餐饮连锁网络、便利店连锁网络、加油站网络、汽车修理网络、广告媒体网络五大连锁网络，充分发挥高速公路资源和配套优势，创造最大的经济效益和社会效益。

2. 服务区的建设与物流中心相结合的开发建设

充分利用现有的服务区土地资源，通过与交通集团运输企业的业务整合，实现优势互补，共同拓展物流领域的业务，带来新的利润增长。建立高速公路服务区物流体系，将服务区打造成物流信息港，因地制宜开展物流服务，既利用闲置资源，又满足了社会需要。

服务区可以为企业提供城市快速配送服务、门到门运输服务、仓储及流通加工服务，采用招商引资方式进行服务区建设。服务区的发展趋势有以下三个方面：

（1）利用服务区土地资源，建立物流集散中心。

（2）利用经济地理优势，建立大型物流园区。

（3）利用高速公路管道通信系统，建立物流信息港。

我国正处在流通业整体结构大调整的变革期，无论是零售业、批发业还是物流业，都正处在新商业模式和市场网络逐步定型阶段，新项目进入门坎相对比较低。同时，现代物流业在全国的市场格局尚未完全形成，未来发展空间很大。重庆绕城高速公路服务区建立物流中心的研究主要从以下几个方面入手：

（1）服务模式采用建立物流园区、物流中心和货运站分层次的布局。

（2）供城市快速配送服务。

（3）提供国内、省内的门到门运输服务。

（4）服务区建设大面积的仓储物流基地，提供仓储及流通加工服务。

（5）服务区建设可采用招商引资的方式。

以目前南京绕城高速公路为例，沿线建设了 3 个物流园区，5 个物流中心，8 个物流货运站（图 1-3-53~ 图 1-3-57），取得了良好的经济效益，节约运输成本 20%，年创利 5 000 万元。

图 1-3-53 滴水岩管理中心

图 1-3-54 曾家服务区及收费站

图 1-3-55 珞璜服务区

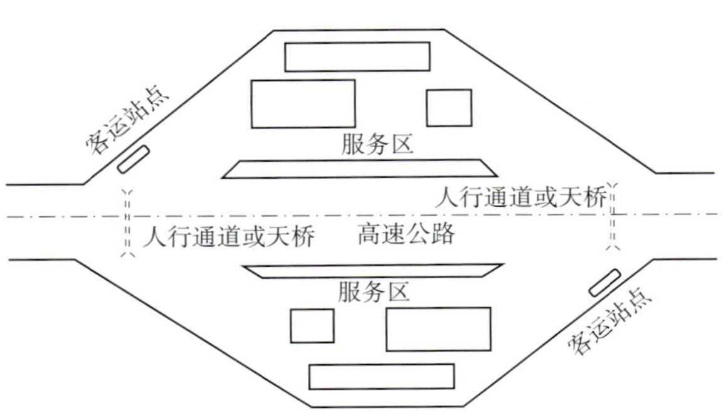

图 1-3-56 与服务区联合设置停靠站示意图

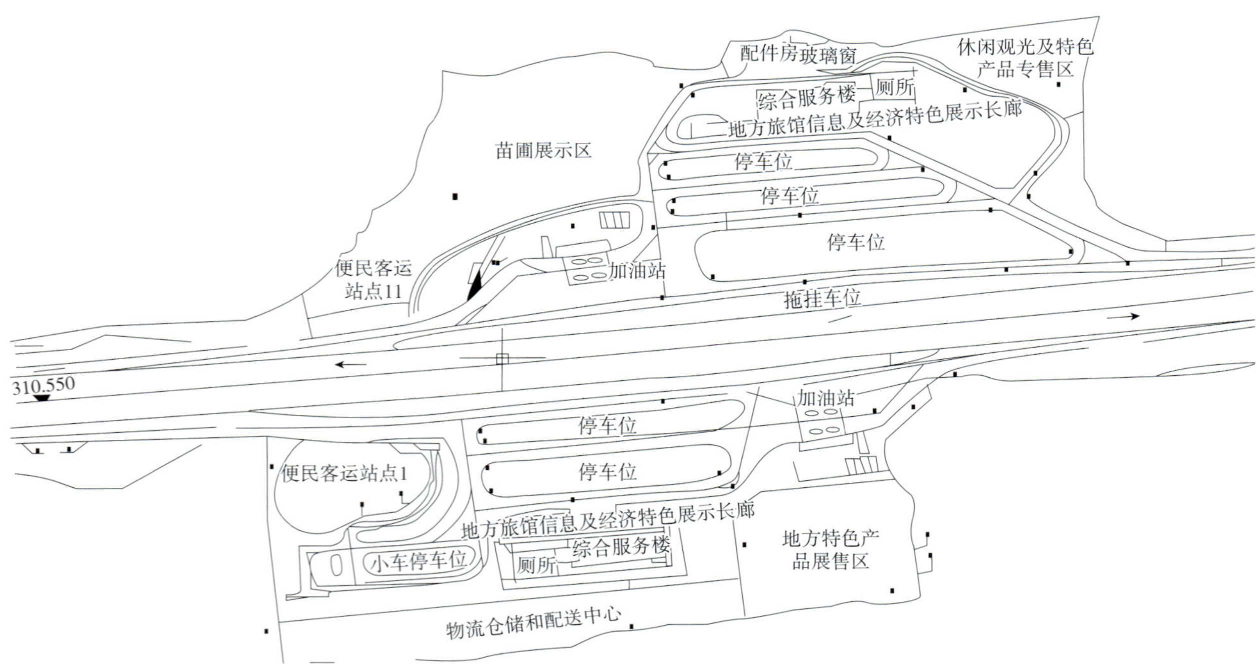

图 1-3-57 功能齐全的综合服务区模式（平面示意图）

第四章　路域水资源保护与利用技术

第一节　公路建设对水资源的影响及水资源保护与利用的原则

一、宏观影响

1. 对地下水资源的影响

公路建设对地下水资源的影响主要体现在引起地下水位的变化，使地下水资源减少，引起一系列生态环境的不良变化。如图 1–4–1 所示，公路挖方路段如果位于地下水位线以下，则会导致路基边缘及开挖的山坡出现渗水，最终导致地下水位下降，地表植被萎缩或枯死，土地可蚀性增加，水土流失，甚至出现滑坡等灾害现象，破坏生态平衡及景观。生态破坏的后果又使得地表土保水能力下降，失去涵养水源的功能，形成恶性循环。在填方路段，路基会使地下水上游水位抬高，下游水位降低，最终导致类似的结果。

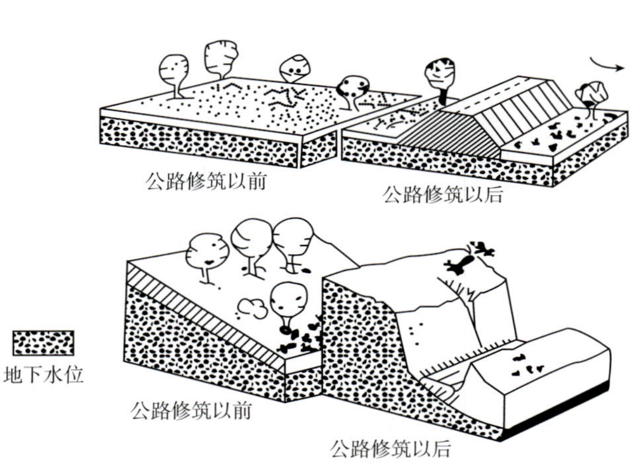

图 1–4–1　公路修筑引起地下水位的改变

重庆地区山岭众多、沟壑纵横，公路建设尤其是高速公路建设对平纵线形的标准要求又较高，开挖隧道或深挖高填路基难以避免，需要引起足够重视，进一步深入研究公路建设对地下水的影响机理，合理选线，合理采用结构物，尽量避免公路通过地下水资源易受影响的地区，以桥隧代替高填深挖路基，并尽可能减少隧道掘进对地下水的影响。

2. 对地表水资源的影响

公路工程会影响地表径流的自然状态，改变地表水文条件。

高路基的阻隔作用将使原有地表径流的汇水流域发生改变，加快水流速度，导致土壤侵蚀加剧，容易引起下游河道淤塞，甚至会导致洪水的发生。

高速公路建设过程中的弃渣侵占河道，沿河而建的公路或跨越河流湖泊的公路桥梁也会影响河流的过水断面、流量、流速等水文条件，引起冲刷动能增大，加速河岸侵蚀，引发洪水等不良灾害。有些公路建设项目还可能使河流改道，侵占或损毁池塘、湖泊、水库，对地表水资源、水环境产生危害。我国西北地区干旱少雨，但雨量集中，地表径流的自然状态及河流湖泊等地表水体水文条件的改变，都有可能导致在雨季产生严重的生态环境问题，使区域水资源及生态环境遭受破坏。

3. 对地表水质的影响

水质性缺水已成为我国许多地区，特别是人口集中的城镇地区水资源匮缺的主要表现形式。公路建设施工期及营运期产生的生产废水、生活污水、路面径流等对河流湖泊水质的污染，以及水土流失导致的河流湖泊水质浑浊、悬浮物浓度增高等，使地表水体因水质变化而影响水体的使用功能，特别是在一些水环境敏感路段，这种影响会更加突出。

二、具体影响

具体影响主要表现在：公路施工各环节对河流水质的影响；服务区、收费站、管理区生活污水、含油污水等废水对水体的污染；营运期路面上累积的污染物随雨水径流对水体造成的污染；化学危险品运输交通事故对河流水质的潜在风险等。

（一）公路施工期对水环境的影响

公路施工期的污染源主要有建筑材料的运输和堆放、施工废料的处置、桥梁施工和施工营地等对地表水水质的污染影响。

1. 建筑材料运输与堆放对水体环境的影响

路基的填筑以及各种筑路材料的运输等均会引起扬尘，将会对路侧及附近水体产生一定的影响。此外，一些施工材料如沥青、油料、化学品物质等施工材料如保管不善，被雨水冲刷而进入水体产生水环境污染。因此，在施工中应根据不同筑路材料及其特点，采取针对性的加强保护管理措施，加强管理，将对水质的影响程度降到最小。同时，特别注意施工期对路基及时压实，避免冲蚀；路面施工时，避免雨季或逆季节施工造成沥青废渣，施工时及时碾铺，防止雨水冲刷，严禁将沥青废渣倾入河流。

2. 桥梁施工对地表水的影响

桥梁施工期对地表水的污染主要来自施工作业生产污水和施工人员生活污水两个方面。施工作业引起的生产污水包括桥梁建设过程中的钻孔废水和含油废水。

3. 隧道施工对地表水的影响

隧道施工工序包括岩石打孔、爆破、碎石清理、隧道洞壁修整、衬砌和锚固等。其中在岩石打孔、洞壁修整、衬砌和锚固过程中，有施工废水的产生。一般情况下，每个施工循环的废水产生量为200~400m^3，一个工作日完成一个工作循环。

隧道施工废水中污染物成分简单，主要为小颗粒悬浮物，其中SS浓度值为800~10 000mg/L，这些污染物比重较大，经过沉淀处理后即可去除。经过沉淀后的施工废水可基本恢复到使用前的水质功能，可以重复利用。

4. 工程废渣对水环境的影响

公路工程施工废渣主要包括工程路基和隧道弃渣以及施工作业过程造成的废弃沥青渣。前者如果不及时挡护处理，经雨水冲刷进入水体将造成严重水土流失，使地表水中悬浮物（SS）浓度明显增加，故应按水保要求防治。后者（沥青废渣）如处理不当，则可能造成水体质量的污染。

5. 施工营地生活污水对水体的影响

施工期生活污水主要来源于各施工营地，其中主要是施工人员就餐和洗涤产生的生活废水及粪便污水，主要含动、植物油脂，洗涤剂等各种有机物。如直接排入小河，当小河流量为15m^3/s时，可使河水每立方米CODcr增加1.19mg；当小河流量为2~3m^3/s时，每立方米河水CODcr可增加34.7mg。因此，应在该类施工点设置化粪池处理生活污水，然后将污水集中转运入农田或附近城市污水处理厂。采用化粪池可去除BOD_5 30%~40%，降低COD 50%。

以桥梁施工工地为例，桥梁施工期间各类施工人员相对比较集中，桥梁现场施工人员数量与桥梁规模、桥型、施工机械及施工季节等有关，特大桥、大桥的施工人数约为200人/d，中小桥现场施工人员约为100人/d，施工人员产生的生活垃圾按1.0kg/（人·d）计，参照《公路建设项目环境影响评价规范（试行）》附录C表C2，施工人员产生的生活污水取80L/（人·d），则不同数量施工人员排出的生活污水总量如表1–4–1所示。

施工营地生活污水排放量　　表 1-4-1

施工人员（人）	50	100	150	200
污水总量（t/d）	4.0	8.0	12.0	16.0
生活垃圾（kg/d）	50	100	150	200

桥梁的建设期从十几个月到二三年不等，如果这类生活污水未经处理直接排入附近水体，将在施工期对水体产生较为稳定的污染，导致水体质量下降，特别是对那些容量小、流速低、自我净化能力差的小河流和水塘产生的影响更为显著。

施工营地应设置适当数量的污水处理设施，如沉淀池、化粪池等，一般的生活污水集中收集，经过过滤处理后可作为农灌水，滤渣、油污和粪便排入化粪池，经发酵后用作肥料，或将处理后产生的污泥集中堆放，进行厌氧堆肥处理。

施工营地的污水排放量可按下式计算：

$$Q_s=(Kq_iV_i)/1\,000 \tag{1-4-1}$$

式中：Q_s——生活污水排放量（t/d）；

q_i——每人每天用水定额［L/（人·d）］；

V_i——工区人数（人）；

K——生活污水排放系数，一般为 0.6~0.9。

6. 施工营地生活垃圾及施工废弃物的影响

项目施工期间，各类施工人员和管理人员较为集中，产生的生活垃圾按照 1.0kg/（人·d）计，一般情况下，施工期间产生的生活垃圾总量约为 900t，其中可分为可降解和不可降解固体废弃物。若不对这些垃圾采取处理措施，将会对沿线生态环境和水体等环境造成较大的影响。

7. 施工期含油污水对水体的影响

施工期含油污水主要来源于施工机械的修理、维护过程及作业过程中的跑、滴、漏。其成分主要是润滑油、柴油、汽油等石油类物质，这类物质一旦进入水体，则浮于水面，阻碍油水界面的物质交换，使水体溶解氧得不到及时补给，给水生生物的生命活动造成威胁。桥梁及涵洞现浇施工采用的模具构件，也会因有垢油渗出，流入水体，污染水体环境。

8. 混凝土搅拌产生的废水对水体的影响

在混凝土拌和过程中并不直接产生废水，只是在冲洗混凝土转筒和料罐时有废水产生，这部分废水具有悬浮物浓度高、水量小、间歇集中排放等特点。据有关资料，混凝土转筒和料罐每次冲洗产生的污水量约为 0.5m^3，废水中悬浮物浓度约为 5 000mg/L，pH 值在 12 左右，废水污染物浓度远超过了相应的排放标准的限值要求，因此需采取沉淀处理后方可排放。

9. 工程施工对鱼塘的影响

公路建设沿线可能遇到较多鱼塘，尤其是靠近城区周边，休闲娱乐等现代农业较发达地段，分布有较多大大小小的鱼塘，在施工过程中，各种建筑材料、污水、扬尘等都可能进入鱼塘，影响渔业的正常生长。

10. 工程施工对居民饮水及牲畜饮用的影响

公路沿线一般居民较为分散，居民饮用水来源主要有地下水和自来水等。工程建设产生的影响是征地范围内的水井。所以工程建设前，如发现用地范围内有水井，应事先为居民在非征地范围内建好水井，对公路建设需要占用的牲畜饮用堰塘，也应在施工前，择地恢复重建。

（二）公路营运期对水环境的影响

1. 营运期路面径流雨水污染

公路建成运营后，随着交通量逐年增多，沉落在路面上的机动车尾气排放物、车辆油类以及散落在路面上的其他有害物质也会逐年增加。这些污染物一旦随着降水径流进入水体，对水体的水质将会产生一定的影响。

影响路面径流污染的因素众多，包括降雨量、降雨时间、车流量、大气污染程度、降雨间隔时间、路面宽度、集雨路段长度等。由于各种因素随机性强，偶然性大，路面雨水污染物浓度难以确定。

路面径流污染物主要为 SS、石油类和 CODcr，路面径流雨水是影响雨季河流水质的原因之一。

高速公路路面多以沥青混凝土路面为主，属不透水区域，有产生、汇流快等特点。降雨期间路面产生的径流量可由下式计算：

$$W=A\times h\times 10^{-3} \tag{1-4-2}$$

式中：W——单位长度路面径流量（m^3/d）；

A——路基宽度（m）；

h——降雨强度（mm/d）。

2. 收费站、服务区和养护工区污水影响

公路沿线收费站、服务区和养护工区等服务设施所产生的污水主要是生活污水，可按式（1-4-1）计算其排放量。

公路服务区洗车废水产生量可按下式计算：

$$Q_q=(q_iV_i)/1\,000 \tag{1-4-3}$$

式中：Q_q——汽车冲洗污水排放量（t/d）；

q_i——冲洗一般车用水定额（L/ 辆），对客车和载货车可取 500L/ 辆；

V_i——冲洗车辆数（辆 /d），服务区可按预测昼间交通量的 0.2% 计。

一般情况下，服务区洗车大多是简单的冲洗，难以形成连续的污水排放，所含污染物以 SS 为主，洗车工艺本身的集水池可以沉淀去除 SS，解决其环境污染问题。收费站及服务区等服务设施产生的生活污水量较大，必须对其进行处理，建议采用设化粪池与生物接触氧化池（地埋式）处理系统对废水进行处理，做到达标排放。出水可用作农灌、服务区及中央分隔带的绿化用水。

3. 营运期间危险品运输交通事故风险对水环境的影响

公路营运期间危险品运输交通事故风险对沿线水环境质量的潜在危害可采用风险度进行评价，化学危险品运输的风险度计算模型如下：

$$P=\prod_{i=1}^{6}Q_i=Q_1\times Q_2\times Q_3\times Q_4\times Q_5\times Q_6 \tag{1-4-4}$$

式中：P——预测年水域路段发生化学品风险事故的风险度（频率）；

Q_1——该地区目前车辆相撞翻车等重大交通事故频率（次 / 百万辆 · km）；

Q_2——预测年年绝对交通量（百万辆 / 年）；

Q_3——高速公路对交通事故的降低率（%）；

Q_4——货车占总交通量的比例（%）；

Q_5——运输化学危险品车辆占货车比率（%）；

Q_6——水域路段长度（km）。

尽管公路营运期间运输化学品车辆在所在水域路段发生重大交通事故引起水体污染的概率比较低，但仍然存在着运输危险品排放的风险。

三、水资源保护与利用的原则

公路建设与营运期间，沿线水资源的保护与利用应遵循以下原则。

1. 坚持“保护优先”的原则

在总体设计中充分考虑沿线区域的地表水系和地下水资源等，优先保证对水资源的有效保护。优化线路选择，加强对自然水系的保护，无法避让的路段优先进行河道改移，加强对沿线水环境敏感点的重点保护，保护沿线重要的地下水资源等。

2. 坚持“预防为主、防治结合”的原则

对取、弃土场，路基边坡等易造成水土流失的工点，需提前进行平面、竖向和横断面设计，及时进行生态恢复，必要时进行有效的支挡防护，最大限度地防止水土流失。

3. 坚持“不破坏、少破坏、多保护”的原则

以水资源保护为核心，以工程措施为方法，精心管理、文明施工，减少对水土的破坏，创造良好的水土保持环境，实现水资源的保护利用，达到可持续发展的目标。

4. 坚持“适量开发，合理利用”的原则

避免在公路工程建设中盲目开采和开发路域沿线的水资源，做到合理、有限度和适量地开发利用，保证路域水资源的科学化、定量化、适量化的开发利用。

5. 坚持“技术创新，综合利用”的原则

大力开展节水技术创新和技术开发工作，如将高速公路路域范围所蕴藏的丰富水资源进行综合利用，变废为宝；大力开展污水综合处理和循环利用研究、滴灌养护技术研究等。

第二节　水资源保护与综合利用的方法与对策措施

一、政策及导向性措施

建设节约防污型交通行业是对交通行业生产关系的变革，是制度建设，是一场深刻的革命，必须与传统的交通建设发展模式转变同时进行，综合运用法律、行政、工程、经济、科技、文化等多种手段和措施，保证水资源配置、开发、利用的高效率、高效益和可持续性。可采取以下政策及导向性措施。

1. 加强制度建设

建立健全科学的管理体制，实现路域范围内水资源一体化管理，采取以水权理论为指导，市场引导、公众参与的节水型社会管理体制。

2. 建立新的供需平衡关系

科学全面地分析路域范围内水资源承载能力，制订水资源利用的综合规划。

3. 大力发展节水科技

一方面加强节水材料、节水工艺、节水器具、节水设施的开发和使用，另一方面通过对新技术、新工法的集中推广应用，提高节水的实际效果。

4. 建设节水文化

提高公路交通行业建设者的水忧患意识和节水意识，提倡节水型的消费文明，大力加强工程施工节约用水的宣传教育，培养员工自觉养成节水、爱水的良好习惯。

5. 加强法制建设

在《中华人民共和国水法》的基础上，制订节水、清洁生产、文明施工、限制开采地下水的有关法律，不断完善法律法规体系，将工程建设的各项工作纳入法制管理的轨道。

二、技术性措施

（一）规划及可研阶段水资源保护措施

1. 合理选线

解决公路建设对水资源的影响问题，首先要在路线选线上对公路路线走向与地下水资源、地表水系的相互影响进行统筹考虑，选择合理的路线方案。

2. 科学的水土保持方案

工程建设前期做好科学合理的水土保持方案，对于指导工程建设的设计、施工以及后期运营，具有重要的指导意义。

（二）勘察设计阶段水资源保护措施

公路勘察设计阶段是水资源保护与节约的关键环节，应通过科学合理、精细化的设计，维持原有自然水系和地下水特征。

1. 总体设计

（1）调查论证路线走向与地表水系的相互关系，尽量避免公路通过地下水资源易受影响的地区。

（2）跨越河流、湖泊等水体时，尽量采用桥涵跨过，少采用或不采用路基结构，减小对地表水体的影响。

（3）尽可能减少对原有河流的改道，维系原有地表水文条件。

（4）考虑设计足够的涵洞、桥梁，尽量考虑桥隧代替高填深挖路基，以减少高路基对地表径流的影响。

（5）尽量避免影响沿线的农灌水塘等，减少对沿线水利设施和农业生产的影响。设计时应充分考虑农灌水系已有的布局和功能，保证农业生产的供水；无法避免的，应设计合理的涵洞、倒虹吸等维持农灌基础设施和排水。

2. 重视水土保持设计

重视水土保持措施的设计，有效防止路基及边坡土壤侵蚀，防止土壤侵蚀污染及河道淤塞，避免引起边坡垮塌和滑坡等地质病害。具体可采用以下措施：

（1）重视植物防护、边坡防护网、砌石护坡、抹面和护面墙等坡面防护工程设计。

（2）重视植物防护、片石防护、抛石、石笼和浸水挡土墙等水域路段路堤防护措施的设计。

（3）重视截水沟、急流槽、拦渣墙、拦水缘石、沉沙池、消能池等公路排水工程措施的设计。

3. 重视植被保护和生态恢复设计

植被保护是保护生态系统和控制面源污染的重要措施。防止地表植被破坏，加强沿线的生态恢复和绿化，改善生态环境，对涵养水源、保护水资源有重要意义。具体可采取以下措施：

（1）合理规划、科学设计，尽量减少公路用地对地表植被的影响。

（2）合理设计施工方案，把公路建设对植被的破坏减小到最低限度。

4. 重视路基路面排水设计

合理、完整的排水系统设计，可有效减少雨水对公路的冲刷，防止产生的废水对周围自然环境造成污染和破坏。具体可采取以下措施。

（1）设计合理、完整的排水系统

将边沟、排水沟、截水沟等与桥涵构造物有机衔接，形成一个完整的排水系统，最大限度地减少

施工、运营期间产生的废水对周围自然环境造成污染和破坏。

（2）设计完善的路基排水系统

为防雨水浸湿路基，设计应考虑雨水集中由排水管汇集至排水边沟排放，进水口考虑设计挡水板，排放口考虑设计沉淀池、过滤池等，使路基排水经沉沙、过滤后排放。

（3）分区域和路段区别设计

根据不同的汇水面积和汇水量，设计合理的路基、路面过水梯度，同时对雨水直接冲刷路段、挖填方路段，设计拦水带，防止雨水冲刷。

5. 重视路面径流水污染控制设计

我国大部分地区的路面径流水污染控制措施主要采用渗滤系统或在路边设置沉淀池沉淀处理后排放，或利用天然洼地、池塘等收集处理路面径流。渗滤系统通常包括渗坑、渗渠、渗井以及沉淀池等，设计良好的渗滤系统对路面径流中的污染物有很好的去除作用，可减缓路面初期雨水对敏感水体的影响，在防止危险品运输事故引起的泄漏对敏感水体污染方面也可起到一定的缓解作用。

6. 重视地表水水质保护设计

桥梁下部结构设计应明确规定：钻渣等废弃物不得直接弃入地表水体，并对钻渣进行必要的处理后用于筑路或运送至指定的弃渣场。为尽量减小或避免危险品溢入水体造成水环境污染，跨河特大桥、大桥应细化排水系统设计，包括应急状态下污染水体定向流动引导体系等。

7. 重视桥面、路面雨水收集设计

重视桥面、路面雨水收集系统设计，将收集到的雨水排放到路外侧沉淀池。沉淀池应分设，如图 1-4-2 所示，一个为危险品泄漏收集池（4m × 4m × 1.5m），发生危险品泄漏时作为临时收集存储使用；另一个为雨水沉淀池（4m × 1m × 1.5m），收集沉淀雨水后排放。

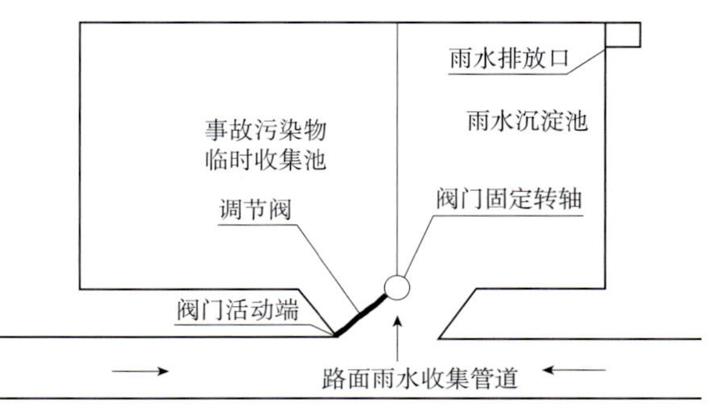

图 1-4-2 事故污染物、雨水收集系统设计图

8. 重视服务区生活污水处理设计

服务区生活污水处理设计应尽量考虑在后期运营阶段水资源的循环利用问题，多采用能实现循环利用的处理系统，如地埋式生物接触氧化塘处理系统。服务区排水系统还应考虑含油废水隔油池设计、洗车废水利用系统设计等。地埋式生物接触氧化处理流程见图 1-4-3。

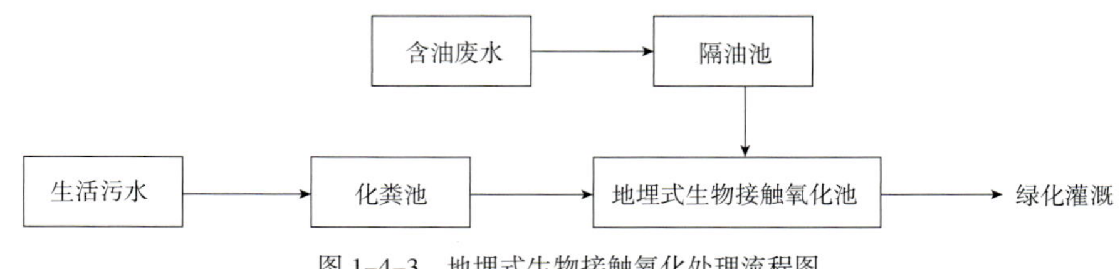

图 1-4-3 地埋式生物接触氧化处理流程图

（三）施工阶段水资源保护措施

施工过程中应实施水土保持措施，注重施工细节，合理堆放施工用料，控制好施工期污水、废水以及生活垃圾等。

1. 施工前的准备

在施工前，重视招标审定、工程承包、施工作业方案等环节，制订措施，加强水资源保护，具体可采取以下措施。

1）重视招标和合同阶段的水资源保护工作

招投标阶段应加强中标价格的评价和审定工作，保证工程承包人的合理利润，从根源上避免因追求正当利润而牺牲环境的现象发生。工程承包合同中应明确筑路材料（如沥青、油料、化学品等）运输过程中防止洒漏的条款，堆放地不得设在沿河路段或沿线灌溉水渠附近，以免其随雨水冲入水体造成污染。

2）加强宣传

施工期间开展施工期环境保护知识的普及和宣传活动，加强环境管理，开展环保教育，防患于未然。

3）严格审核施工作业方案

施工单位应合理安排施工季节和作业时间，优化施工方案，减少废弃土石方的临时堆放，并尽量避免在雨季进行大量动土和开挖工程，有效减少区域水土流失，从而减小对生态环境的破坏。

2. 沿河路段施工保护水资源措施

在沿河道路段开挖路基的施工过程中，对能产生雨水的地面径流处，应设置临时性的土沉淀池，以拦截泥沙，防止河道淤塞，减少水土流失。沉淀池的规模依据汇水面积大小而定，位置依地貌、地形而定，必要时沉淀池出水一侧应有土工布围栏。待公路建成后，将土沉淀池推平，绿化或还耕。

路线位于山坡的临河路段，路基开挖前应先在路基边缘设置临时边沟，边沟外侧修整拦渣墙，防止施工泥浆、废渣等在施工过程中散落到临河山坡上或进入水体。土石方开挖结束后填平临时边沟，推倒拦渣墙，对施工场地范围内的废渣集中清理收集。路基形成后，近河一侧为林地的，在路基边缘植草护坡，恢复植被。

3. 桥梁施工保护水资源措施

对桥梁施工，可采取以下保护水资源措施：

（1）桥涵桩基础工程尽量选在枯水期施工，避免在汛期、丰水期施工。

（2）采用钻孔桩基础施工的大桥，严禁将桩基钻孔出渣及施工废弃物排入地表水体，桥墩施工区附近设置必要的排水沟用以疏导施工废水，排水沟土质边坡及时夯实。

（3）改进桥梁施工工艺，可采取泥浆沉淀循环施工法，通过付诸沉淀井将桥墩施工中产生的泥水进行沉淀分离，沉淀水循环利用，将泥浆用机械清理运出施工现场，减少施工对江河水质污染。

（4）水中进行桥梁施工时，禁止将污水、垃圾及船舶和其他施工机械的废油等污染物抛入水体，应收集后和大桥工地上的污染物一并处理。

（5）河流岸坡段进行桥梁墩台施工时，将挖出的淤泥、渣土可采取浚槽、人工运渣等方式处理，禁止直接抛入河流、水库等水体。

（6）临河临江的桥梁等结构物，基础开挖前采用围堰、临时沉淀池等，将弃渣及泥浆排入沉淀池沉淀后，再运至弃渣场集中堆放。

4. 隧道施工保护水资源措施

隧道施工排水中除含有大量无机悬浮固体物质外，还含有 TNT 等含硝基有机污染物。公路隧道一般都位于山区，山间小溪、河流常常都是源头水的组成部分，自然环境对隧道排水提出了严格的限制。

隧道施工可采取施工废水沉淀处理后重复利用的方法，不仅降低引水成本，还可减少对地表水体的污染。沉淀池、蓄水池和备用池可根据不同隧道的用水量和废水产生量来设置。对于用水量和废水产生量相对较多的长大隧道，可在洞口设置 300~500m^3 的沉淀池，200~400m^3 的蓄水池和一个小型过滤池。一般情况下，施工废水处理后可重复利用，可不外排，这种情况对附近水体基本无影响。对于短隧道用水量和废水产生量不大的隧道，可在隧道洞口设置 200~400m^3 的沉淀池，150~300m^3 的蓄水池和一个小型过滤池。这样基本可满足隧道施工用水需要，又可降低废水排放带来的不利影响。

除在施工排水口设置必要的沉淀池、过滤池外，还应采取其他物理化学等方式处理TNT残留物。处理隧道TNT残留物主要采用物化法即化学氧化法、混凝沉淀、活性炭吸附等方式进行处理。物理处理法中吸附法的效果稳定可靠，但对于吸附了炸药的吸附剂的处理问题尚未完全解决，且工艺复杂，费用较高。目前，我国高速公路隧道污水处理的方法仍在研究探索之中，也是我国公路建设与水资源保护工作中亟须加强的工作。

5. 施工废水、含油污水控制

对施工废水、含油污水的控制，可采取以下具体措施：

（1）施工废水不得直接排入河流，渗出废水采用自然沉降法进行处理。

（2）特大桥、大桥及工程沿线施工区应设平流式自然沉淀池，这样主要污染物SS去除率控制在80%左右，pH值调节至中性或弱酸性，油类等其他污染物浓度减小。

（3）施工废水尽量循环利用，以有效控制施工废水超标排放对当地的水质污染影响。

（4）减少在工区的机械油料泄漏、施工船只油料泄漏，废油料等禁止倾倒进入水体。

（5）尽量选用先进的设备、机械，以有效地减少跑、冒、滴、漏的数量及机械维修次数，从而减少含油污水的生产量。

（6）机械、设备及运输车辆的维修保养尽量集中于各路段的维修点进行，以方便含油污水的收集，在不能集中进行的情况下，可采用固态吸油材料吸收混合后封存外运。

（7）机械跑、冒、滴、漏过程中，尽量采用固态吸油材料（如棉纱、木屑等），将废油收集转化到固态物质中，避免产生过多的含油废水。对渗漏到土壤的油污应及时采用刮削装置收集封存，运至垃圾场集中处理。

（8）施工场地及机械维修场所设平流式沉淀池，含油污水由沉淀池收集，经酸碱中和、沉淀、隔油、除渣等简单处理后，油类等其他污染物浓度减小，施工结束将沉淀池覆土掩埋。

（9）对收集的浸油废料采取打包密封后连同施工营地其他危险固体废物一起外运，外运地点选择附近具备垃圾填埋或垃圾处理能力的城镇。

6. 施工期生活污水与垃圾的控制

施工队伍具有流动性特点，施工人员具有分散性和临时性特点，采取流动污水设备对施工期生活污水进行处理，投资太大，因此对生活污水做到一级排放有很大难度。为防止施工期生活污水排入沿线水体，可采以下具体措施：

（1）施工营地尽量远离沿线河流水系。

（2）施工人员的就餐和洗涤采用集中统一形式进行管理，如集中就餐、洗涤等，尽量减少生活污水量。洗涤过程中减少洗涤剂的用量，采用热水或其他方法替代洗涤剂的使用，以减少污水中洗涤剂的含量。

（3）施工营地附近分别设化粪池和沉淀池，将粪便和餐饮洗涤污水分别收集，粪便用于肥田，餐饮洗涤污水收集在沉淀池。施工结束后将化粪池和沉淀池覆土掩埋。

（4）施工期间的生活垃圾（主要是粪便）由专人收集后进行厌氧堆肥；施工营地应根据实际情况设旱厕，旱厕垃圾亦进行厌氧堆肥，熟化的肥料可用于树木或田间追肥。厌氧堆肥场地应避开过水区域，避免堆肥垃圾在雨水冲刷过程中进入沿线河流影响沿线村民的生活环境。垃圾坑施工结束后用土掩埋，破坏地表植被的，要恢复植被。

（5）不能随意向沿线河流倾倒、排放各种生活污水，不能在近水处堆放生活垃圾。

7. 施工用料的堆放及拌厂站设置控制

可采取措施控制施工用料的堆放及拌厂站设置。

（1）沥青拌和站、混凝土搅拌站、混凝土预制构件厂、用料堆场设置应尽量远离河流两岸及陡坡路段。

（2）施工材料如沥青、油料、化学品等有害物质堆放地应设篷盖，减少雨水冲刷造成污染。

（3）施工用料的堆放应尽量选择暴雨径流难以冲刷的地方。

（4）部分施工用料确实需要堆放在有水体的桥位等附近时，应在材料堆放场四周挖明沟、沉沙井，设拦渣墙等，防止被暴雨径流冲刷直接进入水体，影响水质。

（5）各类施工材料应备有防雨、遮雨设施。

（四）营运阶段水资源保护措施

1. 沿线服务设施生活污水处理措施

沿线服务区、收费站、管理中心等交通管理服务设施往往远离城镇，生活和生产污水无法进入城市污水处理即排放系统，需要单独设置污水处理设施，以减小对环境的不利影响。污水处理的方法可采用化学絮凝、过滤、膜生物反应器、一体化生活污水处理器、地埋式生物接触氧化塘处理等。图 1-4-4 为生物接触氧化结合混合液回流硝化脱氮工艺流程图。

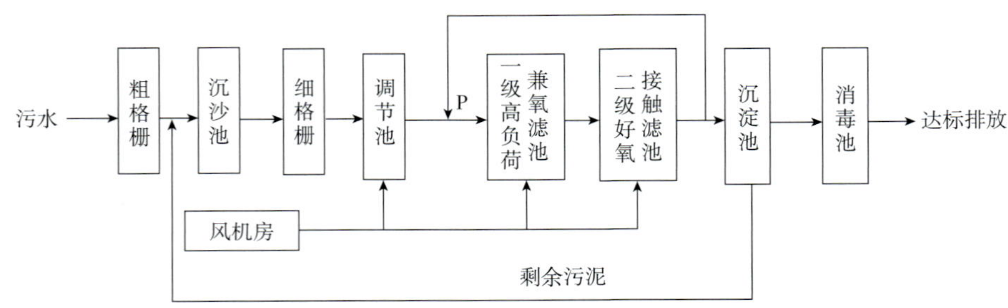

图 1-4-4　生物接触氧化结合混合液回流硝化脱氮工艺流程图

2. 沿线服务设施含油污水处理措施

服务区含油污水经排水管网、边沟系统收集后自流进入调节池（调节池容积按收集暴雨初期 1h 雨量计算求得），该部分污水经混凝气浮处理后达标排放，1h 后或特大暴雨时超出调节池容积部分雨污水因其含油量的减少则溢流进入重力隔油池，经隔油处理后排放，如图 1-4-5 所示。其中，雨污水的分流、投药、处理均采用自动控制实现。处理排出的高浓度含油水可通过外运综合利用或做焚烧处理。

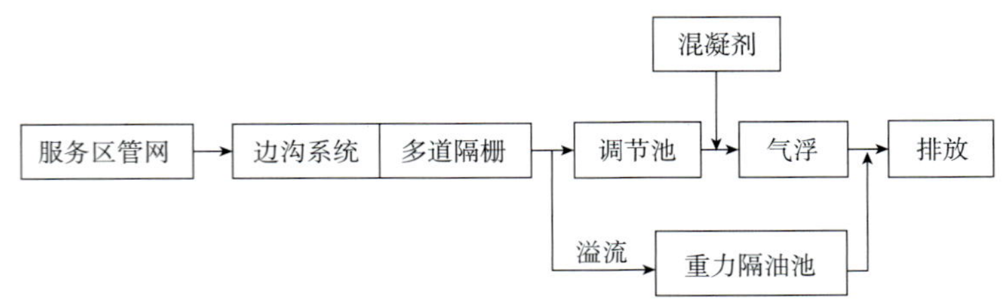

图 1-4-5　含油雨污水处理工艺流程

3. 危险品运输风险事故防范措施

（1）在高速公路等入口处设置危险品运输申报点，对申报危险品运输车辆的准运证、驾驶证和押运证及危险品行车单实施检查，必要时对车辆进行安全检查，手续不全的车辆禁止上路。

（2）对运输危险品的车辆实行全程监控，防止危险品运输车辆高速行驶、超车等。如果运输数量大，必要时进行交通管制，以减少事故率。

（3）运输有毒、有害物质危险品的运输车辆，如在公路上发生事故导致水体或气体污染时，应及时利用高速公路上完善的紧急电话向公路管理处相关路段监控通信所（中心）汇报，并及时与所在市、县（区）公安、消防和环保部门取得联系，以便采取紧急应急措施。

（4）充分发挥收费站、路政及公路巡警的监督检查和管理职能，对各种未申报又无危险品运输标准的罐车、简装车进行检查，未按规定办理手续的车辆禁止进入高速公路。

（5）遇风暴、大雾、雷雨等恶劣天气时，禁止运输危险品车辆上路，在相应路段的服务区或管理站停放待命。

（6）在跨江、跨河段的特大桥和大桥路段两侧加固防撞护栏，避免翻车或车体泄漏液体倾倒入下方水体。

（7）在桥体等重要结构物段设置合理可行的路、桥面雨水收集及排放系统。

（五）水资源综合利用措施

1. 公路集蓄雨水方式

公路集蓄雨水的方式多种多样，如设置敞开式蒸发池、地埋式储水窖、坡面设置集水池、立交区场地水景兼蓄水池、隧道进出口设置水池等，通过各种方式将集中降水储存起来，为日后提供必要的管养等用水。

1）敞开式蒸发池

为防止路面雨水径流对高速公路路基的冲刷，在道理两侧一定范围内或在立交区内布设敞开式蒸发池，将汇集的雨水径流加以蒸发。此种集水方式利用率低，且不利于综合利用，同时对公路沿线自然景观也是一种破坏。

2）地埋式储水窖

公路储水窖主要在干旱缺水的西北地区应用较多。水窖主要有井窖和窑窖两种，考虑高速公路集流面积较大，现一般多采用窑窖的形式，且该种形式的储水窖具有施工容易、蓄水量大、坚固耐用的特点。为提倡节约占地和环保景观的新理念要求，多采用地埋式的储水窖。

一般储水窖主要由集流渠、拦污栅、沉沙池、储水窖和井台等部分组成，如图 1-4-6 所示。

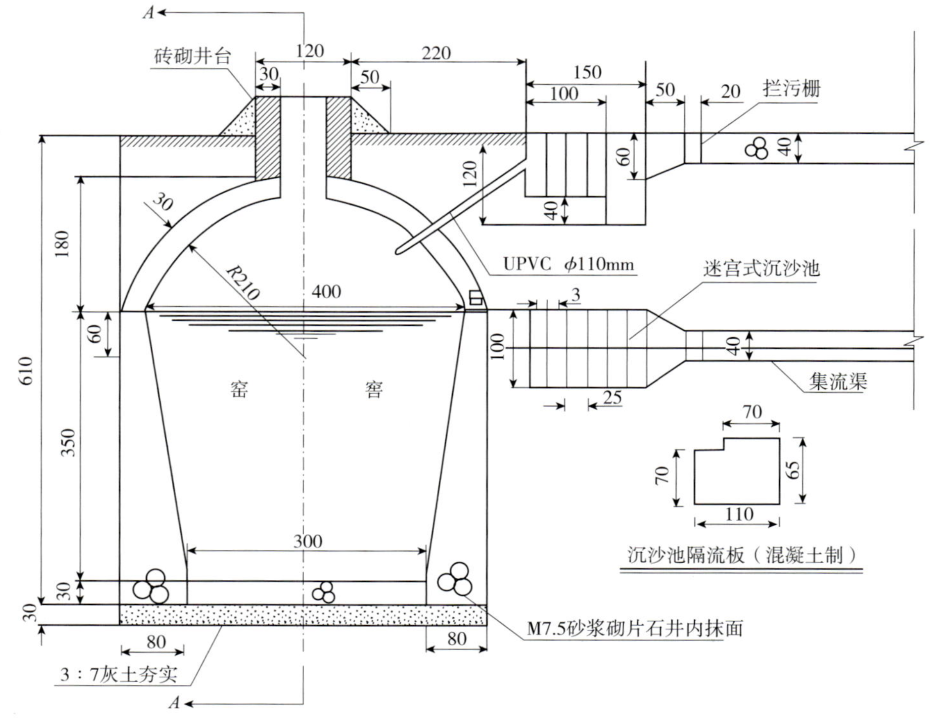

图 1-4-6　储水窖示意图（尺寸单位：cm）

3）坡面集水池

在公路填挖交界路段修建集水池，集水池基础采用C20混凝土现浇，池身采用砂浆砌块石结构，池壁厚50cm，内壁和池底均作防水处理，避免渗水对路基构成威胁。集水池上采用6块C20预制混凝土盖板封闭，但需留1~2块保持活动，以便今后人工清淤；混凝土盖板上可回填绿化，保持道路景观的完整性。该集水方式简便易行，投入低，且不影响美观。通过集水池可将雨季路基路面排水蓄留待用，也可作为绿化养护期间的临时储水池。坡面集水池典型立面如图1-4-7所示。

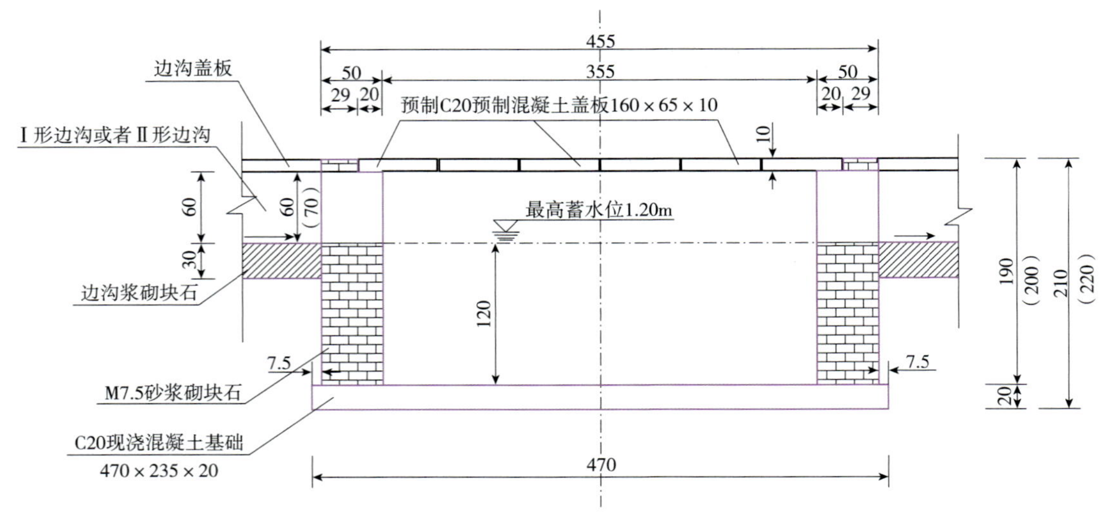

图1-4-7　坡面集水池典型立面图（尺寸单位：cm）

4）立交区环形区域内设置蓄水池（兼水景）

在互通式立交的环形区域内，根据互通内外排水情况，在有条件的环形区域内设置蓄水池，蓄水池不仅可以为互通区域内绿化植物的管养提供水源，同时也可作为立交区景观亮点。

立交区环形区域内设置蓄水池的条件如表1-4-2所列，某大样图见图1-4-8。

立交区设置蓄水池的条件　　表1-4-2

立交区设置蓄水池的条件
1. 有蓄水条件的立交区环形区域；
2. 根据最大降雨量和汇水面积情况，保证在暴雨情况下不直接冲刷路基；
3. 能尽量连接自然排泄系统，即在超过自身蓄水能力时能及时排泄；
4. 蓄水池的进水口区域尽量设置沉沙池

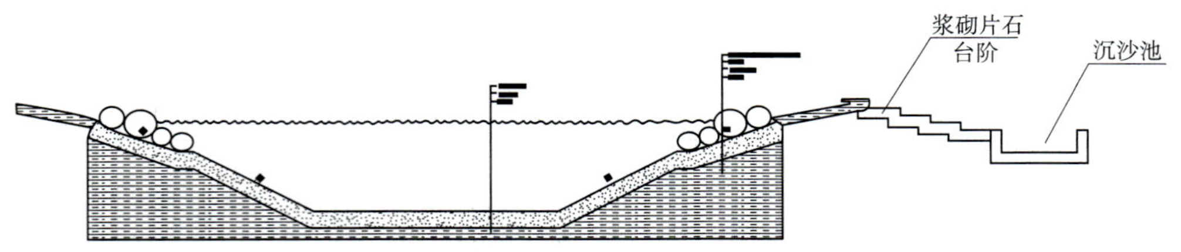

图1-4-8　立交区蓄水池大样图

5）充分利用取土坑或自然洼地的蓄水功能

施工过程中遇到水池一般的做法是用弃土填掉，而这些水池恰恰是养护用水难得的资源。可充分利用在公路建设中施工形成的取土坑或自然洼地，在保证不影响路基及周边的情况下，稍加修整，就地改造成蓄水池（图1-4-9），收集自然降水及周边汇水，供施工及养护用水。

图 1-4-9　路基外侧洼地作为蓄水池实景

6）设置隧道进出口水池

在山体汇水较多和地下水丰富的隧道进出口，可设置养护水池，如图 1-4-10 所示。

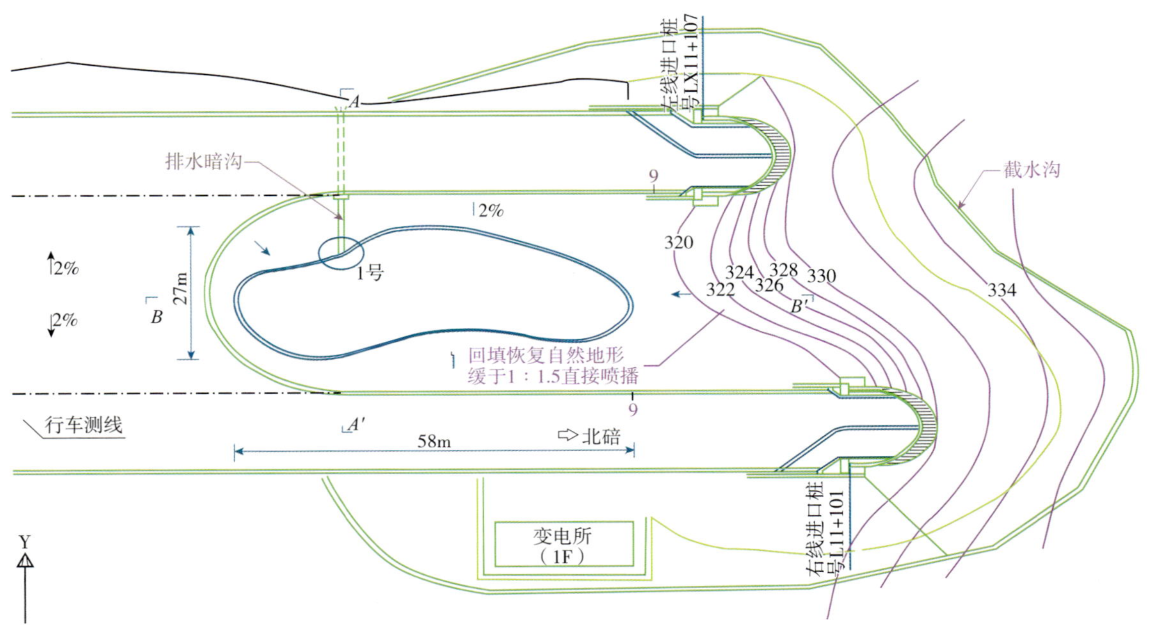

图 1-4-10　隧道进口设置的养护水池

7）重要路段设置蒸发池

为防止路面雨水直接进入农田或沿线河流，应在重要路段增加蒸发池收集雨水，必要时在蒸发池的基础上增加一个芦苇塘，即生态蒸发池。在大雨或暴雨时，过量的雨水直接溢流进入芦苇塘，芦苇塘可以起到类似氧化塘的作用，塘中水性植物（主要为芦苇）可吸收降解部分有机物质，加之土壤的截留、过滤净化，可以大大改善水质。这样既可保护沿线水环境，又可以增加生物量，丰富沿线景观。

2. 公路集蓄雨水潜力分析

1）公路路面集蓄雨水的潜力计算

公路路面集蓄雨水的潜力可按式（1-4-5）计算，但不含导引过程的输水损失。

$$F_P=E_y \cdot R_P/1\,000 \qquad (1\text{-}4\text{-}5)$$

式中：F_P——保证率等于 P 的年份单位集水面积上全年可集水量（m^3/m^2）；

E_y——某种材料集流面全年集流效率；

R_P——保证率等于 P 的全年降雨量（mm）。

$$R_P=K \cdot P_P \tag{1-4-6}$$

式中：K——全年降雨量与降水量之比值，可根据气象资料选取；

P_P——保证率等于 P 的年降水量（mm）。

$$P_P=K_P \cdot P_0 \tag{1-4-7}$$

式中：K_P——根据保证率及 C_v 值确定的系数，可从水文气象部门查得；

P_0——多年平均降水量（mm），由气象资料确定。

以重庆绕城高速公路为例，绕城高速公路为双向六车道，路基宽 33.5m，沥青混凝土路面，路基横坡 2%，取集流效率为 68%（据有关试验资料，该类型路面的集流面集流效率为 65% ~70%），则可计算得出每 100m² 沥青混凝土路面可汇集雨水 63.1m³。

2）集水池、蓄水池集蓄雨水的潜力计算

不同的集水容积、不同的季节、不同的降水量、不同的使用频率等影响公路坡面集水池和立交区蓄水池集蓄雨水潜力的计算结果，在此以每次降雨均充满集水（蓄水）池为示例，分析如下。

潜力计算采用式（4-8）。

$$F_\eta=V_\eta \cdot N \tag{1-4-8}$$

式中：F_η——利用率等于 η 的每年单个集水（蓄水）池全年可集水量（m³）；

V_η——单个集水（蓄水）池的有效利用水量；

N——全年使用该集水（蓄水）池的频率。

$$V_\eta=V\eta \tag{1-4-9}$$

式中：V_η——单个集水（蓄水）池的有效利用水量；

V——单个集水（蓄水）池的容积；

η——单个集水（蓄水）池的有效利用率。

以容积为 10m³ 的集水池为例，按单次利用率 η=80%，年使用频率 N=6 次计算，该容积大小的集水池，每年可集蓄雨水量为 48m³。

三、其他措施及建议

（一）工程管理方面

（1）加强对各种泄漏、散装、超载车辆的检查力度，防止散失、洒漏等造成沿线鱼塘、河流等水体的污染。

（2）加强交通标志标牌的设置，在靠近重要水源和取水点等路段，设置环境警示标志，如“保护水源”、“安全驾驶”、“禁止停留”、“禁止超车”等。

（3）在夜间及大雾期间、雨天等恶劣天气环境下对车辆进行限速或交通管制。

（4）结合当地自来水公司水质异常应急预案，指定水库、江河取水点等水源事故应急预案。

（二）节约与保护水资源研究和技术成果转化方面

1. 积极应用管养用水新技术

滴灌技术：通过干管、支管和毛管上的滴头，在低压下向土壤经常缓慢地滴水，直接向土壤供应已过滤的水分、肥料或其他化学剂等。它没有喷水或沟渠流水，只让水慢慢滴出，并在重力和毛细管的作用下进入土壤。滴入作物根部附近的水，使作物主要根区的土壤经常保持最优含水状况。该技术省水、省工，效果显著，在一般情况下比喷灌节省水 35% ~75%。

山泉滴灌技术：将山泉引进高位蓄水池，通过坡面绿化带中铺设的钻孔 PVC 管，对绿化植物实施

自动滴灌。每年在养护用水方面可节约数十名人力、数百万元人工费和运水的油料费。

废水生物处理技术：公路附属区（服务区、收费站、管理站房等）一般均远离城市，需要设置单独的小型污水处理系统。采用生态土壤深度处理技术，通过土壤—微生物—植物系统的综合生态作用，可达到深度处理生化污水的目的。

2. 加强路域集蓄雨水潜力研究

高速公路路域沿线有着丰富的雨水资源，多数通过道路边沟等流失殆尽。因此，如何有效收集、储存、利用雨水资源是需要认真研究和解决的问题。

3. 加强路面径流污染规律的研究

为避免路面径流给沿线水体带来的不利影响，必须摸清我国不同区域路面径流的污染特征，包括污染程度、污染物的主要成分及其运移规律，加强路面径流污染物特点及其运移规律方面的定量研究，为公路建设水资源保护技术和水资源管理提供理论支持。

4. 加强公路建设水资源保护技术的试验研究和技术推广

目前，我国公路水资源保护尚停留在制度规范阶段，还没有真正研发出一套操作方便、便于推广使用的水资源保护技术。因此，需要加强这方面的研究，解决公路建设水资源保护问题。

5. 加强完善突发事件的应急策略

在敏感水体路段危险品运输泄漏事故应急技术和公路水资源管理对策方面，也需要作进一步深入的研究和完善，即根据我国自然环境条件和道路网络特征，制订相应的突发事件水资源污染应急对策。

第三节　重庆绕城高速公路水资源保护与利用示范

一、重庆绕城高速公路建设对水环境影响的评价

（一）评价方法

根据水质现状监测的项目与结果，采用单因子指数方法进行影响评价。由环境质量指数 P_i 值的大小，评价监测项目的水质现状。

1. 环境质量指数 P_i 的计算方法

环境质量指数 P_i 可按下式计算。

$$P_i=\frac{C_i}{B_i} \tag{1-4-10}$$

式中：P_i——i 因子的环境质量指数；

C_i——i 因子的现状监测结果（mg/L）；

B_i——i 因子的评价标准。

2. pH 值的计算方法

pH 值可按下式计算。

$$\text{pH}=(7.0-C_i)/(7.0-C_{sd})（当 C_i \leq 7.0 时） \tag{1-4-11}$$

$$\text{pH}=(C_i-7.0)/(C_{su}-7.0)（当 C_i > 7.0 时） \tag{1-4-12}$$

式中：C_{sd}——评价标准规定的下限值；

C_{su}——评价标准规定的上限值；

其余符号同前。

（二）评价结果分析

根据计算分析，得到表 1–4–3~ 表 1–4–6 的结果。

绕城高速公路东段水质观测点结果统计表　　表 1–4–3

监测断面	时间（2005 年）	项目			
		pH	COD	高锰酸盐指数	石油类
迎龙湖水库	两日平均	7.05	17.25	3.60	0.01
长江		7.78	17.7	4.75	0.01

绕城高速公路西段水质观测点结果统计表　　表 1–4–4

监测断面	时间（2004 年）	项目			
		pH	COD	高锰酸盐指数	石油类
赵家岗中桥下游 200m	两日平均	7.92	8.65	2.00	0.041

绕城高速公路北段水质观测点结果统计表　　表 1–4–5

监测断面	时间（2005 年）	项目			
		CODmn	SS	石油类	NH_3–N
嘉陵江 K41+788	两日平均	0.48	0.24	0.4	0.255

绕城高速公路南段水质观测点结果统计表　　表 1–4–6

监测断面	时间（2004 年）	项目			
		SS	高锰酸盐指数	石油类	NH_3–N
长江 K115+500	两日平均		0.46	3.20	0.33
綦江仁沱断面		0.75	0.51	0.10	0.66
箭滩河 K138+000			0.56	4.40	5.00
洞子口水库 K131+850		0.895	0.61	0.10	0.335

注：以上统计分析来源于《重庆绕城高速公路环境影响报告书》。

1. 建设施工前状况评价结论

根据水质监测的项目与结果，有悬浮物监测指标的达到《农田灌溉水质标准》（GB 5084—2005）的一类水质标准，其余各项均达到《地表水环境质量标准》（GB 3838—2002）中的Ⅲ类标准，水质状况良好。

2. 建设施工对水环境的影响评价

重庆绕城高速公路建设对水环境的影响主要表现在施工建设期以及通车营运期。

施工建设期的影响主要表现在：施工现场生活污水、垃圾及生产废水对周围水体、水质的污染；沥青、油料、化学品的堆放和使用，大桥建设对周围水体、水质的污染；土石方开挖导致一定量的泥沙泄入沿线水体，造成水土流失和下游水质污染等。营运期对水环境的影响主要表现在：服务区、养护工区、收费站生活污水对周围水体、水质的污染；路面径流对周围水体、水质的污染；有毒有害化学危险品运输车辆的交通事故，物品泄漏可能引起对水体、水质的污染等。

对于重庆绕城施工建设期和通车运营期对水环境的影响，主要应通过设立化粪池，设立污水处理系统，设沉沙池，尤其是对施工废油单独收集、存放、定点处理等有效措施，并通过有效管理，积极

宣传、严格要求用水制度和污水排放催生，保证对周围和下游水体、水质不造成污染。

依据《重庆绕城高速公路环境影响报告书》得出：重庆绕城高速公路可通过有效的工程措施和管理减少对沿线水体的影响，总体上对沿线水体污染较轻，对水环境不构成威胁。

二、设计过程中对水资源的保护

重庆绕城高速公路以灵活的创作设计方法，以保护和节水工程措施为手段，在总体设计中充分考虑公路沿线所经过区域的地表水系和地下水资源等，对水资源实现有效保护（图 1-4-11~ 图 1-4-22）。设计过程中对水资源的保护主要体现在以下几个方面：

图 1-4-11　花溪互通河道原始地貌

图 1-4-12　花溪互通河道恢复地貌

图 1-4-13　东段迎龙湖的保护

图 1-4-14　大溪河大桥河道的恢复

图 1-4-15　水塘保护

图 1-4-16　桥口坝温泉保护

图 1-4-17 立交区水系恢复

图 1-4-18 设置倒虹吸

图 1-4-19 涵洞出口设置沉沙池

图 1-4-20 合理设置边排水系统

图 1-4-21 长江大桥围堰施工

图 1-4-22 施工中对河道恢复

（1）优化线路选择，加强对自然水系的保护，无法避让的路段优先进行河道改移。

（2）对水环境敏感点进行重点保护，如水库、鱼塘、饮用水源地等严格按照相关法律和规范规程进行设计。

（3）设置合理的边排水系统，保证道路沿线自然降水的排泄畅通，同时尽量体现“宽、浅、隐、绿”的设计思想。

（4）当边沟及灌溉涵洞出口为农田时，则设置沉沙池，让水流沉淀泥沙后漫流，以减少冲刷和污染，保护耕地。

（5）保护沿线重要的地下水资源，如路线避开桥口坝森林公园区域内的温泉出水口等。

（6）倒虹吸的设置。在农业较为发达的路段，与灌溉沟渠相交时，设置必要的倒虹吸，保证农业灌溉不会因高速公路的设置而阻断。如在西段设置了多处倒虹吸，保证灌溉沟渠的顺利通畅。

（7）防止水土流失。对取弃土场等易造成水土流失的工点，均进行平面、竖向和横断面设计，及时进行生态恢复，必要时进行有效的支挡防护，最大限度地防止水土流失。

三、施工过程中对水资源的节约与保护

在施工过程中遵循“不破坏、少破坏、多保护”的原则，以水资源保护为核心，以工程措施为方法，精心管理、文明施工，减少对水土的破坏，创造良好的水土保持环境，实现水资源的保护利用，达到可持续发展的目标。施工过程中对水资源的保护与节约主要体现在以下几个方面。

1. 注重文明施工和废污水的收集排放

施工过程中注重文明施工，注重驻地生活用水的节约，工程用水的有效利用；注重对废水、污水的收集和处理排放。为防止施工期生活污水排入沿线水体，在建设过程中对公路沿线施工营地生活污水采取了以下处理措施：

（1）施工营地尽量远离沿线河流水系。

（2）施工人员的就餐和洗涤采用集中统一形式进行管理，如集中就餐、洗涤等，尽量减少生活污水量。洗涤过程中控制洗涤剂的用量，采用热水或其他方法替代洗涤剂的使用，以减少污水中洗涤剂的含量。

（3）在施工营地附近分别设化粪池和沉淀池，将粪便和餐饮洗涤污水分别收集，粪便用于肥田，餐饮洗涤污水收集在沉淀池。施工结束后将化粪池和沉淀池覆土掩埋。

（4）在江河沿线施工时，施工期间的生活垃圾（主要是粪便）由专人收集后进行厌氧堆肥；施工营地应根据实际情况设旱厕，旱厕垃圾亦进行厌氧堆肥，熟化的肥料可用于树木或田间追肥。厌氧堆肥场地应避开过水区域，避免堆肥垃圾在雨水冲刷过程中进入沿线河流影响沿线村民的生活环境。垃圾坑施工结束后用土掩埋，破坏地表植被的，要恢复植被。

（5）不能随意向沿线河流倾倒、排放各种生活污水，不能在近水处堆放生活垃圾。

2. 改进施工工艺

改进施工工艺，避免对水体的污染。如对长江大桥和嘉陵江大桥的墩台施工过程中，为减少桥梁墩台施工对河流水质的影响，采取了泥浆沉淀循环施工法，通过付诸沉淀井将桥墩施工中产生的泥水进行沉淀分离，沉淀水循环利用，将泥浆用机械清理运出施工现场，进而减少施工对江水的污染。

3. 设沉淀池

（1）在沿河道路段开挖路基施工过程中，对能产生雨水地面径流处，均设置了临时性的土沉淀池，以拦截泥沙，防止河道淤塞，减少水土流失。绕城公路建成通车后，将土沉淀池推平，进行绿化或还耕。

（2）在桥梁段施工现场对施工产生的废水采用自然沉降法进行处理。在桥梁施工区设一座简单平流式自然沉淀池，去除污染物 SS，调节 pH 值，使油类等其他污染物浓度减小，并且将施工废水多数循环回用，有效控制了施工废水超标排放对当地水资源的污染。

4. 定点维修施工机械

各施工合同段均要求其机械、设备及运输车辆的维修保养尽量集中于各路段的维修点进行，以方便含油污水的收集；在不能集中进行的情况下，全部用固态吸油材料吸收混合后封存外运。

四、水资源的收集与再利用

重庆绕城高速公路在建设过程中，对综合利用水资源方面，从管理、设计、施工、监理等方面作

图 1-4-23　立交区雨水收集系统

出了积极的探索和创新。将高速公路路域范围所蕴藏的丰富的水资源进行综合利用，变废为宝，集蓄的雨水资源，为高速公路管养提供必要的管养护用水。

1. 设置集水池，收集利用坡面、路面积蓄雨水

重庆绕城高速公路在适宜的填挖交界处设置坡面集水池，收集路基路面排水以及大气降水等，用于绿化养护期间的储水池。同时，在有条件的立交区、桥梁区，设置雨水收集系统（图 1-4-23）。

2. 立交区、服务区布置管养蓄水池兼作水景

在互通式立交的环形区域内，根据互通内外排水条件，在有条件的环形区域内设置蓄水池，蓄水池不仅为互通区域内绿化植物的管养提供了水源，同时也增添了立交区景观亮点（图 1-4-24~ 图 1-4-27）。

图 1-4-24　仁沱互通蓄水池兼水景

图 1-4-25　仁沱互通蓄水池设沉沙池

图 1-4-26　西彭互通养护水池兼水景

图 1-4-27　西彭互通蓄水池兼水景

3. 充分利用取土坑或自然洼地的蓄水功能

充分利用在施工中形成的取土坑或自然洼地，就地改造成蓄水池，收集自然降水及周边汇水，供施工及养护用水（图 1-4-28、图 1-4-29）。

图 1-4-28　利用取土坑作为养护用水蓄水池

图 1-4-29　仁沱互通路基外侧洼地作为蓄水池

4. 隧道进出口水池的设置

在山体汇水较多和地下水丰富的隧道进出口，设置了养护水池（图 1-4-30）。

5. 管养用水新技术的应用与实践

重庆绕城高速公路在保护、节约用水以及集蓄自然降水等的同时，对用水新技术作了积极的探索和实践，主要体现在滴灌技术的应用以及生活废水生物处理技术的应用。

图 1-4-30　玉峰山隧道出口设置养护水池

山泉滴灌技术：重庆绕城高速公路上，不少山泉被引进高位蓄水池，通过坡面绿化带中铺设的钻孔 PVC 管，对绿化植物实施自动滴灌。这样，每年在养护用水方面可节约数十名人力、数百万元人工费和运水的油料费。

废水生物处理技术：重庆绕城高速公路的服务区污水处理采用生态土壤深度处理技术，通过土壤—微生物—植物系统的综合生态作用，达到深度处理生化污水，再循环利用的目的。该技术主要将重庆绕城高速公路服务区的污水，如生活污水、清洁道路、公共区产生的污水以及加油站的洗车污水集中收集，通过管道注入隔油池，再进入沉淀池，然后流入厌氧池，通过土壤深度处理设施（在特制的土壤中，进行水流的重新分配，其间生物和微生物进行分解作用）进行处理。经处理的水通过物化吸附，流出的为中水或优于中水，用于景观水体的营建和绿化灌溉用水等。同时，通过水生植物绿化池进行再净化和储备，以便需要时利用。在土壤深度处理设施上面，依然可以施作绿化景观，植灌木和草坪（图 1-4-31~ 图 1-4-34）。

图 1-4-31　山泉滴灌技术的应用

图 1-4-32　中央分隔带滴灌技术的应用

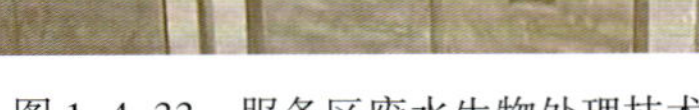

图 1-4-33　服务区废水生物处理技术

图 1-4-34　废水处理后用作养护用水

重庆绕城高速公路通过以上措施，在节约和利用水资源方面取得了显著成效，综合利用的水资源达到了绿化养护用水量的 26.5%，如表 1-4-7 所示。

重庆绕城高速公路综合利用水资源情况表　　表 1-4-7

段落	绿化面积（m^2）	年所需养护用水量（m^3）	节水和集蓄雨水措施		可利用雨水资源（m^3）	占养护用水比例（%）
			坡面集水池（m^3）	立交蓄水池（兼水景）（m^3）		
绕城东段	51 396	25 698	4 427	3 000	7 427	28.9
绕城西段	431 652	21 583	6 510		6 510	30.2
绕城南段	512 250	25 613	6 398	3 300	9 698	37.9
绕城北段	798 580	39 929	6 284		6 284	15.7
合计	1 793 878	112 823	23 619	6 300	29 919	26.5

第五章　路域植被资源保护与利用技术

第一节　公路建设对植被资源的影响及植被资源保护原则

一、对植被资源的影响

公路建设过程中所造成的生态问题，尤其是裸露的边坡，靠自然界自身的力量恢复生态平衡常常需要较长时间，而陡峭的岩石边坡往往留下永久的伤痕，不能自然恢复。公路运营后，路体分割了生物的生存空间，而且由于汽车废气、噪声、有害物质的产生，会使生物栖息的生态环境（空气、水、土壤）逐渐恶化，引起生物发育不良，繁殖机能减退，疾病增多，抗病能力下降，从而造成种群数量减少，有时可能会影响整个生物群落。

公路建设对植被资源的影响，主要是施工过程导致的地表植被损失，包括永久性占地、临时用地、取弃土场以及筑路材料堆放、机械碾压等。其中永久占地是造成地表植被损失的主要因素。

在施工阶段，由于对地表进行开挖或填筑，使公路征地范围内的林木等遭受砍伐、铲除、掩埋及践踏一系列人为行为的破坏，而这种变化若是路基占地部分，则是永久和无法恢复的。同时，山丘公路由于土石方平衡难以调配而产生取、弃土场，在这些地方的植被也将被破坏，受到铲除或压埋。另外，施工中除了利用现有道路作施工便道之外，在不少路段尚须修建施工便道，承包人进入工地后尚需修建施工营地，筑路材料的开采和堆放等都可能临时占用土地，此时，临时占地的植被也将受到影响和破坏。

公路建设对沿线植被的影响，采用生物量指标来评价，生态学上生物量是指在一种群落内活有机体的总体，该指标是评价植被变化的重要依据。依据有关研究资料，植被生物量损失可按下式计算，永久性占地引起的生物损失量见表 1–5–1。

$$C_{损}=\sum Q_iS_i \tag{1–5–1}$$

式中：$C_{损}$——生物量损失（kg）；

Q_i——第 i 种植被生物生产量（kg/ 亩）；

S_i——占用第 i 种植被的土地面积（亩）。

重庆绕城高速公路永久占地导致的植被生物量损失估算　　表 1–5–1

植 被 类 型	水田	旱地	林地 / 竹林	果园	水塘	宅基地	荒地 / 其他
占地面积（亩）	7 806	8 698	1 400	385	450	506	1 098
单位面积生物量（kg/ 亩）	1 800	1 600	2 500	2 500	200	500	1 000
损失量（t）	14 050.8	13 916.8	3 500.0	962.5	90.0	253.0	1 098.0
合计损失量（t）	33 871						

目前，公路建设对穿越湿地、生态公园、原始森林、国家森林公园等有严格的环保和生态要求，一般公路建设极少穿越上述区域，多采用绕避方式。因此，公路建设对濒危野生动植物群落的影响有

限，一般不会造成生物物种的消亡，但仍应加强对野生生物的调查和保护，同时做好公路营运期对生态恢复的力度。

二、路域植被资源保护存在的主要问题

从目前国内现状和工程实践来看，我国在路域植被资源保护方面还存在以下问题：

（1）植被资源保护没有明确的法律、法规和规定，只停留在理念上。

（2）路域资源保护方面的理论研究以及实践均比较少，没有形成一套完整的科学理论研究。现阶段都是提倡环境保护，并提出了一些新的概念如“生态公路”、“绿色交通”等，但没有形成完整的体系。

（3）公路建设的生态保护问题已受到相当关注，但“生态公路”建设中包含的资源保护和循环利用才刚刚起步，存在一定的盲目性和盲从性，缺乏衡量“生态公路”的科学尺度，资源保护和循环利用无具体的技术指南等。

（4）有限的研究主要集中在自然条件较好的亚热带地区，缺乏大范围的公路路域植被恢复技术研究。

（5）路用植物育种工作开展滞后。在公路路域环境生态恢复工程实践中，存在大量采用国外进口草坪植物致使植被容易出现退化，难以达到长远的防护效果，也使后期植被养护成本大大增加。

（6）缺乏公路植被恢复工程成本效益分析研究，公路植被恢复工程出现单纯追求景观化的趋向，造成公路路域植被建植成本和养护成本过高，加重了公路部门的负担。

三、路域植被资源保护的原则

路域植被资源保护应遵循以下原则。

1. 坚持“不破坏就是最大限度的保护”原则

施工中坚持“不破坏就是最大限度的保护”的原则，严格控制施工工作面，实行严格的水土保护制度，保护沿线优美的自然生态环境。

2. 坚持“最大限度地保护→最小程度地破坏→最强有力地恢复”原则

“最大限度地保护”——保护路域范围内原有自然植被，特别是对自然保护区、林区路段的植被保护。

“最小程度地破坏”——合理布线，合理选用建设标准和技术指标，合理采用结构物形式。

“最强有力地恢复”——对临时占地及时恢复，对路域范围内的边坡、立交、服务区、收费站、中央分隔带、取弃土场等及时进行生态恢复。

3. 坚持施工宣传舆论导向，注重施工过程中原生植被的保护

路域范围内的原生植被资源的保护，主要以施工前的宣传动员为主，并将植被资源保护的理念贯彻到各施工单位及个人，在进场前要求对本合同段内的原生植被资源进行调查和清点，在大型设备进场前，应提前进行保护。

4. 坚持全过程控制，综合考虑生态投入

在路域生态恢复和建设过程中，充分运用公路所在地的现有自然资源，通过选线、景观设计、精细施工和养护，节约建设成本，建成可以自我维持的生态系统。

5. 遵循植物自然演替规律，建立自我维持系统

借鉴群落自我演替规律，建立稳定的、可以自我维持、无需养护的植物群落，从长远的角度来讲是最大的节约。因此，植物品种的选择不仅要求其生物学、生态学特性适应于自然环境，而且要求其

生态功能和创造的景观与自然植物群落相似。同时应根据当地的生物气候条件，在自然生态系统的范围内促进植被的生长发育。

6. 坚持生态效益和景观效益应相结合

公路建设中的水土保持植物恢复具有两方面的功能：一方面，恢复工程建设中被损环境的自然生态系统及其生态功能，控制土壤侵蚀，保护路基边坡；另一方面，恢复和改善路域的景观环境，绿化美化沿线环境，改善交通环境，提高环境质量。因此，水土保持植物恢复应将植物物种的自然生态习性与景观功能结合起来。

7. 坚持乡土植物绿化及利用原有植被景观原则

根据循环经济的理论，从公路施工的全过程出发，在公路工程的规划、可行性研究、设计和施工的全过程中，进行统筹安排，将生态工程融入公路建设的各个环节，生态恢复过程中尽量利用乡土植物，迅速融入原有生态系统，并利用沿线残留植物路域景观，辅以合理的施工工艺，达到节约建造公路生态景观的目的。

8. 坚持植物措施与工程措施相结合

通过一系列方式，有机地将植被融合到多种工程结构中，植物措施简单而经济，工程措施见效快，两者优势互补，达到最佳效果。

第二节　植被资源保护方法与对策措施

一、政策及导向性措施

在政策及导向方面，路域范围内原生植被资源的保护，主要以施工前的宣传动员为主，将植被资源保护的理念贯彻到各施工单位及个人。对路段内原生植被资源进行调查和清点，在大型设备进场前，提前进行保护，具体可采取以下措施。

（1）施工进场前统一发放《土建施工与绿化恢复结合的施工技术要求》等，最大限度地保护原生植被，减少工程对自然环境的破坏。

（2）尽量做到不破坏原有植被和生态环境，提倡“不破坏就是最大限度的保护”的建设理念。

（3）对植被不得不破坏的路段，应贯彻“最小程度地破坏”的建设理念。

（4）对已经造成破坏的路段，应实施“最强有力地恢复”的建设理念。

二、技术性措施

（一）规划与设计阶段

1. 重视环保选线

在公路线路布设时，将生态工程作为公路工程的一部分进行全盘考虑，尽量确保公路经过地区生态系统和景观的完整性，减少对生态环境破坏的范围和规模，如采取避让措施避开公路沿线的重要生态敏感区、自然保护区、森林公园等。

从环保选线角度，保护植被应遵循以下三原则。

（1）回避原则

涉及雨林、季雨林、红树林等重要植被类型，影响较重的应考虑尽可能避让。

（2）最小限度化原则

将道路对植被及其生态系统的影响降至最小程度。

（3）异地补偿原则

对因公路建设不得不破坏的植被，重新就近设置一相同条件的生态系统，以补偿原有的生态功能。

2. 合理选择设计方案

可采取以下设计方案进行植被保护。

（1）隧道取代开挖

尽量采用隧道取代大规模路幅开挖，避免路线周围植被及其生态环境严重破坏。

（2）高架桥取代高填土

尽量采用高架桥取代高填土，保留桥下植被，减少填土对植物资源的伤害及借土对环境的破坏。

（3）单柱单断面设计

傍山路段设计可考虑采用单柱单断面设计，减少基础开挖对山坡的影响，将公路建设对周围环境造成的干扰降到最低。

（4）悬臂式路面板设计

傍山路段设计也可考虑采用悬臂式道路面板，借助预力岩锚、岩钉的支撑，将路面托架于峭壁上。此种设计可完全避免传统山区公路的挖填，降低对当地自然景观的破坏，同时减少边坡防护及公路施工成本。

（5）前置式隧道洞口设计

前置式洞口工法主要体现了洞口“早进洞晚出洞”的理念和仰坡“零开挖”的思想，避免了隧道洞口高大边仰坡开挖。

（6）大跨异型棚洞设计

在路线走廊困难地段、沿河沟谷地、路线傍山布置地段，构造物应顺应地形，提倡设置棚洞、半隧道，保护自然植被，减少对原位地质体的扰动，达到保护边坡和自然环境的目的。

（二）施工阶段

施工过程中，应按照“不破坏就是最大限度的保护”和“最小程度地破坏、最强有力地恢复”原则，保护自然景观及周边环境。严格控制施工工作面，实行严格的水土、植被保护制度，保护沿线优美的自然生态环境，节约资源。

原生植物的利用是一个技术难度很高的工作，特别是在公路建成后进行移植的工程。大自然的植物都是经过自然选择而形成，并没有人类的因素在其中，进行植物配置不能凭想象，必须考虑不同植物的异质性，合理地选择与大自然最接近的配置方案。

1. 路域原生植被保护措施

可采取以下措施实现对路域原生植被的保护。

（1）施工前进场调查及清点，公路范围内植物所有权若属当地村民，对于可以移栽的植物，应先期协调购买，将植物移植至红线两侧 3m 范围内。

（2）施工进场时，对坡顶开挖线内仍保留且可以移植成活的植物进行移植。

（3）保护坡顶开挖线至红线范围内的原生植物，禁止砍伐和烧荒，在边坡绿化后，使其与周边环境过渡。有截水沟的路段，坡顶截水沟两侧的植物也应尽量保留，使截水沟隐蔽在植物的下方。

（4）移植场地可分段集中，一般可设置在路域两侧 3m 红线范围内，既可保护树木，形成绿带，创造良好的施工环境和施工形象，也可与表土的临时堆放场地结合考虑。

（5）植被已经被村民砍伐殆尽的路段，可沿红线范围先期栽植适生的乔灌木，以明示施工区域，减少干扰。

（6）施工挡防工程及桥梁路段过程中，应严格控制红线施工范围，并对结构物周围的植物注意加

以保护，以免施工破坏。

2. 路域原生植被移植措施

可采取以下措施进行路域原生植被移植。

（1）统一调查合同段内路域沿线植被资源，包括植物名称、规格、所在位置，针对乔、灌、草、藤蔓、丛生竹分类编制移植技术说明。

（2）对野生植物、人工栽培植物分别进行说明。对于野生植物应先移植小树，积累经验后再移植大树。

（3）选取合适的位置作为移植场地，要求从植物种类、海拔、年平均气温、相对湿度、土壤 pH 值、质地等因素考虑，一般应与植物原生长环境相同。

（4）移植季节要求选在适合根系再生和枝叶蒸腾量最小的时期，根据植物种类，分落叶树春季栽植，常绿树雨季栽植等。

（5）对挖树、包装、运输，到整地、栽植、抚育、管理等整个移植过程进行详细要求，对国家保护树种应精细安排。

（6）应根据植物根系的特点（深根性、浅根性），确定合适的坑穴大小。乔、灌木上部的修剪应根据干形是否通直圆满、尖削度是否较小、枝下高度、冠幅大小、树冠厚度、枝条空间分布状况等综合评价决定是否截干、剪枝，以及截干、剪枝的强度。

（7）生长在乔木下的灌木应与乔木一并移植，尽量恢复和模拟原生的植物群落。

三、其他措施与建议

1. 后期生态恢复与绿化过程中尽量利用乡土植物

在确定好植被恢复目标后，应根据路域地形、地貌和植物群落的演替规律，采用有针对性的措施。本着节约、环保和景观优化的理念，进行精细施工，特别针对公路穿过保存比较完好的林区，公路的开通不仅造成了林窗效应，同时也为外来有害生物的入侵提供了便利条件，因此应运用本地乡土植物，充分利用资源，建立结构抵御外界干扰能力强的植物群落，使公路沿线形成一个生态屏障，保护沿线地区的生态环境。

路域范围内残存的一些植物是本地群落的代表种群，利用它可以加快群落本地化和地带性的转化速度。从景观美学的角度审视，这些存留的植物构成的群落与周围环境和谐一致，而且也减少了购买苗木和养护的费用。

2. 加强对伐木的利用

公路穿过林区时经常砍伐下一些树龄比较大的树木，特别是一些杂木，由于根系很深，移植成活率很低。事实上森林中的土壤很大程度上是由倒木和枯枝落叶在微生物作用下腐解产生的，通过这种途径使植物从土壤吸收的营养又重新返回土壤中去，完成了一个物质循环。因此，可以效仿自然界的物质循环过程，将砍伐下的树木，经过物理和化学处理，在微生物的作用下，并加入一定的辅助材料，将其转化为富含营养的土壤，应用于砍伐迹地的生态恢复工程，减少由于砍伐造成的森林资源流失。这种利用方式使砍伐下的树木成了一种资源，不仅减低了处理成本，也维持了公路沿线森林生态系统的稳定性，用于公路生态恢复工程也能降低建植和养护的成本。

3. 借鉴群落自我演替规律，建立稳定的植物群落

借鉴群落自我演替规律，建立稳定的植物群落，从长远的角度来讲是最大的节约。公路路域植被恢复同其他地区的植被恢复进程一样，在公路开发后形成的裸地上，如果人为不加以干预，也会沿着地衣、苔藓类→一年生草本植物→多年生草本植物→阳性林→阴性（顶级群落）群落这样的变化演替。

在演替的初期，土壤比较贫瘠，对地力要求低的植物首先侵入，这种最初侵入的植物就是先锋植物。先锋植物侵入后，土壤肥力增强，小气候条件发生变化，为其他植物生长创造了条件。在当前的技术条件下，可以建造起从地衣到阳性林的任何中间阶段，但是不足于建造顶级群落。而在目前绿化设计和施工过程中，往往违背自然演替规律，企图一举建立一个稳定的顶级群落，特别是大量使用客土的方法，导致发生衰退现象，若干年后原来种植的植物几乎荡然无存。因此，在进行植被恢复时，应根据公路沿线所在区域的生态系统类型，首先建立群种的植物群落，种植一些当地可以产生果实的灌木，以招引本地的鸟类，以鸟类和风为媒体，使一些其他种子进入建群种中，增加群落的多样性，启动群落的自我演替，同时适当加入人为的促进因素，通过定向演替，进行植物群落的诱导，建立与所在区域一致、具有地带性分布特点的植物群落。这样的一个稳定植物群落，可以完成能量流动和物质的自我循环，基本不需要人工进行养护，最大限度地节约了生态工程的成本。

4. 重视特异性植物选择

公路是一个重要的人工干扰廊道，它与周围的小环境存在一定的差异，根据现代景观生态学分析，它与周围环境相比，存在很强的异质性，所以，在进行公路生态工程时要考虑公路植物的分布规律，选择特异性植物进行植被恢复。

5. 积极推广育苗点栽等新技术

公路建设对沿线的景观产生了强烈的影响，消除这些影响一个很重要的手段就是公路绿化，而且最好采用本地地带性植物进行绿化。从 20 世纪 90 年代后期开始，我国交通部门就开始了该领域的研究，这些研究对公路工程建设过程中植被恢复起到了一定的促进作用。例如可以在公路开工之前将一些可以移栽成活的植物假植到附近，特别是一些幼苗和多年生草本植物，当公路建成后在移植到公路路域，结合土壤改良完成植被恢复，可以大大节省完全依靠栽培物种建植的费用，而且形成与周围环境和谐的植物景观。

第三节　重庆绕城高速公路植被资源保护与利用示范

一、路域原生植被的就地保护

重庆绕城高速公路在土建施工进场前，编写并发放了《土建施工与绿化恢复结合的施工技术要求》，对资源的保护与再利用提出明确要求，并按本章第二节路域原生植物保护措施实现对原生植物的保护（图 1-5-1~ 图 1-5-8）。

图 1-5-1　长江大桥桥头黄葛树保护

图 1-5-2　黄葛树保护与科教基地

图 1-5-3　东段 3 标植被保护

图 1-5-4　花溪立交 D 匝道挡墙外植被保护

图 1-5-5　箭滩河桥下植被保护

图 1-5-6　鱼溪河大桥桥下植被保护

图 1-5-7　W8 标 K98 左侧便道孤树保护

图 1-5-8　E3 标忠兴互通植被保护

二、路域原生植被的移栽

重庆绕城高速公路路域范围内的植物，在施工前均要求将可移植和受保护的植物进行统一移植、保护，待公路建成后，再将植物移植用于绿化，要求施工全过程严格按照所编制的《土建施工与绿化恢复结合的施工技术要求》进行施工，并按本章第二节路域原生植物移植措施实现原生植物的移植（图 1-5-9~ 图 1-5-13）。

图 1-5-9　3m 红线植物移栽示范

图 1-5-10　红线内植物移栽工程

图 1-5-11　沿线植物移栽工程

图 1-5-12　W4K79+860 苗圃育苗示范

图 1-5-13　育苗点栽技术应用

第六章　路域资源综合利用效益分析

第一节　路域资源综合利用效益的体现形式

路域资源综合利用的效益是以保持水土资源、改善生态环境、提高经济效益来体现的。经济效益是三种效益中最活跃、最积极的因素，生态效益是基础，社会效益是归宿。

经济效益包括直接经济效益和间接经济效益。直接经济效益是由于路域资源保护和综合利用后，减少土地流失、减少水资源污染、减少土壤肥料降低、减少植被破坏而产生的直接建设成本的降低。间接经济效益是指由于路域资源保护和综合利用的促进作用，对其他行业的发展起到的促进作用而带来的间接经济收入。

社会效益是指路域资源保护综合利用技术应用后给国家和社会带来的利益（包括免受或减少国民经济损失的效益），它体现在对人类身心健康的促进、对社会精神文明的促进等方面。

生态效益是指路域资源保护与综合利益技术应用后，对生态环境的改善和保护等方面的作用。在评价体系中，用路域水资源利益率、路域土地资源利用率、路域植被资源利用率等指标来体现。增加植被覆盖率可较少地表径流、防止或减少土壤冲刷，改善生态环境。实施路域资源综合利用后，增加了土壤的有机质，改善了土壤团粒结构，增加了土地利用面积，减少了土壤侵蚀面积，减少了水质污染，调节了小气候。

第二节　社会效益分析

一、对工程建设的支撑作用和对行业发展的带动作用

1. 对重庆绕城高速公路工程建设的支撑作用

路域资源综合利用对重庆绕城高速公路建设的支撑作用主要体现在以下几个方面：

（1）紧密结合重庆绕城项目特点，解决工程本身存在的技术问题，提供技术支持，解决制约工程的技术“瓶颈”。

（2）统筹考虑城乡未来发展，带动重庆绕城道路沿线区域的社会和经济发展。

（3）体现重庆高速公路建设的先进理念，提升重庆交通建设的行业品牌，是重庆交通建设“安全节约、环境友好”的典范，是重庆交通建设节约建设成本、实现资源节约和全寿命周期理念的窗口。

2. 对行业发展的影响和带动作用

对行业发展的影响和带动作用主要体现在以下几个方面：

（1）倡导建立健全法制法规、完善政策措施，实现交通发展对资源的少用、用好、循环用。

（2）为公路建设领域开展路域资源综合利用起到了示范作用，积累了建设节约型行业的宝贵经验，促进了行业技术进步。

（3）深化舆论宣传导向，推进了节约型行业教育活动。

二、重庆绕城高速公路社会效益分析

1. 因地制宜，适合城市韵味和风格

每一个城市都有自己的特点，都有自己的文化。重庆绕城高速公路作为连接重庆周边经济组团和快速通行的城市快速干道，而“山城”作为重庆的城市风格，如何保护珍贵的土地资源更显得弥足珍贵，通过开展路域资源的综合利用，通过保护和节约土地资源，使重庆绕城高速公路在建设过程中取得经济效益与社会效益的双赢。

2. 创新建设理念，提升行业品牌

重庆绕城高速公路不断创新和发展建设理念，路域资源的综合利用，不仅体现在建好山区高速公路，更能很好地体现重庆高速公路建设的先进理念，提升重庆交通建设的行业品牌。

3. 积累建设节约型行业宝贵经验，促进行业技术进步

重庆绕城高速公路建设在节约和集约利用资源、保护生态环境、探索交通循环经济方面积累了许多成功的经验和做法，如通过开展服务于“城乡统筹”带动区域经济和社会发展的建设探讨；开展资源的综合利用，实现腐殖土的再生循环；开展雨水、地下水等水资源的收集保护，为公路后期管养提供养护用水；积极探索土地资源的综合利用与开发，吸引社会投资，减少工程建设自身投资，实现双赢等，这些均为公路交通建设积累了宝贵经验。

4. 深化舆论宣传导向，推进节约型行业教育

通过路域资源综合利用技术的开展，牢固树立起了“资源、环境、经济协调发展”的思想，增强了决策者的可持续发展意识，使其贯彻到机制设置、人才培养、决策程序、资金投入等每一步决策制定和具体操作中去，使得可持续发展成为政府及企业自觉、自愿的行为；并通过开展绿色交通行动，推进节约型交通教育，加强可持续发展宣传教育活动，从领导干部到一般群众，从设计人员到施工人员，从交通基础设施建设者到运输生产经营者，人人都树立起交通可持续发展的意识。

5. 减少工程建设的全寿命周期成本，建设资源节约型行业

资源节约不仅考虑施工期初期投入的成本，还应该考虑后期运营、养护阶段整个使用周期的成本，系统解决公路使用和运营过程中，工程结构的耐久性、安全性、维护的可行性以及环境景观的协调性等问题。重庆绕城高速公路在建设过程中，通过坡面绿化以灌木覆盖为主，场地绿化以乔、灌木为主，减少草坪绿化，减少后期养护等措施来降低全寿命周期成本。

6. 保护生态环境，使公路建设对环境的破坏和影响降到最低

根据重庆绕城高速公路水土流失特点，水土保持措施布局以填挖方边坡为主体工程区和取弃土场、桥隧结构物、生活区为重点的防护区，系统地布设各类工程措施和生态措施，实现“点、线、面”的水土流失综合防治体系。按照“预防为主，保护优先，防治结合，综合治理”的原则，牢固树立起“不破坏就是最大的保护”的思想，坚持“最大限度地保护，最小程度地影响，最强力度地恢复”，实现基础设施建设与环境保护并重，建设项目与自然环境和谐，使公路建设对环境的破坏和影响降到最低。

7. 发展公路建设循环经济，实现公路建设与社会投资的双赢

公路路基和隧道开挖过程中产生大量的弃渣，其中不乏质地较好、硬度较高的砂岩、灰岩等，对这些片块石材料经过一定的打磨和加工，可广泛应用于公路工程的结构物砌筑中，这样既减少了料场征地，也大大节约了开采和运输等费用。重庆绕城高速公路在建设过程中大量采用路基范围内既有的建筑材料，实现公路建设资源的循环利用。

高速公路范围内有大量的闲置土地资源，如立交区和取弃土场等场地，对该部分土地资源的综合利用通过社会化开发，引入社会投资并与高速公路建设结合起来，用作社会苗圃，与公路绿化建设紧

密结合，既塑造了道路场地景观，充分利用了土地价值，又减少了场地绿化工程费用，降低了建设成本，让各方受益，实现了公路建设与社会投资的双赢。

第三节　经济效益分析

一般情况下，路域资源保护和利用尤其是水土保持的措施具有投入大、投资回收期较长的特点。如单从经济方面的投入产出进行分析，不能完全体现其效益价值。路域资源保护和利用通过其发挥生态效益和社会效益，减少水土流失，改善路域行车环境，减少道路养护成本等，其产生的间接经济效益巨大。

一、重庆绕城高速公路直接经济效益分析

重庆绕城高速公路通过资源节约与集约技术，沿线收集耕植土节约的绿化经费、利用隧道弃方节约的投资、取弃土场社会化开发节约的投资、立交区社会化开发节约的投资、集蓄雨水作养护用水节约的费用、植被资源保护与原生植被利用的效益见表 1–6–1~ 表 1–6–6。根据统计，通过收集利用耕植土、利用隧道弃渣减少占地、路域土地资源综合利用开发、雨水收集、植被资源的保护、移栽和原生植被利用等措施，共节约工程投资 6 804.4 万元，产生的直接经济效益非常可观。

收集耕植土节约的绿化工程造价　　表 1–6–1

段　落	收集耕植土数量（万 m^3）	绿化工程使用量（万 m^3）	节约绿化工程造价（万元）
绕城东段	36.67	11.00	264.02
绕城北段	38.20	11.46	275.04
绕城西段	58.16	17.45	418.75
绕城南段	44.83	13.45	322.78
合计	177.86	53.36	1 280.59

利用隧道弃方节约的投资　　表 1–6–2

利用情况 / 绕城段落	隧道座数及长度	隧道围岩分类			弃方利用情况		减少征地	节约造价
		Ⅴ级	Ⅳ级	Ⅲ级	填方路基填料	挡防工程材料		
	座 /m	m^3	m^3	m^3	m^3	m^3	亩	万元
绕城东段	1/562.5	51 810	34 530	—	77 706	—	10	90
绕城北段	7/11 708.7	575 131	539 186	682 968	718 914	12 685	92.5	832.5
绕城西段	—	—	—	—	—	—	—	—
绕城南段	3/5 912	235 948	317 622	399 296	381 147	6 670	49.5	445.5
合计	11/18 183.2	862 889	891 338	1 082 264	1 177 767	19 355	152	1 368

取弃土场社会化开发节约的投资　　表 1–6–3

投资情况 / 绕城段落	原设计绿化计划投入（万元）	社会化后实际投入（万元）	社会化减少投资（万元）
绕城东段（2 个取弃土场）	70.15	42.09	28.06
绕城北段（3 个取弃土场）	94.19	56.51	37.68
绕城西段（5 个取弃土场）	180.68	108.41	72.27
绕城南段（4 个取弃土场）	243.50	146.10	97.40
合计	588.52	353.11	235.41

立交区社会化开发节约的投资　　表 1-6-4

绕城段落＼投资情况	原设计绿化景观计划投入（万元）	社会化后实际投入（万元）	社会化减少投资（万元）
绕城东段（共3个互通）	466	317	149
绕城北段（共5个互通）	1 172	483	689
绕城西段（共8个互通）	1 287	737	550
绕城南段（共5个互通）	1 194	994	200
合计	4 119	2 531	1 588

集蓄雨水作养护用水节约的费用　　表 1-6-5

绕城段落＼工程数量	绿化面积（m^2）	年所需养护用水量（m^3）	节水和集蓄雨水措施		可利用雨水资源（m^3）	节水费用统计（万元）
			坡面集水池（m^3）	立交蓄水池（兼水景）（m^3）		
绕城东段	51 396	25 698	4 427	3 000	7 427	37.14
绕城西段	431 652	21 583	6 510	—	6 510	32.55
绕城南段	512 250	25 613	6 398	3 300	9 698	48.49
绕城北段	798 580	39 929	6 284	—	6 284	31.42
合计	1 793 878	112 823	23 619	6 300	29 919	149.60

植被资源保护与原生植被利用的效益　　表 1-6-6

工程类别＼工程数量	就地保护数量（株）	移栽利用数量（株）	绿化利用原生植被数量（株）	节约投资合计（万元）
路堑边坡	30	5 075	570 458	616.7
路堤边坡	215	2 027	212 278	230.2
边沟平台	—	—	46 250	49.2
中央分隔带	—	—	322 412	342.8
互通式立交	614	3 105	366 590	397.4
隧道左右线间	—	45	152 460	162.2
服务区	—	371	323 791	345.0
桥下	9 160	316	15 795	39.3
合计	10 019	10 939	2 010 034	2 182.8

注：1. 植被资源就地保护可节省植被绿化费用的 90%。
2. 植被移栽后利用可节省植被绿化费用 75%。
3. 绿化利用当地原生植被可节省植被绿化费用 40%。
4. 根据绿化工程费用乔灌木的单株绿化综合单价按 26.58 元计。

二、重庆绕城高速公路间接经济效益分析

1. 路域范围内剩余土地经济价值分析

综合利用和开发路域范围内的剩余土地（互通式立交和取弃土场场地），不仅能通过社会投资产生直接经济效益，也能使该地块升值产生间接经济效益。升值产生的间接效益可按式（1-6-1）计算。

$$A=A_1-A_0=S(P_1-P_0) \qquad (1-6-1)$$

式中：A——公路剩余土地利用后土地增值效益；

A_1——公路剩余土地利用后土地效益；

A_0——公路剩余土地利用前土地效益；

S——公路剩余土地面积；

P_0——公路剩余土地利用前的土地价格；

P_1——公路剩余土地利用后的土地价格。

利用前的土地价格 P_0 主要根据高速公路当时的征地价格确定，若干年后，该部分土地升值后的土地价格 P_1 需要进行预测和分析。

以重庆绕城高速公路社会化开发的取、弃土场和立交区为例，其总面积为 1 392 085m^2。高速公路施工前平均每亩征地价格为 7 万元；利用前地块的土地总价值为：A_0=7（万元/亩）×1 392 085m^2/666.666=14 617 万元；综合利用开发后 10 年，平均每亩土地价格增长为 15 万元，该地块的土地价值为：A_0=15（万元/亩）×1 392 085m^2/666.666=31 322 万元。那么，地块升值产生的间接经济效益为：

$$A=A_1-A_0=31\,322-14\,617=16\,705\text{（万元）} \tag{1-6-2}$$

2. 促进旅游景观资源开发的效益分析

高速公路促进旅游资源景观开发的效益，一方面体现在促进原有旅游景点的效益增加，另一方面体现在促进新的旅游景点开发，即：

$$A=\sum_i G_y R_i + \sum_j G_y + \Delta R_j \tag{1-6-3}$$

式中：A——高速公路促进旅游资源开发效益；

G_y——旅游部门上缴利税率；

R_i——新开发旅游 i 的年利润；

ΔR_j——原有旅游景点 j 的利润扣除自然增长后的年利润增值。

通过对旅游资源开发效益的估算，得出道路沿线路域景观资源开发和利用所产生的间接经济效益。

重庆绕城高速公路通车运营后 3 年时间里，以原有 4 个旅游景点、新开发 3 个旅游景点和休闲娱乐场所为例，假定新增旅游景点利润以每年 20% 的速度递增，第一年的利润为 300 万元，上缴利税按每年利润的 15% 计算；原景点利润以每年 25% 的速度递增，原利润按 600 万元计。

$$\begin{aligned}A&=\sum_i G_y R_i + \sum_j G_y + \Delta R_j\\&=(1+20\%)\times3\times3\times300\text{ 万元}+(1+20\%)\times3\times3\times300\text{ 万元}\times15\%+\\&\quad[(1+25\%)\times3\times600\text{ 万元}-3\times600]\\&=1\,092\text{ 万元}+163.8\text{ 万元}+487.5\text{ 万元}\\&=1\,743.5\text{ 万元}\end{aligned}$$

3. 取弃土场的水土流失价值分析

对取弃土场的水土流失价值主要通过加速侵蚀系数法进行分析。

$$Q=\sum R_i\times V_i\times B_i=R\times V\times B \tag{1-6-4}$$

式中：Q——各类取弃土场的水土流失量（t）；

V——各类取弃土场的体积（m^3）；

R——各类取弃土场的容重（t/m^3）；

B——流弃比。

通过对水土流失量的计算，得出通过工程防护所需的投资，而通过生态防护减少水土流失所需投

资，间接得出通过耕植土保护、取弃土场生态恢复等产生的经济效益。

以重庆绕城高速公路采用社会化投资弃土场为例，进行水土流失量预测计算。社会化开发弃土场个数为14个，总面积为294 261m²，重度为20.5kN/m³，平均弃高12m，流弃比为5%。

$$Q=\sum R_i\times V_i\times B_i=R\times V\times B$$
$$=20.5/9.8\times 294\,261\times 12\times 5\%=369\,328\ (\mathrm{t})$$

根据计算得出，社会化开发这部分取弃土场若不采取任何防护，需流失掉369 328t弃土。若对该部分弃土进行工程防护和生态防护所需资金按每15元/t计，369 328t弃土的总处治费用总计为：369 328×15=554万元。

第四节　生态效益分析

公路路域资源保护和利用产生的生态效益反映了对生态环境保护和改善等方面所起的作用，主要包括水资源的保护和改善，土地资源的保护，小气候资源的调节与改善，生物多样性的保护等。因生态效益一般在3~5年后才能反映出其价值和作用，故只简述生态效益评价的方法和计算依据。

一、植被资源保护价值计算

植被资源作为生物生产力的重要组成部分，也是生态系统的首要功能表征。衡量其功能及产生的生态效益，主要通过生物生长量、生物量和种植量来体现。

1. 物量估算

$$P_{\mathrm{m}}=B_{\mathrm{m}}\left[1-\frac{S_{\mathrm{Z}}}{S}\right] \tag{1-6-5}$$

式中：P_{m}——公路建成后植被的生物量（t·亩）；

B_{m}——公路建设前植被生物量现状值（t·亩）；

S_{Z}——被破坏的植被面积（亩）；

S——生态单元的面积（亩）。

2. 生长量估算

由于只有最大的生物量，才能保证最大生长量，因此，以测定生物量的方法作为评价的指标。

3. 物质量估算

$$P_{\mathrm{s}}=B_{\mathrm{s}}\left[1-\frac{q}{S}\right]+(T_1+T_2) \tag{1-6-6}$$

式中：P_{s}——公路建成后植被的物质量（t·亩）；

B_{s}——公路建设前植被的物质量（t·亩）；

q——公路建设砍伐的植被物种数（亩）；

S——生态单元的面积（亩）；

T_1——公路建设过程中保护和移栽的物种量（种·亩）；

T_2——公路绿化措施采用的植被物种量（种·亩）。

通过物种量的估算，得出通过植被资源的保护和移栽对物种量的影响，进而间接得出产生的经济效益。

二、保护公路免遭水土流失破坏的年均面积计算

保护公路免遭水土流失破坏的年均面积（Δf）按式（1-6-7）进行计算，其中，f_{b}与f_{a}数值均通

过现场调查获得。

$$\Delta f = f_b - f_a \tag{1-6-7}$$

式中：f_b——措施实施前年均损失的土地（hm^2）；

f_a——措施实施后年均损失的土地（hm^2）。

三、改善地表径流状况计算

1. 减少洪水量

根据公路所在地水文观测资料，可采取式（1-6-8）计算减少的洪水量。

$$\Delta W_1 = W_{b1} - W_{a1} \tag{1-6-8}$$

式中：ΔW_1——减少的洪水年总量（或一次洪水总量）（m^3）；

W_{b1}——治理前洪水年总量（或一次洪水总量）（m^3）；

W_{a1}——治理后洪水年总量（或一次洪水总量）（m^3）。

2. 增加常水流

根据公路所在地水文观测资料，可采取式（1-6-9）计算增加的常水流。

$$\Delta W_2 = W_{b2} - W_{a2} \tag{1-6-9}$$

式中：ΔW_2——增加的常水年径流量（m^3）；

W_{b2}——治理前常水年径流量（m^3）；

W_{a2}——治理后常水年径流量（m^3）。

四、土壤理化性质改善的计算

土壤理化性质改善的效益主要包括土壤水分、氮、磷、钾、有机质、团粒结构、孔隙度的变化等。选择有代表性的地点，分别各取 9 个土样，根据土壤理化指标常规测定方法，进行土壤重度、孔隙率、含水率与氮、磷、钾、有机质等含量的测定，取 9 个点的平均值，依式（1-6-10）计算。

$$\Delta q = q_a - q_b \tag{1-6-10}$$

式中：Δq——改良土壤计算指标的增减量；

q_a——治理后土壤指标的含量；

q_b——治理前土壤指标的含量。

一般常采用土壤有机质含量作为土壤理化性质的指标。土壤有机质来源于动植物残体、死亡的微生物等，该指标反映了土地肥力状况，其计算式如下。

$$\Delta q' = \frac{q_1}{q_2} \times 100\% \tag{1-6-11}$$

式中：$\Delta q'$——土壤有机质含量（%）；

q_1——样品中有机质含量（g）；

q_2——样品总质量（g）。

五、改善小气候的计算

在较大面积实施生物措施后，一定距离内小气候发生变化，其计算往往是较为复杂的过程，目前还没有公认的指标和计算方法。采用环境治理提高率来反映小气候改善效应，如式（1-6-12）所示。

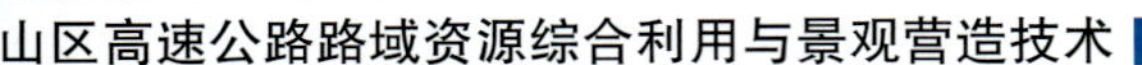

$$Q=\frac{\sum_{i=1}^{n}f_ix_i}{\sum_{i=1}^{n}f_i}\times 100\% \quad (1\text{–}6\text{–}12)$$

式中：Q——环境质量提高率（100%）；

f_i——某环境因子的权数；

x_i——该环境因子本期监测数值与基监测数值的比值，$x_i=\frac{x_{i1}}{x_{i0}}$；

x_{i1}——该环境因子本次监测数值的绝对值；

x_{i0}——该环境因子基监测数值的绝对值。

六、提高地面植被覆盖度和增加生物多样性的计算

地面植被覆盖度是生态效应计算的一个主要指标。覆盖度对公路路域及其周边地区的生态平衡具有重要作用，其值达到一定量时，可较好地起到调节气候、保持水土的作用。

植被覆盖度可按式（1–6–13）进行计算。

$$C_{ab}=(f_a+f_b)/F \quad (1\text{–}6\text{–}13)$$

式中：f_b——原有林、草（包括人工林草和天然林草）面积（km^2）；

f_a——新增林、草（包括人工林草和封育林草）面积（km^2）；

F——流域总面积（km^2）；

C_{ab}——累积达到的地面覆盖度（%）。

对于公路路域及周边地区，由于提高了林、草覆盖度，山鸡、野兔、蛇等野生动物可能增加，可通过观察野生动物种类及其数量的变化情况进行表述。

参 考 文 献

[1] 交通部公路司 . 新理念公路设计指南［M］. 北京：人民交通出版社，2005.

[2] 金露，李林 . 高速公路环境保护措施浅析［J］. 交通科技，2004，(2)：47–48.

[3] 王先进. 公路交通发展对可持续发展可能形成的压力［J］. 综合运输，2004，(5)：21–24.

[4] 徐淑雨，贾元华，高岩 . 高速公路对自然资源的消耗研究［J］. 公路交通技术，2004，(1)：121–122.

[5] 张卫平，董建辉 . 山区高速公路生态恢复理论与实践［M］. 北京：人民交通出版社，2006.

[6] 赵勇，孙中党，吴明作 . 高速公路建设项目对生态环境影响综合评价研究［J］. 安全与环境工程，2003，10(3)：27–30.

[7] 林晓青 . 高速公路建设对生态环境的影响及防治对策［J］. 福建环境，2000，17(3)：3–5.

[8] 李庆瑞，张超 . 高速公路与交通环境的可持续发展［J］. 产业经济，2008，2(8)：78–79.

[9] 张兰军，蒋红梅 . 公路建设中的自然资源保护与利用技术［D］. 重庆：交通资源节约和环境保护新技术研讨会论文集，2009.

[10] 程昊，张宜柳 . 资源节约理念在山区公路建设中的应用初探［D］. 北京：中国环境科学学会学术年会优秀论文集，2006.

[11] 毛洪强，谢洪新 . 建设安全舒适、资源节约、环境友好型高速公路［J］. 工程与建设，2008，22(2)：149–151.

[12] 魏涛 . 山区高速公路路线设计与生态资源保护［J］. 公路交通技术，2007，1(1)：160–163.

[13] 姜德义，任海霞 . 高等级公路路域生态恢复工程效益分析［J］. 水土保持研究，2006，13(4)：141–142.

[14] 先斌 . 重庆市生态公路建设理论与实践研究［D］. 重庆：重庆大学硕士学位论文，2006.

[15] 江玉林 . 公路路域环境生态恢复研究与实践［M］. 北京：中国农业出版社，2003.

[16] 张宝志 . 生态价值化是高速公路建设保护环境的需要［J］. 中国工程咨询，2007，82(6)：38–40.

[17] 任海霞 . 重庆市生态公路路域环境生态恢复技术研究［D］. 重庆：重庆大学硕士学位论文，2005.

[18] 冯玫 . 高速公路社会经济影响评价指标体系研究［D］. 西安：长安大学硕士学位论文，2006.

[19] 刘龙 . 节约型公路生态工程技术在旅游公路建设中的应用［D］. 重庆：交通资源节约和环境保护新技术研讨会论文集，2009.

[20] 刘珊 . 高等级公路建设与生态环境协调发展研究［D］. 西安：西安建筑科技大学硕士学位论文，2002.

[21] 赵勇，叶永忠，等 . 高速公路建设对植被的影响及绿化补偿效应分析［J］. 安全与环境学报，2005，5(3)：65–68.

[22] 陈红，梁立杰，杨彩霞 . 可持续发展的公路建设生态观［J］. 长安大学学报，2004，24(1)：70–72.

[23] 蔡志洲，张万玉，任久长 . 我国公路交通“生态工程”的发展现状和展望［A］. 唐孝炎 . 面向

21 世纪的环境科学与可持续发展［C］. 北京：科学出版社，2000.

［24］ 闫淑荣，吴群琪 . 公路建设可持续发展与土地利用问题及其对策［J］. 长安大学学报，2008，10（3）：28-31.

［25］ 闫淑荣. 我国公路建设集约利用土地的思考［J］. 综合运输，2006，28（8/9）：33-36.

［26］ 陈瑾. 中国公路建设占地的现状、趋势与对策研究［D］. 北京：中国农业大学出版社，2005.

［27］ 尹良龙，张琼，陈冠雄 . 高速公路建设用地方式研究与探讨［J］. 广东公路交通，2004，82（1）：48-50.

［28］ 孔亚平，李璐，张科利，衷平 . 公路建设对水资源影响评价与保护技术研究［J］. 交通标准化，2007，69（9）：40-42.

［29］ 赵春爱 . 对青海省高等级公路水资源利用技术的思考［J］. 青海师范大学学报，2008，5（4）：78-81.

［30］ 王一斌，邵坚达，桂炎德，梅竹松 . 公路交通水环境污染防治技术的研究和展望［J］. 交通环保，2003，24：142-144.

［31］ 江玉林，张洪江 . 公路水土保持［M］. 北京：科学出版社，2008.

［32］ 亚洲开发银行 . 中国公路交通资源优化利用［M］. 北京：中国经济出版社，2009.

第二篇

高速公路生态修复与景观营造技术

第一章 绪 论

第一节 国内外发展状况

一、国外发展状况

随着社会经济的高速发展，构建和谐社会和可持续发展观念的深入人心，在高速公路快速建设的同时，人们对其在保护生态环境、美化视觉空间、传承人文精神等方面提出了更高层次的要求。人们的出行不再是仅满足于交通便捷，而同时要求有轻松、愉快的感觉和得到精神方面的享受，也就是要求高速公路的运行空间环境应该是高质量的，既要满足安全、快速、便利的要求，又要做到美观、舒适、人性化。

国外对景观设计的研究较早，起源于20世纪30~40年代的德国，其代表人物为汉斯·洛伦茨。随后美国、日本等国家在这方面也进行了大量的理论研究与工程实践。他们认为：景观设计是高速公路设计中的一大要素，景观设计应开展于公路土建设计的前期，与公路规划、选线和细部设计有机地协调，使其对原有环境的破坏降低到最小程度，同时为用路者创造安全、舒适、和谐的行车环境。

德国自20世纪30年代开始修筑高速公路以来，就十分注重研究道路与周围景观的协调问题，并逐步在公路工程的实践中逐渐形成系统的景观理论。早在1930年，德国的高速公路工程师们就为高速公路的视觉品质问题投入了相当多的精力。到1938年，弗瑞兹海勒（Fritz Hennery）建立起了高速公路的外部和谐与内部和谐理论。在德国，公路的建设需要受到自然保护、环境协调评估等有关环境保护法的约束。在公路设计过程中，需要对工程项目中如路基路面、路堑、桥梁、涵洞、防护墙、排水设施、噪声防护、绿化种植、环境保护等采取相应的措施，尽最大可能减少或者避免对环境的有害影响，并运用人工手绘透视图来表现拟建公路与周围自然景物的配合协调情况。1980年，原联邦德国制定的新的道路设计规范较原规范增加了《道路景观设计规范》(RAS–LG1980)。德国的道路设计者认为:“道路设计中，景观是一大要素，景观设计应与道路的总体有机协调，使公路对周围原有环境的破坏降至最低程度。”

早在20世纪20年代初期，美国修建风景公路时，就开始进行专门的景观设计，将景观设计完全纳入到高速公路的设计中，主要体现在现场勘测中考虑公路线形与地形地物的协调和沿线风景的保护和利用。30年代，美国已将减少对原有地貌破坏的理念应用到设计中，重点工作是分析直线道路与安全设计的关系、环境保护与景观美学。40~50年代，对公路景观设计手段进一步研究和改进，更有专门机构与人员对高速公路的视觉质量、景观及环境问题进行研究。美国在道路工程实践中，提出公路美学理论，在公路选线时尽可能布置在风景优美、沟壑纵横的地段，顺着山坡、河湖沿岸而蜿蜒曲折，在风景优美的地方设置舒适的旅馆和野营场地。公路设计中，在考虑交通系统安全性与满足出行需要的同时，全面考虑公路交通系统沿线的景观、历史遗迹、美学及其他文化价值。

美国及其各州基本上都有公路环境景观设计标准，如联邦公路局的《公路灵活性设计指南》、得克萨斯州的《公路景观与美学设计手册》等。美国各州公路工作者协会（AASHTO）于1961年编制了美国洲际和国防公路（技术上属于高速公路）景观发展方针，1965年，在总结景观设计经验的基础上编制了公路景观设计指南。1965年，美国颁布了《道路美化条例》。1970年，该协会综合并补充修正上

述两个文件，编制了《公路景观和环境设计指南》。1977年出版的《实用公路美学》一书认为："公路景观的特点是强调公路不破坏自然并点缀自然，要使公路成为自然环境整体的一部分并与自然融为一体。"美国在公路初期设计中，就尽量避免高填深挖，减少对原地形、地貌的影响。同时，美国高速公路在重点路段两边设有监测系统，对空气质量适时监测，在噪声超标地段设置减噪设施。在公路施工过程中，尽量减少对原有土壤的扰动，开始施工前首先根据原有地表径流并结合设计的永久排水设施的设置做好临时排水系统，对周围环境有较大影响的路段重点防范。对高速公路景观环境设计主要考虑下面几个方面：①高速公路绿化设计；②防噪设计；③防水污染设计；④施工期间污染控制设计；⑤恢复被破坏的天然生态的风景资源；⑥人文景观保护等。

相对而言，日本的高速公路建设较欧美落后20多年。20世纪50年代，日本学者仓田益二郎首次提出"绿化工程"的学科术语。1958年在设计名神高速公路时，日本采纳了德国W.杜尔特博士的建议，把景观设计融入其中，取得了很好的效果。直到20世纪60年代，日本才正式拉开建设高速公路的序幕。由于国家和全民的高度重视，公路环境工程一直被列为国家优先发展项目，并吸收了欧美等国家公路景观设计的先进理念，因此迅速走在世界前列。他们的策略是"环境优先，自然再生"，"整顿治理，安全第一"。1976年，日本就制定了《公路绿化技术规范》，并随着栽植技术的发展和先进设备的研制，在1988年又对该规范进行了修订。近些年来，日本生态道路建设理论中对湿地的保护及生态绿廊的建设为全世界所瞩目。在道路景观学研究领域，日本十分注重研究开发道路高新绿化技术。1985年日本制定了《高速公路绿化技术五年计划》，其中包括《特殊空间绿化技术》（植被恢复技术）、《公路边坡绿化技术》、《景观仿真技术》，并且不断地制定高速公路绿化的十年技术及长期发展规划。在群体绿化方面制定了园林式绿化技术开发计划，包括《立体绿化技术》、《生态环境空间形成技术》，现在许多研究在世界各国已在推广应用之中。其具体措施有：为了融入自然景观，不破坏山体结构，减少填挖方工程，桥梁采用与周围环境协调的桥型；挡土墙、隧道洞口采用特殊工艺；设置防止发生碰撞的"动物专用通道"，努力保护动物的栖息场所；设置"动物诱导栅栏"，设置小动物可以逃脱的边坡测沟；采用了引诱小虫的道路照明设备；绿化区栽植与周围环境相同的树种；为使人与大自然融合，设置了散步的人行道、休息长凳等设施，设置了接近于大自然形态的停车带等。同时，对湿地的保护及生态绿廊的建设近年来已为全世界所瞩目。

总体来说，发达国家公路环境建设已从一般意义上的绿化，进一步发展到注重综合生态学功能、景观美化功能、交通附属设施功能等多功能结合，使公路与大自然融为一体，强调公路与自然的和谐，尊重自然、保护自然。

二、国内发展状况

与发达国家相比，我国公路的环境保护与景观设计研究工作起步较晚，且十分薄弱，其发展历史大致可以分为以下三个阶段。

20世纪80~90年代中期。我国高速公路主要位于沿海平原地区，高速公路的主要环境保护措施是路堤边坡绿化，没有建立起公路生态环境景观的概念。

20世纪90年代中期~21世纪初。山区高速公路得到大力发展，面临大量的路堑边坡，尤其是岩质边坡的绿化问题非常突出。在这一阶段，发展了较多的边坡绿化方法，如直接喷播绿化技术、挂三维网喷播绿化技术、挂土工格室喷播绿化技术、有机基材喷射绿化技术等。同时，环境保护的意识得以加强，公路生态环境和景观的概念得以提出，颁布了《公路环境保护设计规范》（JTG B04—2010）等标准，使公路的环境保护从单纯的绿化，发展到考虑水土流失、文物保护、水生植物和动物保护等更广泛的范畴。一些高速公路建设开始探索景观设计，考虑营造舒适的行车环境，引入当地人文资源，

构筑公路文化。

21世纪初至今。公路生态环境和景观得以强化，开始总结和反思已建山区高速公路存在的大填大挖破坏环境问题、安全问题和景观问题。特别是2004年以来，交通运输部在全国倡导公路建设新理念，强调用心设计、灵活设计，以安全为核心，以环境为重点，全面提升我国公路建设水平。2004年交通运输部颁布了《公路景观评价指标体系》标准，对公路景观提出了包括敏感性指标、阈值指标、生态美学价值指标、资源价值指标、视觉价值指标等在内的评价指标，于2005年出版发行了《新理念公路设计指南》，用于指导全国新时期公路建设。在这一阶段，开始学习先进发达国家公路建设的先进理念，公路景观设计得到了重视，并出现了一些典型作品。

四川川九路在建设过程中确立了“设计上最大限度地保护，施工中最小程度地破坏和最大限度地恢复生态”的原则，灵活运用公路建设标准，树立了我国山区公路建设的典范。

江苏宁杭高速公路在充分考虑平、纵、横断面相结合的同时，对自然环境、人文景观进行系统分析，努力保护和改善沿线生态环境，不仅使道路线形优美，还考虑了使用者的心理和视觉感受。

湖南临长高速公路在保障视野开阔、无安全隐患的前提下，因地制宜，整体规划，合理布局，采取点、线、面相结合，乔、灌、花、草科学搭配，使公路主体与周围环境协调统一。

云南思小高速公路穿越国家级热带雨林自然保护区，在“保护自然、回归自然、融入自然、享受自然”方面进行了成功的探索，隧道洞口“零开挖进洞”、利用正线路基作便道等措施严格控制了施工占地；对动植物严加保护，景观绿化因地制宜，最大限度地减少人工痕迹。

尽管我国高速公路景观研究水平得到了一定的发展，但整体水平仍然较低。建成后的公路从景观方面、与周围环境协调方面，以及地域文化的结合方面来看，同发达国家相比尚有较大的差距。

第二节　本篇阐述的主要内容

本篇以理论研究与案例分析相结合，以审美学、景观生态学、生态恢复学、行为心理学、交通工程学乃至系统论等诸多学科理论为指引，结合重庆绕城高速公路生态恢复与景观营造实践，遵循理论与实践密切结合的原则，阐述以下内容（图2-1-1）。

（1）探讨高速公路景观营造理念，将多学科的内容与景观生态体系进行整合，将美学、心理学、景观生态学、生态恢复学等融合贯穿到高速公路的景观营造中。

（2）以重庆绕城高速公路为依托，总结路域生态特点、生态恢复的思路和方法，对生态恢复的工程效益进行评估，展示生态恢复的典型案例。

（3）以重庆绕城高速公路为依托，分析沿线地形地貌、地质、气候等自然地理条件，沿线自然人文景观和民俗风情等社会条件，结合公路工程特点，划分景观段落，总结不同类型景观段落景观营造的思路和方法，展示景观营造典型案例。

（4）通过对绕城高速公路的生态恢复和景观营造实践，总结生态恢复和景观营造基本方法，为类似高速公路建设提供可借鉴的经验。

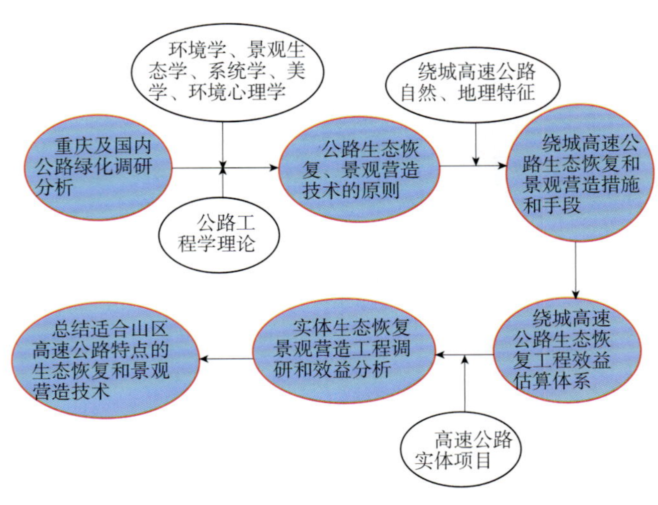

图2-1-1　总体思路

第二章　公路生态恢复与景观营造的理论基础

第一节　公路景观基本特征

一、公路景观基本概念

景观是指由地貌过程和各种干扰作用而形成的、具有特定结构功能和动态特征的宏观系统。在高速公路体系中，固定在特定线形上运动的使用者，通过各种感觉对景观产生生理及心理反映，这种反映通过“舒适”与否来表达，具体可以分解成三点，即：

（1）作为视觉审美的对象，景观表达了人与自然的关系。景观与使用者物、我分离，是一种欣赏与被欣赏的对象关系。

（2）作为人类活动的重要环境，景观是体验的空间。人在空间中的定位和对场所的认识，使景观与人、物、我一体。

（3）作为一种人类对环境理解的深化，景观是一种文化符号。它是历史与现实、个体与个体以及人类与自然之间相互作用关系在大地上的烙印。

由此不难发现，高速公路中的景观要素具有审美特征、体验特征、科学特征和含义特征。高速公路中的“景观”这一概念不是简单图案和样式的堆砌，而是一种诠释设计过程中对美的原则自觉运用后所获得的美感体验和认知。高速公路的景观是一种动态、连续的宏观系统，将研究重点侧重于自然性、生态和文化，能有效地降低人工构造物对人的审美体验造成的负面效应。

二、自然特征

任何人工结构物工程修建都会对自然带来一定破坏，产生负面效应，而这种破坏在高速公路体系中更为明显。研究高速公路的自然特征，实际上就是确定如何通过景观设计的方式将建设过程对环境的破坏尽可能降到最小，使建设过程与自然及生态过程相协调。这意味着在设计过程中要减少对地貌的破坏，尊重物种多样性和选择性，尽可能保持原有水土的自然属性，维持植物生境和动物栖息地的质量，以此来保证系统使用环境的健康。

在公路景观设计中考虑地貌地物的自然特征，不仅能有效减少对环境的破坏，而且可以利用自然因素使其作为整个设计的亮点。也就是说，融入自然特征的高速公路设计可以分为两个层次，其一是对高速公路自然效应的研究，以此来加强对自然资源的保护；其二是利用周围景观资源为公路使用者提供有兴趣的景观，充分利用树林、草地和起伏的地形等因素，力求将道路融合到周围环境中。在道路线形美学与生态自然因素之间寻找一种平衡点，减少对环境破坏的同时，还能顾及使用者的心理和视觉感受，做到“显山露水”，使高速公路真正做到源于自然、融于自然、高于自然。

三、文化特征

高速公路的文化特征与公路的动态性和流动性特点紧密相关，可以从空间和时间两个层面来理解。从空间上看，它是不同的、静止文化的联系纽带。高速公路连接众多不同的区域节点，既然是不同区

域，就理所当然拥有各自不同的文化特色，公路不仅连接了这些节点，同时也为众多的文化提供了一个融合交流的通道。从时间上看，高速公路的文化内涵并不是一个静止的概念，宏观上有过去、现在和未来之别，微观上随着运动时间的变化发生更改和迁移。因此，应该动态地看待文化特征，把积淀于人们心中有关道路在不同时间因素下的记忆片段或憧憬用设计的语言加以物化表达。

人在线域进行高速流动的同时必然会与环境进行文化交流，这就要求在营造公路景观时，一方面对道路的这种特性充分予以体现，通过对地域文化的挖掘来反映文化特征的差异性；另一方面也要注意文化特征表达的频率和方式，以减少现代化的高速公路导致的文化趋同现象。

第二节　公路景观与相关学科的关系

一、公路景观与美学

从直观表现来看，高速公路的美学特征主要是形式美和抽象美。形式美主要由两部分组成：一是审美对象自身的物质属性，另一种是审美对象物质材料的组合规律；而抽象美则是源于生活的一种美学提炼，它比形式美富有更深一步的审美内涵。高速公路景观建设是一种人为创造美的过程，需要每个设计者深刻理解并自觉运用美学的形成条件及规律，创造出宜人的立体空间环境。

（一）形式美

要营造让人赏心悦目的景观，对景观环境美的理解就不能停留在表面的、肤浅的层次上，要充分认识到“空间”是景观环境的主角，景观环境是由各种要素交织融合而成的空间环境，是由各种要素所表现出来的形体所构成的。这些要素的不同组合、不同形象、不同材质会给人以不同的感受。如何组织这些要素创造优美的景观，构成秩序的空间，长期以来人们一直在苦苦地探索、总结美的造型规律——形式美的原则。而古今中外的景观设计，不论其本身情况怎样，也不论其环境形式上有多么大的变化和差异，一般都会自觉或不自觉地遵循形式美的规律。

1. 统一与变化

统一与变化是形式美的主要内容，统一意味着部分与部分及整体之间的和谐关系；变化则表明其间的差异，意味着多样性。所谓的多样统一就是在整体的统一中寻求有秩序的变化，要求形与形之间既要有不同的要素加以区别，又要有共同的要素加以沟通，从而形成完整的新形。若仅有多样性就会显得杂乱而无序，仅有统一性就显得呆板、单调。进行高速公路的景观设计时，要求统一，但又不能千篇一律。而是要在统一的主题下表现出各自的特色和韵味，适当的变化，如景观的色彩以及线形的弯曲、起伏等，都会使驾乘人员在行车途中感受到沿途景观的节律性、多变性，产生愉悦的心理，达到消除疲劳、提高行车安全的目的。

在高速公路的景观设计中，要达到多样统一性需要掌握好一个度的问题。例如在进行中分带绿化时，若过分地要求统一，整条路段采用相同的植物、相同的高度、相同的配置方式等，那不仅会使整个景观显得单调乏味，缺乏表情，长时间在这样的景观中行驶还会使驾驶人员产生视觉疲劳，甚至导致严重后果。相反，若过于追求变化，会显得杂乱无章，给驾驶人员带来不便，必须在这两者之间寻找到合适的平衡点。

2. 主体与从属

在景观环境中，首先确定一个主体要素来支配和控制整个空间，这种起主导作用的要素，或通过造型的独特，或通过体量的庞大，或通过色彩的强烈等方式，获得视觉上的冲击力，而其他要素都处于从属地位。在高速公路景观设计中，主要部分或主体与从属体应该由其功能及使用要求决定，主要

部分即整个道路部分成为主要布局中心，中分带、边坡、路侧绿化带等处再确定出次要布局中心。次要布局中心既有相对独立性，又从属于主要布局中心，彼此相互联系，相互呼应。

鉴于以往的公路景观设计实践，在处理公路与周围环境景观设计之间的关系时，整体上采用左右对称构图形式比较普遍。所谓的对称构图形式是指：采用一主两从或多从的结构，将主体部分即高速公路位于中央，其他部分作为陪衬。这样可以使公路成为整个环境中的视觉中心和趣味中心，产生强烈的视觉吸引作用。而非对称的形式比较自由、活泼，具有视觉能动性和主动性，处于动态和变化中，充满生机和活力，比对称形式更加灵活，能满足不同功能、空间的各种条件，因此，在局部采用非对称形式，可以使景观在均衡中更具有动感。

3. 对比与调和

对比、调和是艺术构图的一种重要手法，它是运用布局中的某一因素，如形状、色彩等程度不同的差异，取得不同效果的表现形式。差异程度显著的表现称为对比，能彼此对照，互相衬托，更加鲜明地突出各自的特点；差异较小的表现称为调和，使彼此和谐，互相联系，产生完整的效果。设计时要在对比中求调和，在调和中求对比，使景观既丰富多彩、生动活泼，又突出主题，风格协调。

对比与调和只存在于同一性质的差异之间，如体量的大小，线条的曲直，颜色的冷暖、明暗等，不同的性质之间不存在对比与调和，比如体量大小与颜色冷暖就不能比较。对比的手法很多，借鉴园林景观设计的已有基础，结合高速公路的具体特性，可用手法有：色彩的对比调和、开闭的对比调和、方向的对比等。

4. 韵律与节奏

在视觉艺术中，韵律是任何物体的各种组成元素呈系统重复的一种属性。一般的理解是：具有良好的重复称为具有节奏感，同样具有良好的节奏，一般称之为具有韵律感。只有简单重复而缺乏有规律的变化，就令人感到单调、枯燥，而有交替、曲折变化的节奏就显得生动。借鉴园林设计理念，结合高速公路自身特点，高速公路景观营造中可用的韵律节奏方式有简单韵律、交替韵律、渐变韵律、交错韵律。

5. 比例与尺度

比例是控制景观自身形态变化最基本的手法之一，正确地确定景观比例，可以取得较好的景观视觉表现效果。尺度指人与他物之间所形成的数比关系。例如，人站在天安门广场之中，这时人与广场就形成了尺度关系。由于高速公路景观的特殊性，行驶速度快，驾驶人员的注视点远，视野狭小，对沿途景观的感知比较模糊，因此其尺度控制在高速公路景观设计中尤其重要和关键。视觉比例原理告诉我们，高速公路使用者对公路的视觉印象除了取决于构成公路本身及绿化等的基本尺度以外，还取决于它们之间的布局手法，即相互对比关系。这种对比关系对于视觉上的美感有很重要的影响。因此，在高速公路的景观设计中，在满足使用者行驶中视觉需要的同时，必须注意视觉比例的协调，使高速公路的景观设计匀称、协调，其内部、外部都保持适当的视觉比例，最终为高速公路的使用者创造出一个与周围环境、周围景观密切结合，并符合视觉比例需求的完美整体空间结构。

6. 联系与分隔

分隔就是因功能或者艺术要求将整体划分为若干局部，联系却是因功能或艺术要求把若干局部组成一个整体。联系与分隔是求得完美统一布局的重要手段之一。景物的体形和空间组合的联系与分隔，主要决定于功能使用或者遮挡、吸引视线的要求，以及在此基础上的布局要求。不论是联系还是分隔，都是为了达到景观完整的目的。有时候路侧自然或人文景观在短时间内形成截然不同的风格，容易造成不完整的效果，若不考虑两者之间的联系或分隔，往往显得很生硬。为了取得联系的效果，可以在景物与空间之间安排一定的轴线和对应关系，形成互为对景或呼应。

（二）抽象美

抽象美是现代派艺术突破传统形式美最常用的技巧和手法，它主要体现于造型艺术领域。这种美学思想既不是现实物象的再现，也不含有明确的象征喻意，主要通过一些线条、色彩和几何图形等来造型，康定斯基把它称为“无物象的表达形”，但它仍然具有象的时空属性和感性外观。

抽象美学可以超脱真实物象的约束，又给人们留下了朦胧、模糊的艺术意蕴，可以任凭欣赏者去自由地猜测、想象。从某种角度看，抽象艺术近似于梦幻，它只给人一点暗示，引起人的理性思索。抽象美对待形式与形式美走上了两个极端，一个是极端强调形式与形式美，完全否定形式与内容的联系；另一极端是否定传统的形式与形式美，标新立异，创造出怪诞、失衡、扭曲、变形等新形式。

这种美学思想追求标新立异，对传统的艺术美或形式美既是一种猛烈的冲击，也是一种改造、革新。在进行高速公路景观设计时，应充分发挥抽象艺术的感化作用，使其成为沿线凝固的音符、立体的诗。高速行驶时，具体的景观细节不易被人们所感知，合适尺度的抽象雕塑、跨线天桥或收费亭能更好地传达感情。当然，也要尽量避免对传统美的过分否定，避免对艺术常规的彻底背弃而产生的许多怪诞、畸形、毫无审美价值的丑陋作品出现。

二、公路景观与环境心理学

环境心理学是涉及人类行为和环境之间关系的一门学科，其研究人与环境的相互作用。在这个作用关系中，个体改变环境，反过来个体的行为和体验也被环境所影响。研究环境影响心理的目标一方面是了解“人—环境”的相互作用关系，另一方面是利用相关知识来解决复杂多样的环境问题。与审美心理学相比，环境心理学研究的内容不仅仅是单纯的审美心理影响，而是更注重整体环境的行为影响，因而其内容更广泛、更具体。在高速公路景观体系中，环境心理学的分析有助于了解使用者与所处的高速公路景观环境之间的交互影响关系，提升环境景观设计品质。

1. 环境特征

高速公路具有环境多元化和时空多维性的特点，公路系统区域内的土壤、水文、气象、地形条件的跨度差异决定了护坡、涵洞、桥梁等结构物以及植被、种植方式和绿化方式等元素的布局特点。不同的环境特征提供了丰富的景观设计元素，同时也为道路使用者提供了丰富的感官体验。

从环境心理上来看，人在使用道路的过程中必须把道路的指向性和景观设计相结合，缜密处理复杂道路使用者的心理。环境特征的充分利用能与人的心理等多方面需求相呼应，消除那种把使用者约束在道路上机械前进的情形。类似于城市环境认知图的分析方式，公路景观设计中往往以静态的角度来分析环境的特点，从宏观上总体布局、从微观上调整细节。根据因地制宜、因势利导的原则，以实际的地形、地貌来建立景观载体，从时间和空间上的远近结合来构建公路景观序列。

2. 个体差异

不同的人在同一个环境下对环境的理解不同，这种认识因社会、阶层、民族、时代、地区及联想力、功利要求等的不同，具有复杂性和多元性的认识特点。景观序列的内容会促进使用者对道路环境探索的兴趣，这种兴趣以个人的感觉机制和状态为基础。

当使用者在道路上高速行进时，个体对环境景观的差异性通过个人选择的方式体现出来。基于高速公路高速流动的特点，个体往往只对丰富复杂形式的景观产生吸引，并根据自身特征来过滤一般信息，然后选择自己认为符合自身审美情趣的景观来欣赏，并产生相应的行为心理反应。

3. 环境应激

公路使用者的审美心理与环境的刺激有重要的关系，人对景观意境的感受多数由心理感受引发，由景及物、由物及人、由人及情，道路使用者在使用过程中不同的景观会产生一个心理环境，刺激主体产生自我关照、自我肯定的愿望，并在审美过程中完成这一愿望，表现在实际中，对意境的感知是直觉的、瞬间产生的“灵感”。

环境应激实际上是人与环境进行信息交流的过程，景观设计过程中合理融入沿线的人文元素，能使使用者产生对环境的认同感和亲切感。此外，公路景观设计如果单调、枯燥，会造成使用者感知信息不足，进而影响使用者的情绪；过于复杂和花哨会造成感觉超载，给使用者的心理造成复杂感，影响行车安全。因此如何把握环境与人的心理平衡是公路景观设计需要注意的问题。

4. 动态特征

动态特征是公路系统中最具特质的特征。由于公路使用者是在高速行进中来观察周围景物，因此运动和变化更能影响感官心理。环境主体（人）快速运动而造成的客体相对运动，会引起人对无意注意和小意识的反映，这对感知环境整体、确保自身安全和保持心情安宁具有重要的意义。

公路的动态特征应该保持连续性和自然性，景物在视域内出现的几率、形式等对心理的影响都有重要的作用。路旁过大的标志、标牌，道路、隧道不自然的视觉过渡和渐变，都会对视觉和心理造成影响。此外，高速行进中受到某些要素的影响，视觉会产生某些错觉，在特定背景条件下，图形的非常规变化、心理惯性的影响，会使人对形态的把握产生偏差。

三、公路生态恢复与景观生态学

景观生态学（Landscape Ecology）是研究在一个相当大的区域内，由许多不同生态系统所组成的整体（即景观）的空间结构、相互作用、协调功能及动态变化的一门生态学新分支。景观在自然等级系统中一般认为是属于比生态系统高一级的层次，景观生态学以整个景观为研究对象，强调空间异质性的维持与发展，生态系统之间的相互作用，大区域生物种群的保护与管理，环境资源的经营管理，以及人类对景观及其组分的影响。

景观生态学的生命力在于它直接涉足于城市景观、农业景观、公路景观等人类景观课题。Naveh和Lieberman（1984）指出：景观生态学是生物生态学和人类生态学的桥梁。为人类建设的可持续发展，更好地研究景观生态的基本原理，并以此来指导高速公路的建设是非常有必要的。

高速公路的修建实际上是对自然生态系统的人为破坏，要使破坏的生态系统重新发挥作用，这就不能不与生态恢复学产生关系。生态恢复是帮助研究生态整合性的恢复和管理过程的科学，生态整合性包括生物多样性、生态过程和结构、区域及历史情况、可持续的社会实践等广泛的范围。与自然条件下发生的次生演替不同的是，生态恢复强调人类的主动作用，事实上人类活动对所用生态系统均一定程度上产生影响。我们从生态平衡的观点转向动态的观点看生态恢复，包括结构、干扰体系、功能随时间的变化。生态恢复促进了乡土种、群落，生态系统，可持续文化的繁荣。

生态系统退化的直接原因是人类的活动，如高速公路的修建使沿线生态破坏，同时部分退化来自自然灾害，或两者叠加。由于社会经济文化的需要，往往会对退化的生态系统制定不同水平的恢复目标，主要包括：

（1）实现生态系统地表基地稳定性；

（2）恢复一定的植被覆盖率和土壤肥力；

（3）增加种类组成和生物多样性；

（4）实现生物群落的恢复，提高自我维持能力；

（5）减少或控制环境污染；

（6）增加视觉享受。

生态恢复学必须遵守一定的原则，如地理学原则、生态学原则、系统学原则以及社会经济技术原

则等。通过确定恢复对象的时空范围，评价样点并鉴定其退化的原因，找出控制和减缓退化的方法，根据社会、经济、文化等条件制定恢复目标与测量成功的标准，发展大尺度下完成有关技术的方法，广泛用于推广实践，同时及时与有关部门交流协商，根据监测情况随时作出适当调整。

生态恢复往往并不能恢复到要求的完全理想状态，恢复了生态系统的基本功能即是一个成功的恢复。在高速公路中，需要通过景观设计达到生态景观恢复的目的，也就是通过人为设计帮助自然的恢复，弥补基因的不足，缩短恢复的周期，实现所在区域的可持续发展。

第三节　公路生态恢复与景观营造的基本原则

高速公路的景观营造既是对旧有元素的改造和利用，也是对新元素的开发和创新，它对于沿线景观资源的审美情趣和视觉环境质量的提升有非常重要的影响。确定合理的原则，对生态环境、自然资源及文化资源的持续发展有着非常重要的意义。

一、以人为本的原则

对于高速公路来说，为使用者提供安全、舒适、快捷的服务是其最基本的功能之一，这本身就是一种以人为本精神的体现。景观营造作为一种追求人与自然之间的变化与控制，新与老之间平衡的一种环境艺术，是研究如何安排高速公路用地及用地上的物体和空间来为使用者创造安全、高效、健康和舒适的行车环境的科学和艺术，因此更应该充分贯彻这一原则。

在高速公路景观营造中体现以人为本的精神，即是突出体现公路的主要服务对象为“使用者”，处处从方便人的使用这个角度来考虑。高速公路的景观营造应该体现出对人的理解和关怀，从宏观到微观充分满足使用者的需求，大到景观的总体规划，小到服务设施的配置、标志牌的设计等都要从人的角度出发，让以人为本的原则贯穿渗透到景观营造的每一步，满足人的各种生理和心理需求。

二、尊重自然原则

大自然中的万物构成了地球上互相联系的生命之网。人来自于大自然，是大自然的有机组成部分，是世间万物生态链条中的一环，是生命之网中的一个节点。人与自然万物唇齿相依，息息相关，一旦生态链条断裂，生命之网支离破碎，人类将无法生存。因此，应倡导建构尊重自然、爱护自然、与自然和谐相处的环境伦理精神，认识到大自然的神圣性，恢复大自然的尊严，重新确立对自然环境的态度，从大自然的征服者转变为大自然的朋友。这并不表明人类倒退，而是人类对大自然原有认识的扬弃，是人的精神在更高起点的回归。

公路景观营造应注意对沿线生态资源、自然环境及人文景观的保护和利用，从空间和时间上规划这一特殊的生活空间，保证沿线的环境能够保持持续的、稳定的发展态势，最大限度地模仿自然，减小人为痕迹，使得人们在设计和施工中，对自然的干扰、破坏控制在最小的限度内。国外发达国家在从边坡防护方式到互通立交区的绿化栽植，从绿化植物种的选择到标志、护栏材料的使用等方面均体现出对周围自然环境的尊重与模拟，使公路工程充分融入到周围自然环境中，公路使用者甚至无法感觉到公路的存在，仿佛公路本身就是自然的一部分，而非后天修建。

三、因地制宜原则

所谓的因地制宜，即是根据不同地区特点，规定适宜的办法。我国幅员辽阔，地形复杂，气候多样，历史文化、民族文化丰富，在进行高速公路景观设计时，公路途经地区的这些具体特点都应充分考虑。设计应该坚持因地制宜，根据高速公路所处地区的地理位置、气候特点、资源与人文环境，选择合适的绿化植物，确定合理的绿化方案。将感性与理性、形式与内容相结合，规律性与目的性相统一，尽量做到与自然环境相适应，使公路使用者获得线形的连续，以及自然的空间过渡之感，使公路顺畅延展于优美的自然环境之中。

四、经济性原则

高速公路景观设计应该考虑经济因素，并以此区分工作的侧重点。对于林林总总的景观要素，人的认知和被吸引的程度具有很大差异，因此，景观设计不应将精力过分耗费在对使用体验不明显的因素或刻意追求细节上，而应当在合理的经济条件下保证景观资源的合理利用与开发，创造经济又实用的景观体系。

第三章　公路路域生态恢复技术

公路路域生态恢复技术是指采取人为设计手段，根据公路建设和养护特点，在尊重自然生态演化的基础上，综合运用工程措施、生物措施，在完成公路建设的同时，对路域生态环境进行恢复或重建，使生态系统恢复或融合到受干扰前的原有生态环境，达到公路建设与生态景观和谐统一的工程技术。路域生态恢复以植被恢复为核心，以公路景观与周边自然环境融合为特色，通过生态技术和土木工程技术的有机结合，使公路路域生态系统得到保护，使公路交通服务功能和交通安全得到提升。

第一节　重庆绕城高速公路路域生态特点

重庆绕城高速公路所经地区主要为浅丘、中丘、河谷和低山，以典型的农作物和经济林相间为主要特征。在河谷、浅丘地带主要以农作物为主，中丘地带主要是农业植被和乔木灌木次生林，在低山上为天然次生林和人工林，主要有马尾松群、慈竹林。主要群落有农作物群落、人工林群落、果园群落，此外还有散生林木和人工行道树、灌草丛等，其中常绿阔叶林、常绿针叶林占优势。大型野生动物及受国家保护的国家珍稀濒危物种基本没有，动物以家畜家禽为主，间有少量的鸟类和小型哺乳类动物。

一、路域植被群落特征

（一）植被群落类型

重庆绕城高速公路沿线有着丰富的自然生态，区域内植物资源丰富，主要植被类型为亚热带常绿阔叶林、常绿阔叶林和针阔叶混交林。

1. 阔叶林

阔叶林包括亚热带常绿阔叶林、亚热带常绿与落叶阔叶混交林和亚热带落叶阔叶林，多为人工林。其中，亚热带常绿阔叶林为地带性植被，主要由壳斗科（Fagaceae）、樟科（Lauraceae）、山茶科（Theaceae）、木兰科（Magnoliaceae）等常绿阔叶树种组成，灌木层多为杜鹃属（Rhododendron）、山茶属（Camellia）、新木姜子属（Neolitsea）等，草本层一般以蕨类植物（Pteridophyta）为主，其次为莎草科的苔草（Carex baccans）、禾本科的淡竹叶（Lophatherum gracile）等。

主要植物群落类型有常叶阔叶林，以香樟—细叶冬青—狗脊为主，混生着润楠、川桂、母荷等。灌木多为细叶冬青、油茶等；草本有狗脊、毛藤、麦冬等。

以柏木—黄荆—白茅为主的柏木林和疏林，混生有少数黄连木、臭椿、棕榈等。灌木和草本为黄荆、马桑、南天竹、白茅等。

2. 针叶林

针叶林多为残存的自然植被，主要有马尾松林（Form.Pinus massoniana）、杉木林（Form.Cunninghamia lanceolata）等，常混入常绿或落叶阔叶树种，如楠木、栲、栎等科属；灌木层常见种类有：柃木（Eurya japonica）、黄荆（Vitex negundo）、杜鹃（Rhododendron simsii）、水竹（Phyllostachys heteroclada）、冬青

（Llex chinensis）等；林内草本较复杂，有醉浆草（Oxalis corniculata）、苔草、里白（Hicriopteris glauca）、芒萁（Dicranopteris dichotoma）、蕨（Pteridiumaquilium var.latiusculum）、白茅（lmperata cylindrica）、芒（Miscanthus sinensis）等科属植物。

主要植物群落类型以马尾松—映山红—铁芒为主，是常绿阔叶林逆行演替后的马尾松次生林。结构简单，树种单一，其中夹有少量的杉、柏针叶树和栎类，灌木有映山红、铁仔等，草本以芒为主。

3. 竹林

主要种类有刚竹属（Phyllostachys）、慈竹属（Neosinocalamus）等，其中以楠竹（Phyllostachys heterocycla）、水竹、慈竹（Neosinocalamus affinis）、硬头黄（Bambusa rigida）等分布最为普遍，常混有马尾松、杉、柏等常绿针叶林，灌木层不明显。图 2-3-1 为重庆绕城高速公路南段芋儿湾大桥段竹海。

图 2-3-1　重庆绕城高速公路南段芋儿湾大桥段竹海

4. 阔叶灌丛

区域内灌丛多为退化的次生类型，黄荆灌丛（Form.Vite negundo）、盐肤木灌丛（Form.Rhus chinensis）、构树灌丛（Form.Broussonetia papyrifera）、刺槐灌丛（Form.Robiniapseudoacacia）、马桑灌丛（Form.Coriaria nepalensis）、映山红灌丛最为常见，分布的海拔范围也较大，占区域内灌丛的绝大部分；此外，还有楝树幼株灌丛、水竹灌丛、毛桐幼株灌丛及混杂灌丛。

5. 草丛

草丛类型中最常见的是白茅草丛（Form.Imperata cylindrica）、扭黄茅草丛（Form.Heteropogon contortus）、野菊花草丛（Form.Flos chrysanthemi）、野青茅草丛（Form.Deyeuxia arundinacea）、羊茅草丛（Form.Festuca ovina）、芒草丛（Form.Miscanthus sinensis）等，绝大多数为退化荒坡上演替的先锋群落。

（二）优势乡土树种

重庆绕城高速公路沿线自然植被群落的优势乡土树种如下。

（1）乔木或小乔木：马尾松、刺槐、构树（Broussonetia papyrifera）、桉树（Eucalyptusspp）、杉木、香樟（Cinnamomum camphora）、侧柏（platycladus orientalis）、楝树（Melia azedarach）、黄葛树（Ficus virens var.sublanceolata）、小叶榕（Ficusmicrocarpa）等。

（2）竹类：水竹、楠竹、慈竹、硬头黄等。

（3）灌木及乔木幼株：黄荆、构树、盐肤木（Rhus chinensis）、毛桐幼株（Mallotus barbatus）、刺槐幼株、金樱子（Rosa laevigata）、马桑、铁仔（Myrsine africana）、火棘（Pyracantha fortuneana）、山莓（Rubus corchorifolius）、胡枝子（Lespedeza bicolor）、异叶鼠李（Rhamnus heterophylla）、栀子花（Gardenia jasminoides）、展毛野牡丹（Melastomanormale）、野蔷薇（Rosa multiflora）等。

（4）层间藤蔓植物：海金沙（Lygodium japonicum）、菝葜（Smilax china）、律草（Humulus scandens）、三裂叶蛇葡萄（Ampelopsis delavayana）、葛藤（Pueraria lobata）、香花芽豆藤（Millettia dielsiana）、金银花（Lonicera japonica）、落葵薯（Anredera cordifolia）、油麻藤（Paederia scandens）等。

（5）草本：野菊花（Flos chrysanthemi）、白茅、芒、艾篙（Artemisia argyi）、羊茅（Festuca ovina）、扭黄茅（Heteropogon contortus）、狗牙根、马唐（Digitaria sanguinalis）、鹅观草、鬼针草（Bidens pilosa）、求米草（Oplismenus undulatifolius）、野青茅（Deyeuxiaarundinacea）等。

二、农业生态环境与野生动物资源

重庆绕城高速公路东段、西段地形较平缓，农业经济发达（图 2-3-2），耕地为水田和旱地，多水塘、稻田、湖泊、果园和苗圃，自然风光优美，为重庆休闲、观光旅游基地。绕城南段、北段横穿山脉，地形起伏大，多林地，耕地以旱地为主。主要粮食作物有水稻、小麦、玉米；果树有枇杷、葡萄、橘树；苗圃植物有黄葛树、天竺桂、毛叶丁香等；林地以竹林、桉树林为主。

a）

b）

图 2-3-2　重庆绕城高速公路沿线农业环境

大型野生动物如虎、豹及受国家保护的国家珍稀濒危物种基本没有，但仍有野兔、松鼠、野鸡、野猪等多种小型哺乳类动物出入。沿线多家畜家禽，如鸡、鸭、鹅、猪、水牛、山羊等，间有少量的鸟类、昆虫。

三、土地利用及水土流失

1. 沿线土壤情况

绕城高速公路地区土壤均属于铁铝土纲。铁铝土是亚热带的主要土壤类型，其共性是：在湿热条件下土壤矿物质强烈分解，盐基和 SiO_2 都遭淋失，铁铝氧化物则相对富集，土壤呈红色或黄色，酸性反应。由于重庆处于高温多湿状态，又有不同高度的山体，其水热状况重新分布，形成不同类型的铁铝土，细分类别为红壤和黄壤，呈弱酸性或中性，质地肥沃。

2. 土地利用情况

绕城高速公路途经大量农田、居民区和经济开发区，土地资源十分紧张，永久占地 20 343 亩，临时占地 2 118 亩。对土地利用的影响主要是占用耕地（共占用耕地 18 484 亩），其中受其影响最大的是旱地（共占用 9 835 亩）、水田（共占用 8 649 亩），其他依次为果园、林地、荒地、宅基地、鱼塘、水塘。各地区未利用土地较少，人均耕地占有较少。

3. 项目区水土流失特点

水土流失呈线状分布。该项目主要经过丘陵和低山地区，现状植被覆盖良好，水土流失轻度，公路建设需要扰动土地，破坏部分植被，有潜在的水土流失危险。

主要受水力侵蚀作用。研究区的土壤侵蚀类型主要表现为水力侵蚀，其形式以面蚀和沟蚀为主；局部有重力侵蚀发生。另在施工过程中，山体开挖和填筑边坡在降雨径流冲刷、渗透作用下，破坏了原有的土体平衡状态，易造成水土流失。

工程大规模扰动地貌。公路施工扰动地表，使公路及周围地区的土壤结构和植被覆盖遭到破坏，加剧了水土流失。

工程土石方量大。本项目弃方量大，造成大面积的裸露边坡和松土，极易造成水土流失。

第二节　公路路域生态恢复思路与途径

一、生态恢复的思路

随着社会的发展，人类对环境影响的程度和范围不断加大，对可再生资源的过度利用，使得许多类型的生态系统出现严重退化，进而引发了系列严重的生态问题，如环境污染、森林破坏、水土流失等，对人类的生存和经济的可持续发展构成了极大的威胁。为了防止自然生态系统的进一步退化，绕城高速公路在建设中就特别注意恢复和重建已经受损的生态系统。

绕城高速公路恢复的主要目的是建设一个生物多样性、稳定性和持续性的生态系统。在进行路域生态恢复工作时，遵循整体性原则、最优化原则、可持续发展原则。

1. 整体性原则

整体性原则是体现路域生态系统观的首要原则。在公路建设生态设计阶段，从设计方案上体现整体性原则。认识到路域生态系统边界的模糊性，进行生物群落结构、食物链以及绿化等设计时，将设计方案建立在系统观、自然观、生态观、社会经济观基础上，保证路域生态系统既能最大限度地满足人类文明与社会发展的需求，又能使路域生态系统在保持原质、创造新质的发展中有序演化。对于已产生的负面影响，同样从路域生态系统整体功能的良性发育出发，使重建工作建立在科学合理的总体治理方案基础上。

2. 最优化原则

所谓最优化原则，是指路域生态系统的演化能最大限度地发挥其各种有益的功能，创造最佳的社会、经济和生态环境效果。要求对路域生态系统的建设实现最优规划、最优设计、最优控制、最优管理。在生态恢复治理中，按照生物多样性和稳定性的原则，按照乔灌草、多林种、多树种相结合的原则，确实保证群落的多样性、稳定性和持续性。

3. 可持续发展原则

可持续发展是当今世界面临的一个挑战。由于全球性的人口激增，资源枯竭，环境恶化，对人类社会的可持续发展构成了严重的威胁，已成为人们普遍关注的焦点问题。把可持续发展作为路域生态系统建设的原则之一，其意义在于通过这一基本原则规范路域生态系统的建设目标，规范一切公路建设活动的目标，以保证资源的永续利用，保障社会的可持续发展。坚持可持续发展原则，在路域生态系统的建设工作中，树立节约意识，用长远的、发展的眼光看问题；克服“近水楼台先得月”、“靠山吃山、靠水吃水”这种在原始自然意义上形成的资源利用“原则”，实行资源的合理分配。

二、生态恢复的途径

众所周知，对任何一个退化的生态系统进行生态恢复工作都不是一朝一夕就能完成的，而是要经历一个漫长的过程，少则几十年，多则上百年。要使路域生态系统最终实现预设的目标，生态恢复的思想就应贯穿道路建设的全过程，打破“先施工后绿化、先破坏后恢复”的传统思想。在公路规划设计、建设过程中和建设完成后，都要将自然生态系统和人工生态系统进行有机结合。生态恢复主要有

以下几个途径。

1. 保护原生自然植被资源

在路线方案研究阶段，充分重视植被保护问题，不穿越风景名胜区，注意结合自然，不破坏景区景观。路线的走向及主要控制点的设置应尽量避绕敏感、珍贵物种，减少对森林植被的破坏，避免造成水土流失，影响沿线动植物生长。在保障运营安全的前提下，高速公路设计以运行速度为指导，灵活、合理地运用路线平、纵线形指标，尽量减少高填、深挖，努力将对自然植被的扰动、破坏控制在最小程度。绕城高速公路在施工前期就对区域内大树、桥梁、隧道口附近的植被进行保护（图2-3-3），在没必要砍伐的区域尽量做好保护，以保证植被的自身修复，并将红线区域内的灌木移至弃土场内栽植。

a）

b）

图 2-3-3　原生植被的保护

2. 人为辅助恢复

生态系统的受损是超负荷的，并发生不可逆的变化，只依靠自然力很难或不可能使系统恢复到初始状态，必须依靠人为的一些正干扰措施，才能使其发生逆转（图 2-3-4）。如开挖造成的砂质边坡、中央分隔带、填石路堤等，由于生境条件的极端恶化，只依靠自然力进行围栏封育是不能使植被得到恢复的，只有人为地采取植被固坡和植树种草措施才能使其得到一定程度的恢复。

图 2-3-4　W2K57+500 左侧弃土场植物移栽

绿色植物不仅能够防止水土流失，而且能够净化空气，保护环境，因此路域植被恢复是路域生态系统恢复的基础与核心。路域植被恢复技术即指与路域植被系统恢复有关的技术，如群落设计、物种选择、客土技术以及各种人工、机械建植技术等。

绕城高速公路在公路两侧栽植速生植物，尽快形成绿色通道；而在取弃土场采用撒播耐旱、耐瘠的早熟禾、紫花苜蓿，以尽快固持土壤，恢复植被。在互通区、隧道口、中分带、服务区绿化则采用人为创造为主，栽植园林绿化物种，如雪松、银杏、香樟、月季等，使乔灌花卉合理搭配，取得立体绿化美化效果。

为提高植被的保水保土效益，加速生态系统恢复与重建，植被营造时应采取乔、灌、草相结合，高矮搭配的原则，进行合理配置和优化布局。树种选择上遵循适地适树原则，选择乡土、速生物种，并分析所选物种的植物学特征和生物学特性，参照植物群落演替规律确定植物种群组合。

第三节　公路路域生态恢复的植物选择

一、植物选择的原则

高速公路绿化植物品种选择遵循“生态优先、因地制宜、适地适树”的原则，选择适合当地土壤、气候条件，耐瘠薄、抗旱性强，根系发达、分蘖力强的树种，以选择乡土树种为主。

1. 生态优先

绕城高速公路建设规模大，占地面积大，施工后对所占土地及周边自然环境造成严重的破坏和影响，而绕城高速公路绿化从设计前期收集资料到开展设计，不仅仅局限在美化道路本身，还特别注重对被破坏的自然环境进行生态补偿。在高速公路建设用地允许的范围内，植物选择乔灌草（特别是生态效益最优的乔木）的组合模式，保证绿地上拥有尽可能多的绿量，绿量还通过冠幅伸展到绿地以外，进而实现最大限度的生态效益。

2. 因地制宜

高速公路的绿化，各个区域的功能有所不同，中央隔离带的主要功能是防眩、引导视线，保证行车安全；路侧绿化是为了更好地诱导视线，保障安全。边坡防护的主要目的是复绿、保持水土。互通立交区绿化设计在体现主题的同时，确保行车视线通透，突出场地内的交通标志，确保行车安全。因此，树木种植要讲究艺术性，并尽量与路边缘保持一定距离。服务区是对景观效果要求最高的区域，设计时需要结合周边环境，通过借景来丰富景致，参照市政绿化较高标准设计。在营造优美植物景观的同时，布置亭、廊等休闲设施，园林观赏小品，提升该区域的观赏性、休闲性。

因此，植物配置形式、品种选择应根据不同的功能需求来进行选择，与此同时，还要根据不同区段所在地区的气候条件、土壤条件挑选体现地方特色的植物。

3. 适地适树

简言之就是选择适合区域内生长的物种。植物应以乡土品种为主，结合景观要求和市场供应量，选择粗生、抗逆性强的品种，所选植物应具备成本低、成活率高、抗逆性强、养护管理要求低等优点，可在该地区优势乡土树种中选择。

二、植物组合模式

高速公路绿化场地类型主要有平地和坡地两种形式。公路两侧、中央分隔带、服务区等属于平地类型；路堑边坡、路堤边坡属于坡地类型；隧道口、立交区等属于坡地和平地的组合。在确定植物配置方式时，要运用景观生态学原理，结合绿化立地条件，充分利用公路用地范围内可绿化用地，选择适宜生长的植物，且配置要有层次、有厚度、有联系，要考虑植物的高度、冠形、叶形叶色、枝叶开张角度和茂密程度等，使植物高低错落有致，乔木、灌木、藤木、花草等植物配置有序，各占其合理的空间位置，常绿植物、落叶植物合理搭配，并强调立体效果。

（1）平地植物配置模式：由于回填种植土，植物生长条件相对较好，公路两侧、服务区等采用高大乔木、小乔木、灌木、地被、草本进行搭配，营造出高低错落、疏密有致的景致。中央分隔带则考虑安全问题，以小乔木、灌木栽植为主。

（2）坡地植物配置模式：由于挖方边坡土壤条件差，养分含量少，保水性能差，植物以灌木、小乔木栽植为主。填方边坡以乔木和草本为主，起保持水土、固土护坡的作用。

三、重庆绕城高速公路的植物选择

路域生态恢复工程技术的重点是植物的选择。绕城高速公路立地条件十分复杂，要实现高标准的绿化，就应当在充分了解高速公路立地条件和市场供应量的基础上，科学进行适生植物的选择，根据不同位置和立地条件，采取合理的植物配置模式，以达到科学性和艺术性、超前性和可操作性的统一。绕城高速公路主要备选植物见表 2-3-1。

绕城高速公路主要备选植物　　表 2-3-1

位　置	分　类	主体植物	点缀植物	孤植植物
路堑边坡	乔木	刺槐（种子）、栾树（种子）、黄葛树（干径 3cm）	黄花槐（干径 3cm）	黄葛树（干径 15cm）
	灌木	黄荆、紫穗槐、银合欢、多花木兰、海桐（冠 0.5m，高 0.5m）、毛叶丁香（冠 0.6m，高 0.8m）、南天竹（4 苗 / 窝，高 0.4m）	黄花决明（冠 0.6m，高 0.8m）	
	藤蔓	迎春（长 50cm）、油麻藤（长 80cm）、爬山虎（长 50cm）、葛藤（长 50cm）、野蔷薇（长 50cm）		
	草本	紫花苜蓿、狗牙根、高羊茅	波斯菊	
路堤边坡	乔木	刺槐（种子）		
	草本	紫花苜蓿、狗牙根		
中央分隔带	小乔木		红叶李（干径 3cm）、、黄花槐（干径 3cm）、紫薇（干径 3cm）、木芙蓉（干径 3cm）	
	灌木	毛叶丁香（冠 1m，高 1.4m）、法国冬青（冠 0.6m，高 1.4m）、蚊母（冠 1m，高 1.4m）、夹竹桃（冠 1m，高 1m）	红叶石楠、红檵木（冠 0.3m，高 0.3m）、金叶女贞（冠 0.3m，高 0.3m）、六月雪（冠 0.3m，高 0.3m）	
	草本	麦冬		
路线两侧	乔木	黄葛树（干径 10cm）、小叶榕（干径 10cm）、重阳木（干径 10cm）、杜英（干径 10cm）、天竺桂（干径 10cm）	银杏（干径 10cm）、香樟（干径 10cm）、红叶李（干径 3cm）、木芙蓉（干径 6cm）、紫薇（干径 3cm）	黄葛树（干径 20cm）、银杏（干径 20cm）、香樟（干径 20cm）
	灌木	海桐（冠 1m，高 1m）、毛叶丁香（冠 1m，高 1m）		
	草本	狗牙根、紫花苜蓿		
立交区、隧道进出口区	乔木	黄葛树（干径 6cm）、小叶榕（干径 6cm）、重阳木（干径 6cm）、柳树（干径 10cm）、天竺桂（干径 10cm）	桂花（干径 8~10cm）、银杏（干径 10cm）、雪松（高 5~8m）	银杏（干径 20cm）、香樟（干径 20cm）、黄葛树（干径 30cm）
	小乔木		红叶李（干径 3cm）、紫薇（干径 3cm）	
	灌木	毛叶丁香、蚊母、海桐	红檵木、金叶女贞	
	藤蔓	迎春、九重葛		
	草本	麦冬、狗牙根		

续上表

位　置	分　类	主体植物	点缀植物	孤植植物
服务区、观景台	乔木	黄葛树（干径 10cm）、小叶榕（干径 10cm）、小叶桢楠（干径 10cm）、天竺桂（干径 10cm）、重阳木（干径 10cm）	桂花（干径 8~10cm）、银杏（干径 10cm）、雪松（高 5~8m）	黄葛树（干径 >30cm）、银杏（干径 >30cm）、香樟（干径 20cm）
	小乔木		红叶李（干径 3cm）	
	灌木	毛叶丁香（冠 30cm，高 30cm）、红花继木（冠 30cm，高 30cm）、杜鹃（冠 30cm，高 30cm）、南天竹		
	藤蔓	迎春、九重葛		
	草本	麦冬、狗牙根		

（一）公路两侧的绿化

路侧绿化包括边沟平台、填方路肩外路堤、隔离栅绿化，主要起诱导视线、保障安全的作用，兼顾景观效果。植物选择应与公路线形和周边环境相结合，形成包裹高速公路的两条绿带，在公路用地范围内，形成垂直方向上郁闭型的植物景观，空间围合较好，绿色量大，改善生态环境效果好。

绕城高速公路边沟形式包括矩形边沟和浅蝶形边沟。浅蝶形边沟，填土厚度约 48cm，加土路肩宽度约 3.25m，增加了路侧净宽。边沟平台绿化采用行列式栽植常绿乔木如黄葛树、小叶榕、小叶桢楠等，点缀栽植灌木海桐、毛叶丁香、红叶石楠、金叶女贞，地面撒播狗牙根，既给人舒适的行车感受，又增添了景观效果（图 2-3-5 和图 2-3-6）。该种配置模式的优点在于：韵律感强，整齐划一，舒适安全。

填方路侧绿化采用林带式、组团式和散植式栽植模式，落叶与常绿树种搭配。主要采用栽植乔木、点播灌木种子的方式进行绿化。乔木栽植采用一种常绿和一种落叶树种进行搭配栽植，常绿树种栽植于一级坡面，落叶树种栽植于一级平台及坡脚，点播种子中以落叶树种为主。

图 2-3-5　小叶桢楠 + 红叶石楠 + 金叶女贞 + 狗牙根的栽植模式

图 2-3-6　砂岩边坡下部栽植小叶榕 + 凤尾竹起遮蔽效果

组团绿化充分考虑了周边环境，采用“封”、“露”、“诱”等方式，保证与环境的和谐统一（图 2-3-7 和图 2-3-8）。

“封”——路侧民房、堤坝等影响视容的采用“封”的手法，尽量遮蔽，减少高速公路对沿线居民的影响，以散植方式栽植多行吸噪、吸收有毒气体的植物，与环境协调。

“露”——对于周边环境优美且视线开阔的路段，取消部分遮挡视线的乔木，保留低灌木，点缀 1~2 株当地大树，形成风景视窗。

“诱”——弯道外侧行列式栽植高大乔木，强化公路曲线线形，通过绿化对弯道外侧起到屏闭和诱导驾驶员视线的作用，弯道内侧取消行道树，保证驾驶员视野开阔、顺畅。

图 2-3-7　填方边坡栽植黄葛树形成绿色屏障

图 2-3-8　林带式栽植形成绿色通道

填挖交接处结合填方边坡、边沟平台综合考虑，采用孤植大树、群植乔木、点缀竹林等手法，再现自然景观。

（二）中央分隔带绿化

中央分隔带作为确保交通安全的措施，绿化设计时采用具有一定高度且枝叶密度达到要求的植物防眩光，少量种植色彩鲜艳的草花及灌木减轻驾驶员的视觉疲劳，为保证景观的连续性和丰富性，体现季相变化的景观，每隔 10km 左右变换栽植模式。选择适应性强、耐修剪、耐尾气污染、枝叶浓密、粗放性管理的常绿灌木，点缀的小乔木枝条不宜超过中央分隔带的防护栏。植物配置不宜复杂，以简洁为主，形成简单明快的韵律。

绕城高速公路中央分隔带宽度分别为 3m、2m，主体防眩植物选择蚊母、法国冬青、毛叶丁香，植株高度 1.6m，单行间距 1m，可有效防止眩光，其间点缀开花小乔木紫薇、黄花槐、木芙蓉、红叶石楠。3m 宽中央分隔带在护栏外侧种植低矮的色叶灌木，如红花檵木、金叶女贞、六月雪、美人蕉等，进行交替布置，更显立体层次。

模式一：中央分隔带主体防眩植物为法国冬青，以 1m 间距品字形栽植，其间交替栽植黄花槐或紫薇；防撞立柱外侧栽植红花檵木和黄金叶，其间点缀矮生美人蕉，地面栽植麦冬（图 2-3-9）。

模式二：中央分隔带主体防眩植物为蚊母，以 1m 间距栽植品字形栽，其间每隔 10m 栽植红叶李和大花月季，点缀红叶石楠，防撞立柱外侧栽植地被栀枝和红花继木，地面栽植麦冬（图 2-3-10）。

图 2-3-9　法国冬青 + 木芙蓉 + 美人蕉 + 麦冬的栽植模式

图 2-3-10　蚊母 + 红叶李 + 麦冬的栽植模式

模式三：中央分隔带中间以 1m 间距品字形栽植毛叶丁香，其间以 10m 间距栽植紫薇或黄花槐，防撞立柱外侧栽植金叶女贞和红花檵木，以 10m 间距栽植矮生美人蕉，地面栽植麦冬（图 2-3-11）。

模式四：桥上中央分隔带土层相对较薄，1m 间距品字形栽植夹竹桃，地面栽植麦冬（图 2-3-12）。夹竹桃的抗性强、耐干旱瘠薄土壤，且花期较长，用于中央分隔带非常适宜。

图 2-3-11　毛叶丁香 + 紫薇 + 麦冬的栽植模式

图 2-3-12 夹竹桃 + 麦冬的栽植模式

（三）立交区、服务区、停车区、办公区等的绿化

立交区绿化要求在满足交通功能的前提下，突出诱导种植、标志性种植、时代特色种植、美化绿化功能等种植的特点。本着“因地制宜、生态环保、资源节约”的设计原则，根据立交立地条件，绕城高速公路互通式立交绿化采用两种模式——社会化苗圃绿化模式和园林绿化模式。

图 2-3-13　金凤立交社会化苗圃式栽植

社会化苗圃绿化是在互通区域内进行苗圃式栽植（图 2-3-13）。为保证绿化效果，规定植物干径不得小于 5cm，树种选择黄葛树、小叶榕、天竺桂、重阳木、紫薇、黄花槐、木芙蓉、杜英、女贞、红叶李、柳树、红花碧桃等高速公路常见树种及开花植物，并要求采用丛林式栽植，与自然更贴切。在互通式立交社会化以后，为提升绿化效果，在主要区域栽植银杏、香樟、雪松、黄葛树等大规格园林景观树。

金凤互通在路线两侧栽植 2~3 排干径为 8~10cm 的黄葛树，内部栽植小乔木苗圃，给人以一片森林的感受，景观效果与经济效益显著。在视线交汇处栽植 1~3 株干径为 30cm 的黄葛树、群植银杏和香樟，起到“画龙点睛”的作用。

西彭互通绿化场地较开阔，主要采用自然式绿化，与全线景观绿化的总体风格相协调，追求变化，以形成鲜明的景观亮点；注重骨架树种的搭配组合，选用 3~4 种乔木树种做骨干，并配置形态相协调而又有季节变化的小乔木和灌木组成树丛或树群，使全线绿化美化风格协调统一，同时又有变化，产生不同的景观效果。植物配置以园林栽植的手法，片植小叶榕、天竺桂作背景，在视线可及范围内点缀高大的银杏、香樟、黄葛树。毛叶丁香球规则布置体现互通的导向功能，地面用金叶女贞、夏鹃、蚊母等作造型栽植，蓄水池边及排水沟两侧栽植杨柳，形成“树成林、花成片、灌成丛”的视觉效果。

乔、灌、草的立体搭配，注重绿化体量的展现。植物的高低搭配，常绿落叶的搭配形成优美的林缘线（图 2-3-14）。

a）

b）

图 2-3-14　西彭立交园林式绿化栽植

服务区、停车区、办公区、生活区的绿化以庭院绿化形式为主，形式开敞，结合局部自然式栽植，采用线条流畅、舒缓的剪形绿篱营造时代气息，局部的自然式植物配置便于服务区的人们近视品位。

服务区绿化应考虑各个部位的功能要求，因地制宜地进行。在停车场适当栽植高大乔木，形成一定的绿荫，使车辆免受暴晒，服务区建筑群和广场，通过庭园式手法建设花坛，加强美化效果，营造舒适宜人、轻松活泼的休闲环境。

停车区植物选择要注重选择观赏效果佳的物种，并设置园林小品（图 2-3-15）、休闲座椅等。

办公区、生活区乔、灌、花、草布局合理，贯彻“终年常绿、四季有花，错落有致、色彩丰富”，创造舒适宜人的环境。

（四）隧道进出口及左右线间绿化

隧道进出口主要有坡地和平地两种类型，植物配置需结合周边环境进行合理搭配，在隧道仰坡下部配置大量观叶、观花的小乔木和灌木丛，在仰坡的上部配置观叶、观花的高大乔木，做到从平地到山林的和谐过渡（图 2-3-16）。

图 2-3-15　珞璜服务区小品点缀

图 2-3-16　环山坪立交进口植物配置，仰坡与周围环境融合

左右线间场地整理后一般为平地或者低缓坡地，这部分植物景观对于驾乘人员来说是最直接的，应在满足功能的同时进行艺术化搭配。环山坪隧道进口前区左右线间植物配置有层次、有厚度、有联系，高低错落有致；乔木、灌木、藤木、花草等地被植物配置有序，各占其合理的空间位置；常绿植物、落叶植物合理搭配，并强调立体效果。栽植天竺桂、黄葛树、小叶榕等作为背景树种，靠近路基侧栽植开花的红叶李、木芙蓉等，前排栽植海桐球诱导视线，形成高低有序、错落有致的景致。

图 2-3-17　箭滩河桥下植被恢复

（五）桥下恢复绿化

桥下景观效果对于驾乘人员来说不能直接观赏到，但对于路域外的观赏者而言，却非常直接。这部分植物的配置应以协调环境为主，最大限度地恢复自然景观，特别注意对开挖创面的绿化处理。植物配置以高大乔木为主，点缀观花、观叶、观果等色叶乔木。对于立地条件很差的地段，配置少量的灌木及攀援植物进行覆盖。桥口坝箭滩河大桥以坡地景观为主，栽植杨树、黄葛树、栾树，点缀栽植竹丛等与环境协调，地面栽植藤蔓植物遮蔽开挖出露的岩石坡面，最大限度地恢复自然景观（图 2-3-17）。

（六）路基边坡绿化

适合高速公路边坡生长的植物一般应具有以下特点：耐干旱瘠薄，适应性强；根系发达，固土能力强；生长迅速，繁殖力强等。植物选择应该遵循以下原则。

1. 乡土性原则

以本地乡土植物为主，外来适合于该地区生长的植物为辅。乡土植物自我繁殖能力强，易与当地的植物品种融合，在边坡稳定性、与自然相协调以及绿化效果方面具有明显优势，利于保持长久并产生自然的修复效果，具有强烈的地方特色。

2. 护坡性能强原则

边坡绿化的总体目标是固土、护坡、生态恢复。针对不同的边坡条件，侧重点不同。如果坡面不稳定，易受降雨冲刷形成侵蚀沟，土层薄，土质疏松、干燥，则应将护坡作为重点，选择生长迅速、短期覆盖快、须根发达、可迅速形成根毡层、固土、防风蚀雨蚀强的物种，以草本、小灌木为主。当坡体具有不稳定因素时，考虑选用根系延伸长、力学性能好的植物，以草、灌、乔相结合，达到固坡目的。

当坡面稳定时，坡面绿化应以美化、发挥生态机能为主，注重观赏植物集中布置，美化坡面，可采用彩叶或季相树种配置，营造多层次立体绿化，发挥更好的生态效益。

3. 适应性强原则

边坡生境恶劣，水肥缺乏，应该选择耐干旱瘠薄、耐高温、耐严寒、抗病虫强的植物。

绕城高速公路边坡绿化以灌草结合为主，同时种植乔本植物。根据不同地段的实际情况，采用丛植、列植等绿化模式，尽量做到乔、灌、花草搭配，形成不同景致的植物群落（图 2-3-18~ 图 2-3-21）。采用的乔木主要有黄葛树、小叶榕、黄花槐、栾树等，灌木主要有毛叶丁香、夹竹桃、刺槐、多花木兰、银合欢等，草种主要有紫花苜蓿、狗牙根等。

图 2-3-18　多花木兰绿化后效果

图 2-3-19　刺槐绿化后效果

图 2-3-20　撒播非洲菊绿化后效果

图 2-3-21　喷播紫花苜蓿后绿化效果

第四节　边坡生态恢复技术

路基边坡是公路行车视野中出现频率最高的人工构造物，也是沿线人工痕迹最重之处，它起到公路内外景观的衔接和过渡作用，其景观的优劣将直接影响整条公路的总体景观效果。

路基工程中的填、挖方是公路建设与保护自然环境矛盾的集中体现，路基边坡绿化乃至生态恢复工程的实施，反映了高速公路建设过程中“尊重自然、保护自然、与自然相协调”的理念。绕城高速公路在土建工程开始后即着手边坡生态恢复工作，即在边坡开挖的同时就进行边坡生态防护，从而达到公路建成通车时，绿化已初见成效。

一、边坡基本情况

绕城高速公路路堑边坡基本以岩质边坡为主，边坡岩体以泥岩、砂岩、粉砂质泥岩、泥岩与砂岩互层为主。路堑坡边坡坡比一般为 1∶0.75~1∶1~1∶1.25，个别为 1∶0.5、1∶1.5。主要有土质边坡、软质岩（泥岩）边坡，以软质岩为主夹少量硬质岩（砂岩）条带的边坡、砂泥岩互层边坡、完整砂岩或灰岩边坡（图 2-3-22~ 图 2-3-25）。

图 2-3-22　土质边坡

图 2-3-23　以软质岩为主夹少量硬质岩（砂岩）边坡

图 2-3-24　软质岩（泥岩）边坡

图 2-3-25　硬质岩（砂岩）边坡

二、边坡整形

（一）路堑边坡

路堑边坡开挖应注意按从上至下、逐级开挖的顺序，切忌超挖。对于完整的弱风化砂岩边坡、灰岩边坡，不必放缓。在开挖石质边坡的过程中严格控制爆破方式。为了不破坏岩石的自然肌理，应以设计坡面线以上 1m 厚度范围为爆破控制面，边坡爆破后应采用人工（或机械）逐级仔细清坡，尽量保留完整岩石的原貌。

图 2-3-26　东段软质岩边坡坡顶弧形过渡

1. 边坡分级

边坡分级高度可根据实际开挖的地质情况进行调整，例如坡高小于 15m，有一级平台的边坡，将一二级边坡合并，取消平台，放缓边坡，顶部倒圆弧形处理。对于砂泥岩互层中出露厚度大于 4m 的弱风化砂岩，分级位置可调整，可形成台阶状。

2. 坡形与坡率

（1）软质岩边坡采用流线型，边坡坡脚、坡顶取消折角，充分利用 3m 间距采用贴切自然的圆弧线或抛物线过渡（图 2-3-26）。

（2）块状结构、层状结构的稳定硬质岩边坡采用直线形，坡顶、坡脚可适当采用折角，给人以刚毅、挺拔、稳重、有力之感。

（3）边坡较高的土质边坡，或边坡较高的破碎结构、散粒结构的岩石边坡可采用台阶形式。

（4）路堑边坡的开挖并不强求极度平整，过度的平整“一刀切”反而显得不自然，给人以呆板、生硬之感。对于整体稳定的边坡，清除不稳定岩块的边坡，允许边坡有一定的起伏，但大面须平顺，过渡自然（图 2-3-27）。

（5）当一个边坡采用多个坡率时，过渡处忌采用折线，应采用渐变的方式弧形处理（图 2-3-28）。

图 2-3-27　砂岩边坡坡面起伏自然

图 2-3-28　坡率不同时过渡生硬的反例

绕城高速公路改变了以往路基设计中单一的、程序化的横断面设计方式，在设计阶段根据不同的岩性分别处理。对砂岩类硬质岩石边坡不再要求固定的坡率；对边坡上稳定的石块也不用清除，使边坡呈现原生态的美感；同时为使工程融入自然，减少开挖后路堑边坡与原始地面的不一致，对挖方边坡坡顶及填挖交界处的挖方坡面进行弧化处理，并对破坏了的生态环境进行恢复，使其与原始地貌融为一体（图 2-3-29~ 图 2-3-33）。具体采取了以下措施：

①对路堑边坡高度≤ 10m 的路段，坡顶和填挖交界面进行弧化处理。

②对路堑边坡高度 >10m 的路段，坡顶可不弧化。

③对完整的硬质岩边坡，可不弧化。

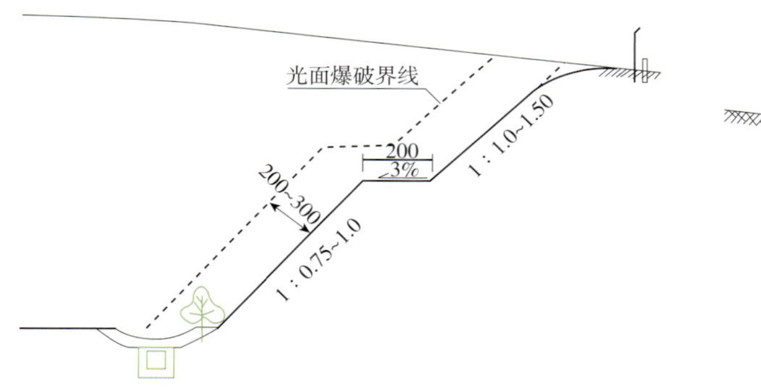

图 2-3-29　岩质路堑边坡光面爆破示意图（尺寸单位：cm）

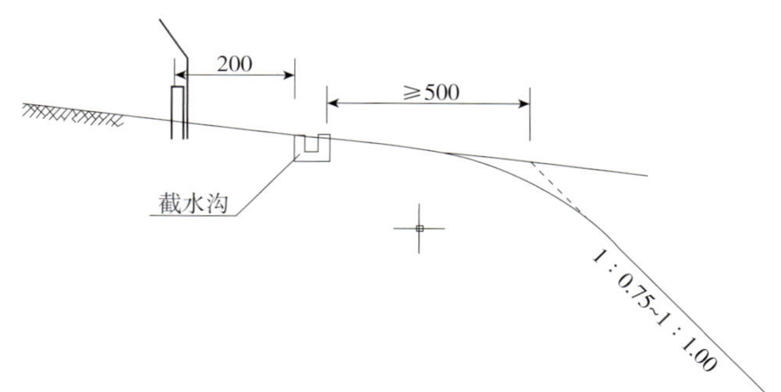

图 2-3-30　路堑边坡弧化处理示意图（尺寸单位：cm）

（二）路堤边坡

路堤边坡一般采用流线型，取消路肩、坡脚处的折角，改为倒圆弧形，如图 2-3-34 所示。

由于地形起伏和路线纵坡的变化，填方路段若采用一成不变的边坡，顺路线方向的边坡脚点之间呈折线变化，使得路容不自然。解决办法为分段处理，放缓填方高度较小的路段边坡，然后逐渐过渡到该路段最大填方高度的边坡坡率，把过渡区的转折点做成宽展的弧形，形成纵向的连续弧形坡面，如图 2-3-35 所示。

a）K181+900 左侧软质岩挖方边坡

b）K144+550 左侧软质岩挖方边坡

c）K61+850 右侧软质岩挖方边坡

d）K2+337 右侧软质岩挖方边坡

图 2-3-31　边坡的弧化处理

图 2-3-32　K62+200 右侧顺层砂岩高挖方边坡

图 2-3-33　K176+600 右侧顺层砂岩边坡保留稳定岩体

斜坡上的填方路堤，常在路堤内侧出现较窄的凹坑，将凹坑填平，并设置浅碟形边沟，路堤与斜坡之间连接圆滑、平顺（图 2-3-36）。

边坡周边填、挖交接（包括坡脚、边坡轮廓线）三角形过渡区域是景观处理的难点，该区域的处理，应结合截排水工程综合考虑，使其圆滑过渡，并将挖、填方边坡由中间向两侧逐渐变缓。在填挖交界处坡高度低于 4m 的部分（一般为 20m 范围内）对边坡坡比渐变放缓，使挖填方能顺接连成一个

整体的曲面，并在过渡段栽植一些乔木进行遮蔽绿化。边坡放缓应在不增加占地的情况下实施，放缓后排水沟外移，并注意边沟和排水沟顺接。渐变段若有涵洞，则将涵洞酌情延长。

图 2-3-34　路堤边坡形态处理

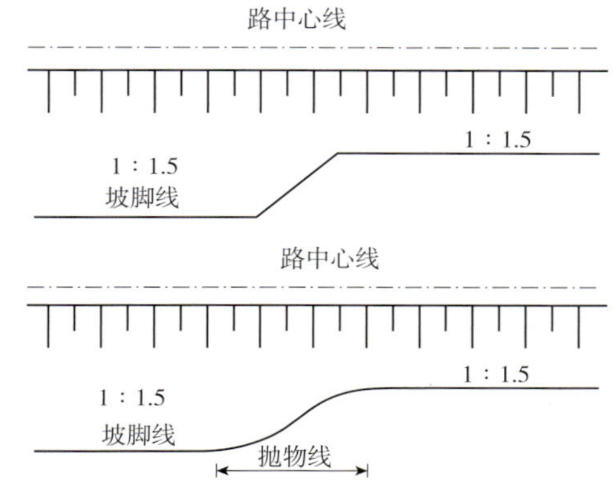

图 2-3-35　路堤坡率的平顺过渡

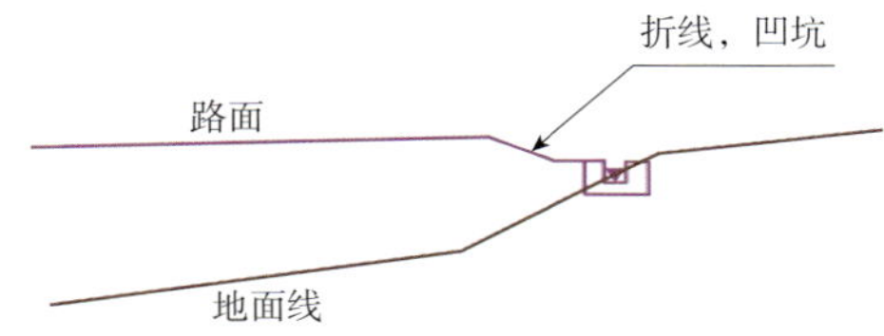

连接圆滑

路面

路面线

图 2-3-36　斜坡路堤内侧凹坑的处理

三、边坡生态恢复方法

根据绕城高速公路路堑边坡的基本条件，边坡绿化尽量采用柔性防护。其主要采用挂 CF 网喷播植草、码砌框格绿化、有机基材绿化等方法，适量采用框格和高强土工格室等绿化方法，对完整砂岩边坡和低矮土质边坡采用自然式绿化和直接喷播植草绿化等方式，绿化后起伏的坡面更贴近自然。

（一）挂 CF 网绿化

椰纤维植物护坡技术（CF 网）是采用栽种固坡植物并结合椰纤维地衣等工程材料，在坡面构建一个具有自身生长能力的防护系统，能达到永久固坡的目的，经过 3~5 年可自动降解，较为环保。

1. 适用条件

挂 CF 网覆土防护的边坡应自身稳定，其坡比不陡于 1∶0.75 时，坡高不大于 5m，长度一般不大于 50m，坡面为软质岩或软硬岩互层边坡，坡面岩体自身稳定，坡面可以通过人工的方式初步整理圆顺，硬质岩体可适当裸露；坡比不陡于 1∶1 时，坡高不大于 13m，长度一般不大于 100m，坡面为土质或强风化软质岩（泥岩、页岩）边坡，坡面可以通过人工的方式整理圆顺，与周边协调过渡；坡比不陡于 1∶1.25 时，坡高不大于 17m，坡面为土质或强风化软质岩（泥岩、页岩）边坡。

此方法也可作为码砌预制混凝土框格内填土防护和高强土工格室填土防护等方法的表面工程。

2. 材料要求

采用的椰纤维网（CF 网）生产厂家须具有 ISO 9001 质量认证，具有大规模生产的实力，CF 椰纤维网必须符合相关规范和环保要求。CF 网是用 100% 的椰子纤维机械做成的，含 0.25% 半纤维素霉、45% 木质素、43% 纤维素和 4% 胶质；应具有较低的伸长率和高抗拉强度。坡面覆种植土应为细粒土，粒径应小于 CF 网网孔，喷射或人工覆设土泥由细粒土调制，其稠度由现场试验确定，以便于覆设为宜，可加入稻草段拌和。每立方米有机基材的配合比可按下述配制：

（1）种植土 1 300kg；

（2）有机肥 0.5kg；

（3）油饼 1kg；

（4）腐殖材料，其中，糠壳 20kg，泥炭土 15kg；

（5）黏结剂 2kg（禁止使用水泥）；

（6）保水剂 2kg。

3. 施工工序

施工工序大致包括以下步骤：

（1）人工清除坡面并平整，辅以喷药，以抑制野草生长。

（2）将稻草切成 5~10cm 长拌和在种植土中，人工将坡面补平顺。

（3）沿坡面从上而下铺挂 CF 网网垫。

铺挂时 CF 网网垫应整顺，并用 ϕ12mm 锚钉（长 50cm）固定网垫，ϕ12mm 锚钉交错排列，竖向间距 100cm，横向间距 70cm，间距可根据坡比、坡高进行调整，以确保网垫紧贴于坡面，固定牢靠，不鼓包，不翘起。坡脚 CF 网应埋于填土内，坡顶应采用埋压沟固定 CF 网，并确保地表水不会沿坡顶浸入坡体填土内造成 CF 网和填土剥离、失稳。

（4）铺设第二幅 CF 网时，与已铺好的第一幅 CF 网搭接 10~15cm，搭接处用锚钉固定。CF 网处治范围周边应将 CF 网卷边 5~15cm，用锚钉压边，使 CF 网与周边构造物接触密合。

（5）CF 网全部铺通、固定平整后，CF 网上直接喷射厚度为 5cm 的有机基材，盖无纺布进行养生。

挂 CF 网绿化施工流程见图 2-3-37。

a）

b）

c）

d）

图 2-3-37　挂 CF 网绿化施工流程图

4. 施工注意事项与验收要求

坡面有渗水的地方应适当设置导水管（软式透水管）引排地下水至坡外；CF 网在坡顶处的埋压沟一般宽 20cm、深 30cm，并确保坡口线和截水沟间不形成积水凼。坡脚处 CF 网应埋入平台填土内。

椰纤维 CF 网技术参数及挂 CF 网绿化防护质量检验要求如表 2-3-2 和表 2-3-3 所示。

椰纤维 CF 网技术参数（每 $100m^2$）　　表 2-3-2

指标 型号	厚度（mm）	柔韧性	抗拉强度（bs）		伸长率（%）		质量（kg）	空格面积（m^2）	水流速度（m/s）
			干	湿	干	湿			
CT-4	7~8	19 920×16 790	59/541	38/401	38/29	33/30	46	65	3

挂 CF 网覆土防护质量检验要求　　表 2-3-3

项　次	检 查 项 目	规定值或允许偏差	检 查 方 法
1	CF 网	CF 椰纤维网为密织网，网径 3.6cm×3.6cm	网孔、厚度、柔韧性、抗拉强度、伸长率、质量等均应达到技术标准
2	CF 网铺设、搭接、固定	铺设平顺，搭接满足设计要求，坡脚、坡顶、坡面、平台处埋压、固定牢靠	每 20m 检查一个断面
3	坡面覆土泥找平	平均厚≥设计厚，最小厚≥3cm，无锚钉、CF 网外露现象，表面平整	每 20m 检查一个断面，每 3m 检查一点，用直尺确定厚度
4	直喷 5cm 有机基材	①基材应无流失、无剥离、无收缩裂缝； ②喷射厚度满足图纸规定，允许偏差 ±5% 设计厚度； ③团粒化度 >60%； ④有效持水量 >35%； ⑤ pH 值 6.5~7.0	①随机抽取 1m×1m 范围检验； ②每段边坡随机抽取两处 3m×1m 范围测试 10 个点； ③按 GB 7847—87 测定； ④按 GB 7835—87 测定； ⑤按 GB 7859—87 测定

（二）码砌框格绿化

码砌预制混凝土框格填土防护采用的预制菱形混凝土框格外框长 61cm×61cm，内框长 51cm×51cm，壁厚 5cm，框格高度为 15cm。该方法因边坡回填有种植土，故植物生长条件较好，后期绿化效果较好。

1. 适用条件

码砌框格绿化主要适用于土质和软质岩边坡，或以软质岩为主夹少量硬质岩条带的边坡。该类型边坡坡面直接覆土困难，但通过人工方式可整理平顺。

2. 材料要求

预制件应采用 C20 混凝土预制，钢筋直径为 8mm。混凝土预制件外型轮廓线应顺直，端面应与底面垂直。框格内填种植土要求为：土壤黏砂适中，pH 值为 6~7，有机质含量大于 1.5%，含水率为 15%~20%，无杂质，无病菌、虫卵，无有害物质以及大于 25mm 的石块、棍棒、垃圾等。回填土要经过翻晒、晾干、碾压、过筛成均匀的细粒土。CF 网及有机基材的要求与挂 CF 网绿化中一致。

3. 施工工艺

（1）按要求进行人工修坡，清除表层风化碎落物及不稳定块体，修坡后坡面整体应平顺、自然，坡面平整度要求在 5~8cm/$2m^2$ 之内。

（2）在坡面上贴坡或开槽放置预制的混凝土框格，开槽一般深 5cm 左右，框格应嵌入槽中，使整个框格外表面在同一曲面上，且平顺、自然。每个框格内多余的岩土应挖除。

（3）在每个小格子内人工回填种植土，边填边用木锤夯实，填土含水率一般要求比最佳含水率略高，不宜过湿，以便于填土密实和防止填土失水收缩变形、开裂，填土一般采用人工捶面的方式进行，框格填满后采用泥浆泵喷射泥浆，基本覆盖框格和坡面。

（4）挂 CF 网、覆土施工工艺及要求与挂 CF 网绿化要求一致。

码砌框格绿化施工流程见图 2-3-38。

a） b）

c） d）

图 2-3-38　码砌框格绿化施工流程图

4. 施工验收要求

混凝土预制框格除应符合土建相关要求外，还应满足下列基本要求：

（1）预制框格、条块成品，表面应清洁平整，蜂窝麻面面积每处不超过 3cm × 3cm，总面积不得超过该面积的 1%，深度不超过 10mm，其外形轮廓清晰，线条顺直，无翘起现象，无坑洞、破角或其他缺陷，且无外部涂刷的痕迹。小型预制构件成品质量要求见表 2-3-4。

小型预制构件成品质量要求　　表 2-3-4

项　次	检 查 项 目		规定值或允许偏差	检 查 方 法
1	混凝土强度（MPa）		在合格标准内	按 JTJ 071—98 附录 D 检查
2	断面尺寸（mm）	≤ 80	± 5mm	用尺量二处，每批抽查 10%
		>80	± 10mm	
3	长度（mm）		+5，-10	用尺量，每批抽查 10%
4	平整度		主要面不允许有麻面	直观检查

（2）预制件的混凝土强度必须达到设计强度的 70% 以后，才允许脱底膜。

（3）预制框格砌筑时缝宽不大于 1cm，采用砂浆勾缝。砌筑后框格表面应平整，勾缝应平顺，无脱落现象。

（4）框格内回填的种植土应符合材料要求，填土应具有一定的湿度和密实度，一般采用人工捶面的方式填满整个框格。

（5）坡面清坡平整度是关键，应严格按设计清坡要求执行。铺设 CF 网的坡面应尽量平整，以确保网与坡面的紧密结合，以免部分地方出现空鼓现象。

预制混凝土框格码砌填土防护检查项目见表 2-3-5。

预制混凝土框格码砌填土防护检查项目　　表 2-3-5

项　次	检查项目	规定值或允许偏差	检查方法
1	砌筑平整度	平顺，起伏 ±2cm	每 20m 一个断面，直尺量测 2 处
2	砌筑缝宽	<1cm	
3	填土	完全充填，与结构物结合紧密	直观检查
4	挂 CF 网覆泥	同挂 CF 网覆土防护要求	

（三）有机基材绿化

喷射有机基材防护技术在国内已经得到大面积的应用。它是将有机质土、长效肥、速效肥、黏结剂、保水剂及凝固剂等按一定比例组成并搅拌均匀，通过专门喷射机（空压）喷射在挂有底网的坡面上，达到固坡的目的。对于坡度较陡、坡面软硬岩互层引起的局部起伏、固土困难的岩质路堑边坡，喷射有机基材和其他防护方法相比，施工快捷方便，优势明显。

1. 适用条件

该方法适用于边坡自身稳定，边坡坡比不陡于 1∶0.75，整体高度不大于 30m，分级开挖的岩质边坡。

2. 材料要求

基材设计喷播厚度一般为 10cm，若检验喷射厚度 <10cm，可视为不合格。铁丝网为热镀锌机编铁丝网，铁丝应符合《一般用途热镀锌低碳钢丝》（GB 3087—82）的规定，镀层质量≥ $110g/m^2$，防锈年限达 8~10 年，铁丝直径不小于 2.2mm，网孔 5cm × 5cm，严禁采用焊接铁丝网。有机基材要求同挂 CF 网绿化要求。

3. 施工工艺

施工顺序：人工清坡→施工坡面锚杆（挖树坑）→挂设铁丝网（用混凝土垫圈调节，使网距坡面 5~7cm）并绑扎→安装垫板、螺母→喷射有机基材（10cm）→养生。

（1）清理、整平至设计坡面，一般采用水力冲洗法，清除坡面浮石、浮土等，使其有利于基材和岩石表面的紧密结合。

（2）在人工修整并经检验合格的坡面上按图纸规定确定锚杆孔位，进行钻孔，孔深及孔径应符合图纸要求。钻孔完毕，应将孔内岩粉吹干净。锚杆杆体材料为 ϕ 18mm 的Ⅱ级螺纹钢筋（带螺纹），黏结材料为 C30 水泥砂浆，端头采用 M18 或 AM18 型螺母固定。安装锚杆可采用先注后插式（锚杆长 <3m）或先插后注（锚杆长 >3m）。为使砂浆锚杆及时提供锚固力，可用早强水泥调制早强砂浆作为黏结材料，或制成速凝水泥砂浆药卷使用。

（3）将铁丝网沿坡面顺势铺下，铺设时应拉紧网，铺平、整顺后，用长锚杆及短锚杆将网从上至下固定。固定时，应根据需要在锚杆中采用不同厚度的混凝土垫圈，以使铁丝网与坡面的距离保持 5~7cm。长锚杆与短锚杆交错排列。

（4）在坡顶处，铁丝网应至少伸出坡顶 20cm，采用挖沟埋压固定。在坡脚，也应有 20cm 的铁丝网埋置于平台填土中。

（5）利用喷射机将混合均匀的有机基材喷于坡面，喷射应尽可能从正面进行，凹凸部分及死角部分要喷射充分，喷射厚度设计为不小于 10cm，其中铁丝网之上要保证有 3~5cm 的基材。根据边坡岩性，可酌情调整喷射厚度，以保证有机基材能提供足够营养与水分。

（6）坡面有地下渗水的地方应设置适当的导水管（软式透水管），引排地下水至坡外。

有机基材绿化施工流程见图 2-3-39。

a）　b）　c）　d）

图 2-3-39　有机基材绿化施工流程图

4. 施工验收要求

有机基材喷播绿化的检查验收要求如表 2-3-6 所示。

有机基材喷播检查项目　　表 2-3-6

项　次	检 查 项 目	规定值或允许偏差	检 查 方 法
1	锚杆材料	符合设计要求，端头为螺母固定方式	参见原土建技术规范
	锚杆抗拔力（kN）	长度小于 1m 锚杆拔力均值≥ 35kN，长度大于 1m 锚杆拔力均值≥ 50kN，最小拔力≥ 0.9 设计抗拔力	按锚杆数 0.5%，且不少于 3 根作拔力试验。不同类型、不同质地单元均应抽取不少于 3 根作拔力试验
2	有机基材喷射	①基材应无流失、无剥离、无收缩裂缝； ②喷射厚度满足图纸规定，允许偏差 ±5% 设计厚度； ③团粒化度 >60%； ④有效持水率 >35%； ⑤ pH 值 6.5~7.0	①随机抽取 1m × 1m 范围检验； ②每段边坡随机抽取两处 3m × 1m 范围，测试 10 个点； ③按 GB 7847—87 测定； ④按 GB 7835—87 测定； ⑤按 GB 7859—87 测定
3	铁丝网	热镀锌机编铁丝网，镀层质量≥ 110g/m^2，防锈年限达 8~10 年，铁丝直径 2.2mm，网孔 5cm × 5cm	按国标 GB/T 343—1994 及 GB/T 15393—94 相关要求检验； 用尺量，每 20m 抽查 5 处

四、边坡植物组合实现途径

边坡绿化采用的物种宜形成植物群落，尽量采用当地物种，与周边自然植物群落相容，以期与周边协调、自然演化过渡。物种组成应包含草、草花、藤蔓植物、灌木（丛）、小乔木等，模拟自然环境建植植物群落，体现出层次感，灌木覆盖率应达整个边坡的60%以上，以防止水土流失。每一特色路段选用2~3种植物作为基调树。

植物组合考虑先锋植物、中期植物和目标植物的搭配，尽可能多地采用当地野生物种，特别是一定比例的速生灌木和小乔木的应用是群落持久性的保证。根据路域和边坡特点采用多种植物建制模式，如散丛结合、满栽、适当点缀大树等。

路堑边坡植草绿化后，坡面通过点播、栽植、喷播的方式将小乔木、灌木、藤蔓植物组合建植于坡面上，形成边坡“乔、灌、草”结合的立体绿化模式，裸露砂岩边坡不强求覆盖率，以自然式绿化为主。

坡面植物建植典型设计见图2-3-40。

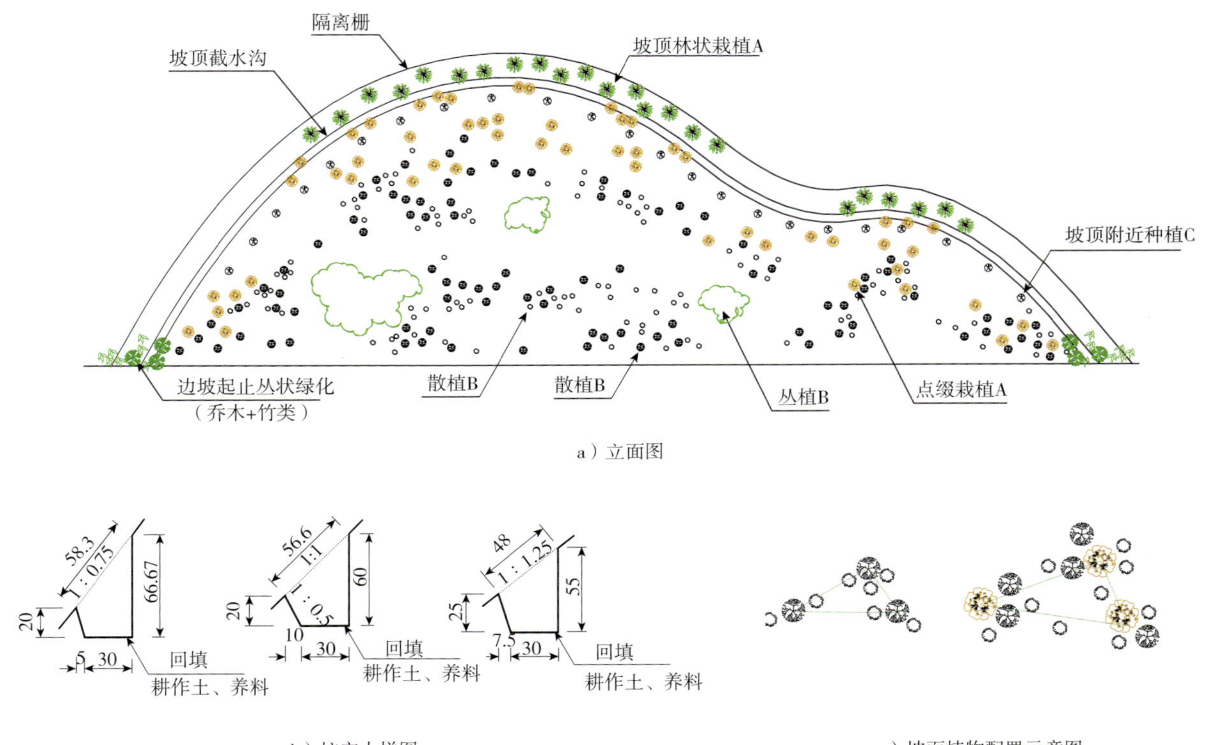

a）立面图

b）坑穴大样图　　c）坡面植物配置示意图

图2-3-40　坡面植物建植典型设计图（尺寸单位：cm）

1. 挖坑栽植

绕城高速公路边坡每100m^{2}挖坑栽植乔木8株，灌木32株，每个边坡选择1~2种乔木，2~3种灌木栽植。其中选择一种植物为一段边坡的主体灌木，数量应占该段挖坑栽植灌木总数的60%以上，其余两种灌木搭配栽植。灌木规格有大有小，以形成高低层次。坑穴开挖忌行列式，以自然式为主，注意视觉焦点集中的地方，同时应保证灌木最佳观赏面位于外侧。

栽植灌木的规格必须达到设计要求，无病虫害，树龄以2~3年为宜，长势良好。单株未达到设计规格要求的可以多株组合栽植。

所选植物有黄葛树、毛叶丁香、海桐、黄花决明、黄花槐、南天竹等。

坡面挖坑栽植效果见图 2-3-41~ 图 2-3-44。

图 2-3-41　坡面挖坑

图 2-3-42　挖坑栽植灌木一个月后效果

图 2-3-43　挖坑栽植灌木三月后效果

图 2-3-44　挖坑栽植乔灌木一年后效果

2. 点栽

在喷播有机基材中加入草籽，先期形成草坪坡面，对初期雨水冲刷有良好的防护作用，后期通过育苗点栽小灌木及小乔木，可形成高低错落、生物多样性的边坡景观。此种方法初期防护效果好，雨水较多的季节也可以实施。其效果如图 2-3-45 和图 2-3-46 所示。

所选用的植物有栾树、黄花槐、银合欢、刺槐、多花木兰等多种灌木种子等。

图 2-3-45　点栽小灌木初期效果

图 2-3-46　点栽育苗灌木一年后效果

3. 喷播

在喷播有机基材中直接加入乔、灌木种子，很少量或者不加草籽，直接通过灌木生长后期覆盖坡

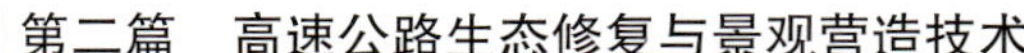

面，然后栽植乔木形成多层次郁闭型效果（图 2-3-47~ 图 2-3-50）。此种方法的缺点就是必须在雨季来临前灌木须覆盖坡面，否则对防止水土流失作用不大，容易造成边坡垮塌。

图 2-3-47　喷播初期灌草发芽情况

图 2-3-48　喷播三个月后效果

图 2-3-49　喷播六个月后效果

图 2-3-50　喷播两年后期效果

4. 点播

在喷播有机基材中只加入适量草籽，然后点播灌木种子，待灌木覆盖完坡面后，栽植小乔木，形成有层次的坡面绿化（图 2-3-51~ 图 2-3-54）。此种方法介于点栽和喷播之间，可在小雨季节进行施工。

所选用的植物有黄葛树、夹竹桃、紫花苜蓿、银合欢、黄荆等多种灌木种子。

图 2-3-51　点播小灌木发芽情况

图 2-3-52　点播灌木种子一个月后效果

图 2-3-53　点播灌木种子六个月后效果

图 2-3-54　点播灌木种子一年后效果

五、边坡植物建植后生长特性

1. 耐旱抗寒性

黄荆、复羽叶来树、紫穗槐耐旱性强，刺槐、多花木蓝、银合欢次之；多花木蓝、银合欢抗冻害能力较强，猪屎豆不耐寒，冬后基本上死亡，波斯菊属一年生草花，不能越冬，春季种子重新萌发出幼株。

2. 生长速率

黄荆、刺槐、波斯菊生长速率最快，多花木蓝、银合欢次之，紫穗槐、复羽叶栗树生长较慢；边坡群落早期，波斯菊为优势物种之一，植物群落稳定后，在边坡底部分布较多，中间偶见数株。平均相对生长速率大小依次为：波斯菊 > 刺槐 > 黄荆 > 多花木蓝 > 银合欢 > 紫穗槐 > 复羽叶栗树。

3. 适应性

刺槐、黄荆、多花木蓝、银合欢比较适合重庆绕城高速公路边坡生长，且景观效果好；复羽叶栾树、紫穗槐一般适合道路边坡生长；猪屎豆不适合道路边坡生长；一年生波斯菊草花早期生长情况较好，但第二年种子萌发率较低，可作为道路边坡植被恢复早期物种，后期数量虽少，但可增加边坡的景观效果。

第五节　路域生态恢复典型案例

一、路基边坡典型案例

1. 砂泥岩互层边坡（喷播灌木种子）

（1）地点：重庆绕城高速公路 S1 合同段 K104+360~K104+722R 侧边坡。

（2）边坡性状：该边坡坡高 8m，坡长 362m，坡比 1∶1，边坡岩性为砂泥岩互层，坡面面积 3 466.5m^2。

（3）绿化方式：有机基材绿化 + 喷播灌木种子。

（4）灌木种子：刺槐、多花木兰、猪屎豆等共 50g。

（5）有机基材配方（m^3）：种植土 1 300kg；有机肥 0.5kg；油饼 1kg；腐殖材料①糠壳 20kg，②泥炭土 15kg；黏结剂 2kg（常州市江湖化工有限公司生产的 AN926（PAM）（水溶性超高分子量的丙烯酰胺聚合物）；保水剂 2kg。喷射厚度 10cm。

（6）材料：采用镀锌铁丝网、喷播后采用无纺布对坡面进行覆盖。

（7）实施结果：该边坡于 2007 年 3 月实施喷播，一个月后灌木种子发芽；三个月后，以刺槐、多花木兰、猪屎豆为主的灌木植物群落已经形成，但还不够茂密，木本植物未显示出优势，几次强降雨后未出现垮塌现象；六个月后坡面已被灌木完全覆盖（图 2-3-55）。

猪屎豆 2007 年冬季前生长状况非常好，但冬后基本上全部死亡，可能与 2007 年冬季南方见的雨雪天气有关，不能安全越冬，由此可见，猪屎豆不适合重庆地区边坡生长。2008 年春边坡坡面植物以多花木兰、刺槐为主，基本已经全部覆盖坡面，灌木覆盖度好。

2. 砂泥岩互层边坡（点栽灌木小苗）

（1）地点：重庆绕城高速公路 W2 合同段 K53+420~K53+735L 侧边坡。

a）开挖后坡面情况

b）安装透水弹簧管

c）绑扎铁丝网

d）喷射基材

e）覆盖无纺布

f）喷播 50g 灌木种子 30d 后发芽情况

图　2-3-55

g）三个月绿化效果

h）六个月后绿化效果

图 2-3-55 边坡施工及不同时期的绿化效果

（2）边坡性状：边坡高为 18m，坡长为 315m，边坡岩性为砂泥岩互层，坡比 1∶1~1∶1.25，坡面面积 4 944m^2。

（3）绿化方式：喷播植草后点栽灌木和乔木。

（4）植物材料：喷播草种紫花苜蓿，灌木小苗栾树 + 多花木兰 + 毛叶丁香 + 黄花决明。

（5）实施结果：该边坡于 2007 年 6 月实施，2 个月后，以紫花苜蓿为主的草坪基本形成，几次强降雨后未出现垮塌现象；在进入冬季以前，将育苗的小植株栽植于边坡上，小植株高度约 10cm，以多花木兰为主，兼有黄花决明、毛叶丁香等。栽植时根据边坡情况采取成团、成片栽植，总的栽植面积保证灌木成活后的覆盖率达到 60% 以上。来年春季后，植物进入生长期，在盛夏来临之前，已经具备了抗旱能力，灌草覆盖率基本达到 95% 以上。施工后绿化效果明显，景观效果自然（图 2-3-56）。

a）边坡绿化前

b）边坡植物

c）边坡一年半后绿化效果

图 2-3-56 不同时期的边坡效果

3. 完整砂岩边坡

对于完整硬质岩边坡，不强求全坡面绿化，可在凹槽内浆砌“鸟巢”（水泥不外露），填土后绿化，点缀栽植乔灌木和藤蔓植物，突出硬质岩边坡的刚硬感，体现其自然美。

（1）地点：重庆绕城高速公路 W2 合同段 K53+080~K53+240R 侧边坡。

（2）边坡性状：边坡高为 22m，坡长为 160m，边坡岩性为砂岩夹泥岩条，坡比 1∶1~1∶1.25，坡面面积 3 099m^2。

（3）绿化方式：坡面浆砌“鸟巢”+ 栽植灌木、藤蔓。

（4）植物材料：小乔木木芙蓉、灌木黄花决明 + 毛叶丁香、藤蔓迎春、蕨类植物。

（5）实施结果：该边坡于 2008 年 4 月实施，到年底坡面绿化已初见效果，绿化自然。2010 年 8 月边坡绿化已完全融入周围环境中（图 2–3–57）。

a）绿化前边坡

b）干砌片石花槽

c）鸟巢绿化效果

d）绿化七个月后效果

e）绿化一年后效果

f）绿化两年半后融入自然

图 2–3–57　完整砂岩边坡不同时期效果

二、互通式立交典型案例

绕城高速公路从土建设计开始，就结合合同段的土石方调运，根据互通特点对互通式内场地进行整体设计，采用等高线处理方式，尽量营造与自然地形近似的圆滑坡面。对互通式立交内部区域的路基边坡、路肩、坡脚及三角区和环形区地面坡形的修饰，通过利用匝道的几何构成和原有自然地形，因地制宜，尽可能效仿自然，开阔驾乘人员的视野。

1. 金凤互通式立交

金凤互通式立交周边以苗圃为主，大片的苗圃给整个大环境形成了良好的背景，立交本身地形起伏不大，周围弃土场多，且堆放的土壤为耕种表土，互通内的填挖高度都不小于 6m，利用弃土场的土壤回填整理，将互通地形整理圆顺后，引入社会化力量进行苗圃式绿化，既节约了绿化工程的直接投资，又使其与周边环境协调一致，产生了良好的经济效益。

金凤互通首先注重场地的整理，挖方边坡放缓边坡坡比至 1∶4，填方边坡回填种植土与地形衔接圆顺。其次注重绿化与环境的呼应，在路线两侧栽植 2~3 排干径为 8~10cm 的黄葛树，内部栽植小乔木苗圃，给人以一片森林的感受，达到了景观与经济合二为一（图 2–3–58）。最后在视线交点的地方栽植 1~3 株干径 30cm 的黄葛树和群植银杏和香樟，起到“画龙点睛”的作用。

a）金凤立交绿化前

b）立交苗圃

c）互通区域点栽大树

d）两年后绿化效果

图 2–3–58 金凤立交绿化不同时期的效果

2. 仁沱互通式立交

仁沱互通式立交位于重庆绕城高速公路 K120~K121 曹庄小学附近，是仁沱镇、硌磺镇等周边城镇进出绕城公路的主要出入口。互通范围地形平缓，土建施工过程中保护的耕植表土集中堆放于互通区域内。整个互通的排水均要通过环形区域排至路基右侧的水塘中，因地制宜地在环形区域设置大型蓄

水池，既能满足周边近 5km 范围绿化养护用水的需求，同时也增加了水景。

仁沱互通也采用社会化苗圃绿化模式，栽植黄葛树、紫薇等，花开映入水中，增加了景观效果。

立交环行区域内将连接两涵洞的排水沟拓宽，设一水池，池底高程 242.00m，底部采用 M7.5 砂浆砌片石，顶部 50cm 范围内铺设卵石，局部路段点缀大的卵石或块石，形成野趣。在 AK0+415 涵洞出口外 1.5m 位置设置一挡水板，在挡水板两侧开挖几条宽 2m、深 50cm 的弧形土沟，将水引入水池中。K121+170 涵洞进口处保留原土建设计的沉沙池，并修一浆砌片石台阶挡水。多余的弃土堆置于三角形区（图 2–3–59）。

a）互通内常年有水流

b）2010 初春效果

c）互通区域内水池

d）两年后绿化效果

图 2–3–59　仁沱互通景观效果

三、取弃土场典型案例

绕城高速公路取、弃土场主要沿路线两侧分布，多在视线范围内，设置规模小、较零散。取土坑开挖、弃土场的堆放较为随意、突兀，未能根据取弃土量合理布置其开挖或堆放形式，造成与路基的衔接不顺，人为形成折线状的“凸起”或“凹坑”，造成取、弃土场与路基景观不协调。

绿化恢复在细节处理上，主要采取回填、修饰、绿化、封闭等多种手法，分角度、分层次进行处理。取弃土场修整后，采取集中栽植竹丛、乔木、灌木丛的绿化方式，形成生态林，形成新的景观点，吸引人的视线，最大限度地减小视觉冲击，弱化不协调感（图 2–3–60 和图 2–3–61）。

K59+800R 侧弃土场，占地面积约 5 亩，地面堆置大多为耕植土。在弃土场靠近路侧前排栽植 2~3 排常绿乔木、小叶榕、黄葛树，其后栽植杨树，形成高低错落的立体层次，以期最快达到生态恢复的目的。

图 2-3-60　形成绿化屏障遮蔽后方弃土场

图 2-3-61　弃土场绿化采用的黄葛树 + 小叶榕 + 杨树 + 紫花苜蓿配置

第六节　路域生态恢复效益评价

一、景观效益评价

（一）评价方法

1. 景观评价指标体系

要对公路路域生态工程景观效果进行准确评价，就必须从影响路域生态工程景观的因子中选择合适的指标，建立一个比较客观、合理的指标体系。路域生态工程景观效果的主要影响因子是路域植被。植被具有生命力的要素，植被形成的景观多样性是观赏的基本要求。植被景观对行车环境改善效果主要是从中央分隔带植被的防眩效果、引导视线效果等方面来考虑，构建相应的指标体系。选择的指标要满足科学性、合理性，指标内容丰富又相对独立。

通过参考借鉴相关研究成果，建立了如表 2-3-7 所示的景观评价指标体系。评价指标体系可以分为 3 个层次：第一层为目标层，即公路路域生态工程对行车环境景观改善效果的总目标；第二层为准则层，主要体现植被景观功能，即路域植被恢复景观效果和对行车环境的影响效果；第三层为指标层，包括 10 个指标。

公路路域生态工程对行车环境景观改善效果评价指标体系　　表 2-3-7

评价目标	评价准则层		评价指标层 F_{ij}
公路路域生态工程对行车环境景观的改善效果	植被景观表征指标	路域植被观赏性 F_1	植被覆盖度 F_{11}
			绿期 F_{12}
			观赏性物种数 F_{13}
			植被空间多样性 F_{14}
		工程措施 F_2	坡面恢复结构指数 F_{21}
			生态工程类型 F_{22}
			植被对刚性防护的遮蔽比 F_{23}
	对安全影响表征指标	防眩效果 F_3	中央分隔带植株高度 F_{31}
			中央分隔带植株冠幅间距 F_{32}
		引导视线 F_4	路堤植株高度配置 F_{41}

植被覆盖度：在单位面积内的垂直投影面积所占百分比。

绿期：群落植株 20% 萌生出叶的返青期至群落植株 80% 进入休眠状态的时期。该指标可用来评价植被观赏期的长短。

观赏性物种数：路域内植被具有观花、观果、观叶等观赏特征的物种的总数及植株造景类型的总数。

植被空间多样性：根据植物群落外貌和结构分为单层水平郁闭型、多层垂直郁闭型、稀疏型和空旷型。

坡面恢复结构指数：对于特定的绿化坡面，坡面植被恢复面积与可恢复的面积比。

生态工程类型：包括完全植被绿化边坡、喷射有机基材、土工格室、自然恢复等。

植被对刚性防护的遮蔽比：植被覆盖路域刚性材料的面积与全部刚性材料的面积比。

中央分隔带植株高度：中央分隔带植株的平均高度。

中央分隔带植株冠幅间距：中央分隔带植株冠幅之间的距离。

路堤植株高度配置：路堤植株在垂直层次上的配置高度。

2. 评价指标权重确定

权重是反映不同评价因子间重要程度差异的数值，也体现评价因子在总指标中的地位、作用以及对总体指标的影响程度。由于多数评价因子比较抽象、宏观，故采用专家打分与层次分析方法相结合来确定各个评价因子的权重。各评价指标推荐权重分配见表 2-3-8。

评价指标权重表　　表 2-3-8

评价目标	评价准则层		权重 W_i	评价指标层 F_{ij}	权重 W_{ij}
公路路域生态工程对行车环境景观的改善效果	植被景观表征指标	路域植被观赏性 F_1	0.50	植被覆盖度 F_{11}	0.34
				绿期 F_{12}	0.26
				观赏性物种数 F_{13}	0.22
				植被空间多样性 F_{14}	0.18
		工程措施 F_2	0.16	坡面恢复结构指数 F_{21}	0.56
				生态工程类型 F_{22}	0.32
				植被对刚性防护的遮蔽比 F_{23}	0.12
	对安全影响表征指标	防眩效果 F_3	0.22	中央分隔带植株高度 F_{31}	0.50
				中央分隔带植株冠幅间距 F_{32}	0.50
		引导视线 F_4	0.12	路堤植株高度配置 F_{41}	1.00

3. 评价指标作用分值确定

评价指标体系中评价因子作用分值按实际调查的结果进行综合确定，采用 10 分制，以 10、8、6、4、2 的等级分值代表好、较好、中等、差和极差，进行定性指标的量化赋值，如表 2-3-9 所示。

4. 综合评价模型

参照已有研究成果，根据高等级公路绿化评价指标的特点，进行综合分析评价。评价过程如下。

（1）建立评价指标的层次结构

大类指标：F_i 为大类指标。

单项指标：F_{ij} 为在 i 类指标内，第 j 个单项指标的分值。

（2）各级指标分值的确定方法

单项指标的平均值可以根据指标的类型，按照具体的评价调查表得到。

公路路域生态工程对行车环境景观改善效果评价因子分级指标

表 2-3-9

评价因子	评价地区	因子分级	赋值	因子分级	赋值	因子分级	赋值	因子分级	赋值
植被覆盖度	西南地区	>85%	10	65%~85%	6	45%~65%	4	<45%	2
	黄土高原区	>70%	10	55%~70%	6	30%~55%	4	<30%	2
	西北地区	>60%	10	45%~60%	6	20%~45%	4	<20%	2
绿期	西南地区	>290d	10	240~290d	8	180~240d	6	<180d	4
	黄土高原区	>170d	10	150~170d	8	120~170d	6	<120d	4
	西北地区	>170d	10	150~170d	8	120~170d	6	<120d	4
观赏特性物种数	西部地区	>6	10	3~5	8	1~2	4	0	2
植被空间多样性	西部地区	多层垂直郁闭型	10	单层水平郁闭型	8	稀疏型	6	空旷型	2
植被恢复面积比	西部地区	1~0.8	10	0.6~0.8	8	0.4~0.6	4	<0.4	2
生态工程类型	西部地区	厚层基材等完全植被绿化边坡	10	土工格室＋植被绿化、水泥框架＋植被绿化等	8	自然恢复、撒播植草	6	浆砌护坡	2
对刚性防护的遮蔽比	西部地区	1~0.7	10	0.4~0.7	8	0.2~0.4	6	<0.2	4
中央分隔带植株高度	西部地区	1.5~1.7	10	1.2~1.5	8	1.0~1.2	6	金属防眩板	2
中央分隔带植株冠幅间距	西部地区	1~1.5	10	0.8~1	8	0.5~0.8	4	金属防眩板	2
路堤植株高度配置	西部地区	乔木＋灌木	10	乔木	8	灌木	4	花丛	2

大类指标评价值是对单项指标的进一步汇总，采用下式计算：

$$F_i=\sum W_{ij}F_{ij}\quad (i=1,\ 2,\ 3,\ 4;\ j=1,\ 2,\ 4)$$

式中：W_{ij}——第 i 大类指标内部第 j 类单项指标的权重；

F_{ij}——第 i 大类指标内部第 j 类单项指标分值。

综合评价值按下式计算：

$$A=\sum_{i=1}^{4}W_iF_i$$

式中：A——高速公路路域生态工程对行车环境景观改善效果的综合评价指数；

W_i——第 i 大类指标的权重；

F_i——第 i 大类指标的评价分值；

W_iF_i——某评价指标下的评价分数值。

5. 评价分值的等级划分

公路路域生态工程对行车环境景观改善效果的综合评价指数由分指数叠加得出。将综合评价指数 A 的计算结果划分为不同的等级，分级标准见表 2-3-10。

高速公路路域生态工程对路域景观改善分数等级的划分　　表 2-3-10

等　级	优	良	中	差
景观综合分值	7.4~10	5~7.4	2.3~5	<2.3

（二）重庆绕城高速公路评价

按上述评价方法对重庆绕城高速公路进行评价，景观评价结果见表 2-3-11。可以看出，景观综合指数 A 为 9.78，对照表 2-3-10 可知，景观综合评价等级为优，路域生态工程对景观改善效果非常好。

重庆绕城高速路域景观评价表　　表 2-3-11

景观综合指数 A	调 查 指 数	实地调查指标值	评价指标层 F_{ij}
9.78	植被覆盖度	>90%	10
	绿期	>300d	10
	观赏性物种数	18 种	10
	植被空间多样性	多层垂直郁闭型	10
	坡面恢复结构指数	0.95	10
	生态工程类型	多措施结合	10
	植被对刚性防护的遮蔽比	0.9	10
	中央分隔带植株高度	1.4	8
	中央分隔带植株冠幅间距	1	10
	路堤植株高度配置	乔木 + 灌木 - 草	10

二、生态效益评价

1. 保持水土

水力侵蚀是西部大多数地区公路边坡土壤侵蚀的主要形式，降雨是水力侵蚀最主要的外营力。长江流域及其以南地区土壤侵蚀力主要是降雨击溅力和由此引发的地表径流冲刷力及下渗水分的作用力。按降雨强度指标把降雨分为小雨、中雨、大雨、暴雨、大暴雨和特大暴雨，具体划分标准见表 2-3-12。根据此标准，对不同路段降雨特征进行分析。

降雨强度划分标准 表 2-3-12

降 雨 等 级	降雨量（mm/d）	降雨强度（mm/h）	降 雨 等 级	降雨量（mm/d）	降雨强度（mm/h）
小雨	<10	<2.5	暴雨	50~100	≥ 16.0
中雨	10~25	2.5~8.0	大暴雨	100~200	
大雨	25~50	8.0~16.0	特大暴雨	≥ 200	

重庆绕城高速公路所处区域属亚热带地区，气候温暖湿润，雨量充沛，具有春早夏长、秋雨连绵、冬暖多雾特点。大气降水在区内主要表现为降雨，降雪、霜冻和冰雹少见。多年平均降雨量为 1 085.1~1 141.8mm，月平均最大降水量为 167mm。雨量分配不均，多集中在夏季。

重庆雨季为 5~8 月，且暴雨和特大暴雨比较集中，占到总降雨量的绝大部分。在该地区，产流方式是以超渗产流为主，地表径流数量居多，在采取水土保持措施时，除防止地表冲刷外，还要特别注意坡体内部的排水，防止坡体内积水导致滑坡、崩塌等大规模水土流失的发生。

水土保持措施最好在雨季开始前完成，才能起到较好的水土保持效果，同时植物也能在雨季得到充分的生长，且植物覆盖度与土壤侵蚀量呈负相关关系。植物防护可以有效减少土壤侵蚀量。草本与速生乔灌木混种防治土壤侵蚀效果好，单一草本混播则较差。绕城高度绿化采用的是多层垂直郁闭型绿化，对防治土壤侵蚀效果显著，同时也对公路维护、保持生态环境起到了良好的作用。

2. 防风

路域不同部位的近地面风速随高度变化的特征不尽相同，在坡顶平面部位和坡面中部，风速随高度增加而增加，但中央分隔带近地面由于受车辆通行扰动较大，风速随高度的增加而减小。

绕城高度公路绿化采用“两道三带”的格局。两道指行车道，三带指中央分隔带和两侧绿化带。两侧绿化带采用乔木 + 灌木 + 草本的绿化模式，对降低城市过境风风速起到有效的减缓作用，可降低粉尘、风沙的侵入，同时部分植物对有害气体具有吸附作用，也可净化空气。

3. 调节小气候与改善大气环境

重庆绕城高速公路所处区域湿度大，多年平均相对湿度为 80%，绝对湿度为 17.6mbar。多年平均气温为 17.5~18.5℃，极端最低气温为 –3.7℃，极端最高气温为 42.2℃。

小气候特征受下垫面性质的影响较大，路域环境中的植被护坡工程能够通过改善下垫面性质而影响小气候特征，公路路域植被护坡工程的生态效应也正是通过对路域小气候的改变而得到体现。绕城高度取消大量的路堤边坡浆砌工程，采用植被护坡工程，调节路域小气候的效果显著。

（1）吸收二氧化碳，释放氧气。高速公路车流量大，运行中排放的尾气造成严重的空气污染。废气中含量最多的是二氧化碳，其次为一氧化碳、碳氢化合物、氨氧化物、二氧化硫及微粒（如铅化合物和碳粒）等。公路绿化带树木则能平衡大气中二氧化碳与氧气的比例。

（2）吸收有害气体。绿化带树木能吸收大气污染物，如一氧化碳、臭氧、二氧化硫、氮氧化物和 PAN 等，不但能改善路域空气质量，而且对附近城市和工厂排放污染物也有一定的净化作用。

（3）吸滞烟灰和粉尘。植物叶片等器官表面不平，多绒毛，有的还分泌黏性的油脂或汁浆，空气中的尘埃经过树林便附于叶面及枝干的下凹部分，起到过滤作用。蒙尘的植物经过雨水冲洗，又能恢复其吸尘的能力。绕城高速公路栽植有银杏、杨树、柳树、刺槐、樟树、广玉兰、海桐、夹竹桃等能滞尘的树种，可以创造出比较清新的空气。

4. 避免农作物受损

高速公路绿化与周围农田林网、林地或城市生态网有机结合起来，形成牢固的生态保护屏障，减轻雹灾、风灾、干热风等自然灾害对农作物的损伤，促进农业发展。

5. 降低车辆噪声污染

当噪声超过 70dB 时人的健康将受到影响，达到 90dB 时，人就不能持续地工作。绕城高速公路行驶速度在 120km/h 左右，高速运转的轮胎及发动机、喇叭声使得公路噪声常常超过 100dB。植物叶片表面气孔和粗糙的绒毛能有效吸附声波，绿化栽植小叶榕、黄葛树、雪松等由多层枝叶组成的浓密树冠植物具有良好的吸音效果。据测定，10m 的林带可使噪声减量比空旷地的自然降噪量多 10~15dB，基本消除噪声危害。

三、经济效益

1. 降低高速公路工程造价

高速公路边坡防护是高速公路建设的一项重要内容。当坡度及坡长在一定范围内时，植被防护与工程防护就防护功能来讲，效果相当，但两者造价却相差很大。

（1）路堤边坡

绕城高速公路坡高小于 8m 的路堤边坡，以及坡高大于 8m 的一级边坡取消菱形或拱形骨架和植草，采用点播灌木种子绿化。菱形骨架护坡 + 喷播植草造价 40 元 /m^2，点播灌木种子造价 10 元 /m^2，取消菱形骨架防护面积约 792 824m^2，共节约造价 2 378 万元。

（2）路堑边坡

绕城高速公路路堑边坡坡面条件较好，坡比以 1∶1 为主，主要采用绿化防护的形式。如表 2-3-13 所示，路堑边坡总面积为 2 405 162m^2，采用 10 种生态防护方法进行护坡，其造价为 14 100.5 万元。若除去直接喷播植草、自然式绿化，剩余绿化面积为 1 616 731m^2，造价为 13 350 万元，直接进行工程防护采用浆砌片石护坡的模式，其造价为 24 251 万元，挂网喷混凝土则造价更贵，把生态防护方法应用到路堑边坡，总投资实际节约 10 901 万元。

路堑边坡生态修复绿化方法应用表　　表 2-3-13

序　号	绿 化 方 法	单价（元）	面积（m^2）	造价（万元）	适 应 范 围
1	直接喷播植草	7	678 224	474.8	土质边坡
2	挂 CF 网喷播植草	43	294 823	1 267.7	泥岩边坡
3	码砌预制混凝土框格绿化	87	138 492	1 204.9	砂泥岩互层
4	有机喷射植草绿化	89	508 479	4 525.5	砂泥岩互层
5	挂 CF 网喷射有机基材植草	111	312 490	3 468.6	砂泥岩互层
6	挂双网喷射有机基材植草	110	48 574	534.3	砂泥岩互层
7	挂三层网喷机基材绿化	115	27 793	319.6	砂泥岩互层
8	高强土工格室绿化	45	238 497	1 073.2	砂泥岩互层
9	柔性防护绿化	201	47 583	956.4	易垮塌边坡
10	自然式绿化	25	110 207	275.5	完整砂岩边坡
	合计		2 405 162	14 100.5	

绕城高速公路边坡防护基本实现以生态防护代替工程防护的目标，既达到了防护的要求，又改善了生态环境，大力提高了高速公路生态和景观效果。

2. 降低养护成本

砂岩边坡随着时间的推移会产生风化而脱落，若不及时维护，会因水土流失而发生滑坡或塌方。

绿化后的砂岩边坡，因为植物叶片的覆盖保护，大大推延了开始风化的时间，从而减少了维护工作量，降低了养护成本。

边坡绿化采用豆科的多种灌木，豆科植物根系上有根瘤菌共生，后者可以把无机氮转化为植物可以利用的形式，为植物和周围土壤提供氮肥，有利于其他植物的生长，且灌木的根系比草本更深入土壤，在第一个生长年，夏季时不易干旱，减少了浇水的次数，且几乎不用修剪，节约了养护成本。

3. 经济林收益

绕城高速公路栽植具有经济价值的树种如银杏、樟树，能获得大量的副产品，在绿化的同时也可获得长期可观的经济效益。

第四章　公路景观营造技术

第一节　重庆绕城高速公路路域景观特点

一、公路景观营造要素

高速公路景观是高速公路所影响区域范围内的空间总体和行驶在高速公路上人们视觉所触及的一切构造物。它是既不同于城市景观、乡村景观，也有别于自然山水、风景名胜，它是由高速公路建设而形成的，具有社会特点、生态功能和动态特征的客观系统。

高速公路景观是由道路线形、路基、路面、构造物（桥梁、隧道、立交）、道路绿化、附属设施（沿线服务、管理、休息站所、交通标志牌、广告牌等）、沿线建筑物、周边自然环境等因素所构成的一个总的空间概念，它表示道路与其环境作为人的视觉所感知的一种风景特征，代表着城市文化的延续，其景观营造要素如图 2-4-1 所示。

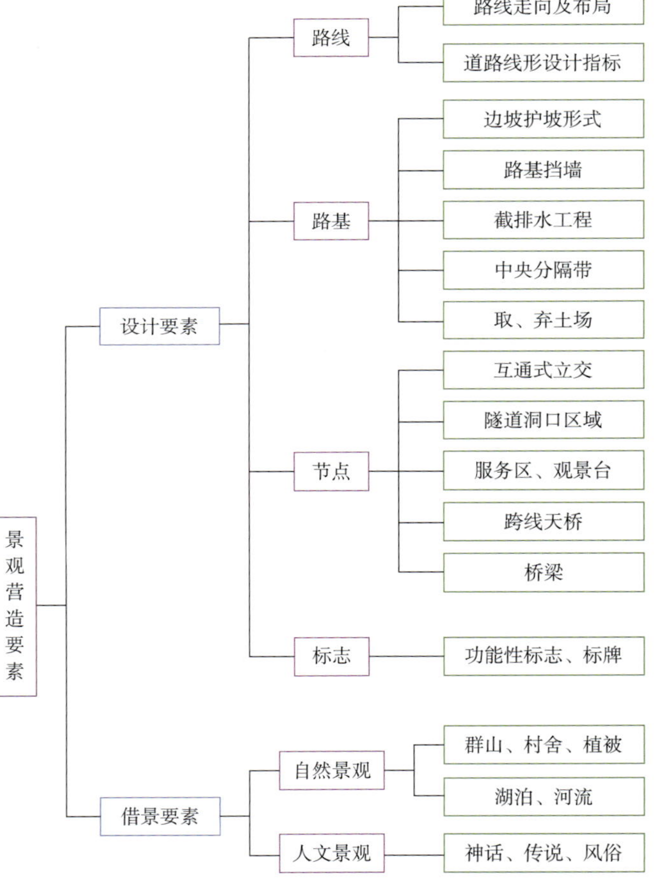

图 2-4-1　高速公路景观营造基本要素

二、绕城高速公路区位分析

重庆绕城高速公路位于主城区外围，全长 188km，穿越北碚、沙坪坝、九龙坡、江津、巴南、南岸、江北、渝北 8 个行政区，连接重庆 5 大片区、11 个组团，分别是两路组团、鱼嘴组团、长生组团、界石组团、一品组团、西彭组团、鱼洞组团、白市驿组团、西永组团、蔡家组团和北碚组团。将城市建设面积由内环高速以内的 $295km^2$ 扩展到 $2\ 253km^2$，增加了 7.6 倍，如图 2-4-2 所示。

绕城高速公路现布设 8 座枢纽互通式立交，17 座一般互通式立交，8 座枢纽互通式立交与已建成的 8 条射线高速公路连接转换，一般互通式立交与地方道路连接转换。其中 8 条射线公路分别指建成的成渝高速公路、渝武高速公路、渝宜高速公路、渝邻高速公路、渝黔高速公路、渝遂高速公路、渝泸高速公路及渝湘高速公路。在现有“两环八射”的高速公路基础上，规划新增重庆沿长江以南至涪陵的高速公路江南通道和重庆至成都的成渝高速公路辅助通道，最终形成都市区“两环十射”的高速公路网。绕城高速公路主要承担分流过境交通流量的功能，射线高速公路在承担城市交通功能的同时，快速疏解对外交通，避免过境交通和对外交通对城市道路交通的干扰。

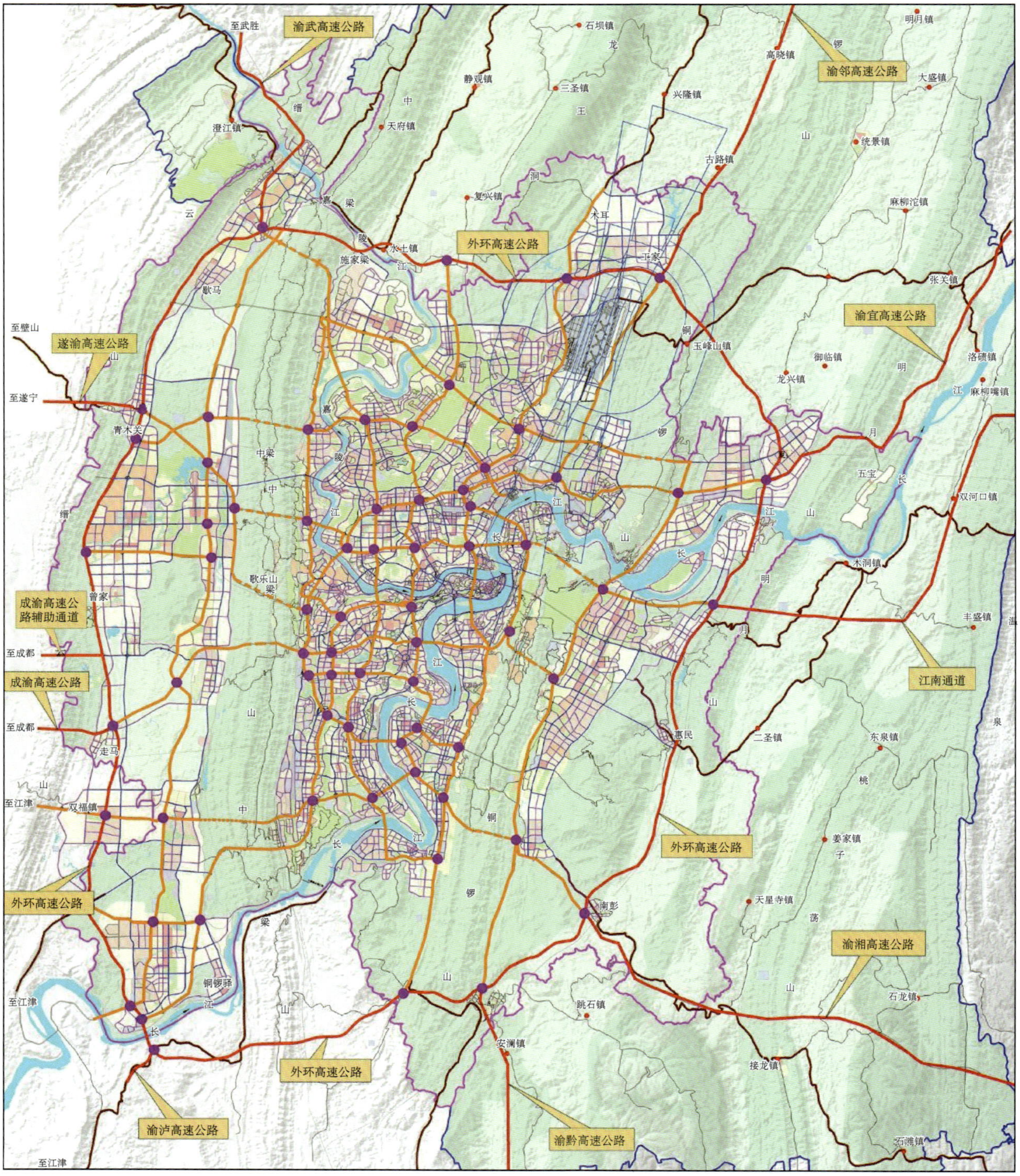

图 2-4-2　重庆绕城高速公路区位关系图

三、绕城高速公路自然人文环境

绕城高速周边景点众多，有集山、水、林、泉、洞等为一体的统景风景区，张关、白岩、舒家一带的溶洞群，渝北龙兴古镇及汉代岩墓密集的柳冈石洞群、翠云的多功城遗址、花石沟恐龙化石崖，

北温泉、嘉陵江小三峡、金刀峡、胜天湖等著名景点。

北碚有文物景点104处，其中列入省市级文物保护单位24处；北碚有国家级重点保护的抗日名将张自忠将军墓，还有晏阳初、梁实秋、老舍等文化名人故居。

渝北龙兴古镇位于重庆市渝北区东南部，东临长江支流御临河，背依铁山山脉石壁山，坐落在四周高、中间低的小盆地里，位于周边的五大场镇和四大自然风景区中部，距重庆市中心区36km。龙兴古镇的遗产资源以人文景观为主，有丰富的宗教礼制建筑景观，古镇民居与寺庙完美结合，具有独特的文化气息，有鲜明巴渝特色的人文精神和民俗历史，具有重要的文物研究、艺术欣赏、旅游观光价值。

绕城高速公路穿越桥口坝国家森林公园和玉峰山森林公园，且于缙云山山麓展布，周边自然环境优美怡人。

重庆桥口坝国家森林公园位于重庆市巴南区境内，公园总面积7 690hm^2，由云篆山、桥口坝、澜安、圣灯山等四个景区组成。公园内海拔为200~1 064m，山峰海拔一般为500~800m，与河槽谷底的高差为150~300m，造就了许多奇异的山岳、槽谷景观。公园内比较典型的地貌类型有背斜翼部低山地貌、向斜低山坪顶地貌和高丘地貌。公园内风景优美，气候凉爽宜人，并有精巧奇异的山岳，高峻雄浑的峰岭，浩瀚茂密的林海，奇特珍稀的古树名木，形象生动的山石，多情柔滑的温泉，波澜不兴的平湖，幽深神秘的溶洞，吉祥灵秀的白鹭，梯布如画的田园，古朴敦厚的民风，沧桑不朽的巴国文化和宗教文化，是人们旅游观光、避暑度假、休闲娱乐的理想胜地。

重庆市玉峰山森林公园位于重庆市区东北部，铜锣峡背斜低山上部，海拔270~848.8m，总面积10km^2，是目前重庆近郊森林覆盖面积最大且植被保存最好的森林公园，被誉为“重庆之肺”。内有植物种类326种，还常有野兔、松鼠、锦鸡、蛇、杜鹃等多种野生动物出入，年平均气温17℃，常年气温比市区低5℃。公园交通与渝邻高速路、渝涪高速路和210、319国道相通。森林公园中心距重庆江北国际机场和重庆主城中心均只有20多公里。森林公园以充满神奇传说的“渝北第一峰”——玉峰山著称，“峰含玉润、蔚然深秀”，立于铜锣峡背斜山脉众山之颠，内有人文古迹天城寨、永佛寺和渝州古道；有枫叶湖、玉泉湖、龙胆潭等原始山泉；有数处天然温泉。森林公园以奇峰林海和人文古迹为特色，是重庆近郊主城区域内人们回归大自然、避暑休闲、度假娱乐、开展森林生态旅游的服务场所。

重庆缙云山国家级自然保护区位于重庆市北碚区境内，雄峙于嘉陵江小三峡之温塘峡西岸，距重庆市中心区45km。缙云山旅游资源十分丰富，其与北温泉的山岳江河、温泉峡谷、丛林古刹、溪流瀑布、奇葩异卉，展示了巴山蜀水幽、险、奇、雄的特点。缙云山林海苍茫，奇峰耸翠，旅游资源十分丰富。从东向西拥有九峰，其形态迥异，险峻嵯峨，人多不可攀。登上峰顶，可远眺雄伟奇特的华蓥山，蜿蜒如带的嘉陵江，两桥飞叠的观音峡，风光秀丽的北碚城，真是“无尽江山胜，都归一览中”。如有幸遇上云海，则云涛浪漫无边际翻涌回卷，壮如万马奔腾，气象万千。如在清晨观日出而遇云海，则朝日初起时，峰后云海偶有灿烂光环，可与峨嵋“佛光”媲美。其与湖水清亮明净不染纤尘，“山如碧玉水如黛，云在青天月在松”的缙云璀璨明珠——黛湖构成了缙云胜景。缙云山是著名的佛教胜地。自南朝刘宋景平元年（公元423年）以来，先后建造了缙云寺、白云寺、大隐寺、石华寺、复兴寺、转龙寺、绍隆寺、温泉寺八大古刹。目前保存最为完好的是缙云寺，曾受历代封建王朝所亲睐，1932年，中国佛教协会在此创办汉藏教理院，为世界佛学苑的四大分院之一。由于佛教的兴旺，给缙云山留下了众多的文物古迹。洛阳桥的石照壁以一幅芭蕉麒麟图的古老格调反映出我国晚唐时期文化的发达；相思岩为古相思寺迹地，雕凿于大宋元佑年间的摩岩石刻，有存放历代高僧遗骨的“舍利塔”，有大清嘉庆21年（公元1816年）建成的那伽业窟；位于山门前的明代石坊，更增添了古刹幽深、雄伟的气派。还有八角井、碑亭、华昌亭、祇园、感应洞、南北高观音（也称南北普陀山）、九龙寨、青龙

寨、云峰寨、海螺洞、轩辕洞、大岩洞、袈裟洞、桂月中秋、狮峰观日、香炉凌空、竹海探幽等前人留给我们的人文景观和自然景观。

四、绕城高速公路地形地貌与工程特点

绕城公路所在区域位于四川盆地东南部，所在地区承袭了山城的整体风格，地形上主要呈现狭长条形山脉与丘陵相间的“平行岭谷”景观，如图 2-4-3 所示。由缙云山、中梁山、铜锣山、明月山狭长状低山山脉构成“岭”，其海拔高程一般在 500~900m 之间，自北向南平行延伸排列，形似东西向的层层屏障。其间高程在 200~400m 之间为相对宽缓的丘陵区，构成岭间“谷”地。

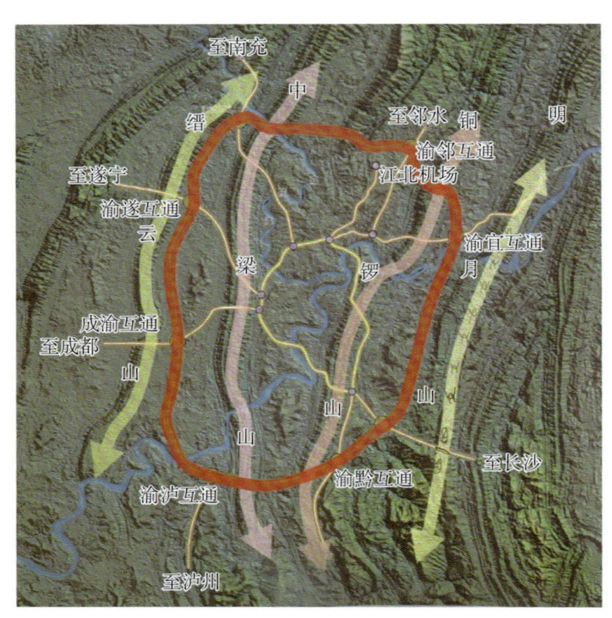

图 2-4-3　重庆绕城高速公路与山川地势关系图

绕城高速总体上西段、东段沿山麓地带展布（图 2-4-4），地形条件较好，沿线经济发达，周边风光优美，公路工程以填挖为主，桥隧比例小；南段、北段横向穿越山脉，地形条件复杂，周边为典型山岭景观，工程上表现为桥隧工程量大，比例高，挖填工程量大，工程艰巨。

重庆绕城高速是重庆市主城区经济社会快速发展的重要载体之一，也是重庆主城区外围生态屏障的重要组成部分，线路先后穿越中梁山脉和铜锣山脉，在缙云山脉和明月山脉两山山麓蜿蜒延伸，两次横跨母亲河长江，先后跨越綦江和嘉陵江，与两江四岸的生态防护林一起有机结合，形成主城区绿色生态网络体系。绕城高速生态景观廊道与“四山”一起构成了主城区外围的天然生态屏障。

（一）绕城东段

绕城东段呈现由南向北走向，沿明月山山麓地带重丘、低丘间行进（图 2-4-5），以构造侵蚀丘陵地貌为主，砂岩质硬抗风化剥蚀能力强，多形成“岭”等地形，泥岩质软多形成洼地、宽缓谷地或缓坡。沿线经过忠兴、惠民、迎龙、广阳，穿过华运农业基地边缘，连接界石、长生和鱼嘴 3 个规划并正在兴起的经济组团。沿线农业经济发达，多水塘、稻田、湖泊和果园，自然风光优美，地形平缓，为重庆休闲、观光旅游基地。高速公路内挖方、填方边坡多，桥隧工程少，挖填相对低缓，以泥岩、砂泥岩互层、完整砂岩为主，土壤为紫色土壤，深厚且适宜植物生长。

图 2-4-4　重庆绕城东段路线沿明月山山麓展布

图 2-4-5　重庆绕城东段路线与应龙湖风景区

（二）绕城北段

绕城北段路线总体呈现由东向西，为构造剥蚀低山地形，地形起伏频繁，自然植被茂密，经过鱼嘴、复盛、龙兴、王家、人睦、水土、施家梁，穿越玉峰山森林公园，连接空港开发区（图 2-4-6 和图 2-4-7）。沿线所经区域经济、文化相对较为发达，目前空港区正进行大规模的开发建设。路线设计强调“势”的理念，线位布设与山川、河流、大地的势相吻合，该路段分布 7 座隧道，多座特大桥梁，挖方边坡高度较高，坡比以 1∶0.75、1∶1 为主，岩层以泥岩、砂泥岩互层为主，土层为厚薄不均的第四系全新统残坡积黏土。

图 2-4-6　重庆绕城北段朝阳寺特大桥与连绵起伏山体

图 2-4-7　重庆绕城北段玉峰山隧道悄然穿越玉峰山

（三）绕城西段

路线由北向南穿越，沿缙云山脉山前谷地及北碚规划区边缘行进（图 2-4-8）。经过北碚、歇马、青木关、大学城、走马、滴水岩，连接北碚组团、西永组团、白市驿组团，并通过西永组团内的大学城规划区。沿线丘陵连绵起伏，沟谷普遍分布，谷地开阔，地形平缓，以浅丘、丘陵为主，多水田、耕地，农业发达，人口密集，民居多。公路线形平滑顺直，纵坡小，工程填挖量不大，高速公路路堑边坡以 1∶1、1∶1.25 为主，边坡较矮，土质较好，自然植被以灌木为主。

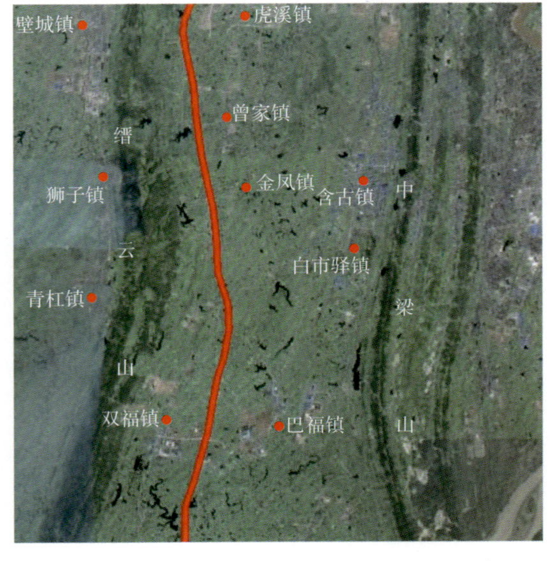

图 2-4-8　重庆绕城西段沿缙云山山脉山前展布

绕城西段沿线风景优美，自然景观丰富，树影婆娑，植物各异，层次鲜明，具有形态美、色彩美、季相美和风韵美。近期自然风光为乡村田园，但地处经济活跃带，新农村建设、规划组团的发展很快就会延伸到高速公路的边缘，远期应为城市风光段（图 2-4-9）。

（四）绕城南段

路线经西彭、观音岩、支坪、仁沱、马宗、桥口坝、一品，止于南彭镇。滴水岩至观音岩长江大桥前路段地势平缓，以水田为主；长江大桥后路段以构造剥蚀低山地形和侵蚀岩溶地形为主，地势险峻，山势雄伟，河流深切，岸坡陡峻，植被繁盛，路堑边坡高陡，以砂泥岩、灰岩边坡为主，大多边坡边坡为 20m 左右，坡比为 1∶0.75~1∶1，其中自桥口坝至一品场一带经过规划的“桥口坝国家森林公园”景区（图 2-4-10），该景区以险峻的石灰岩峭壁、丰富的温泉、蜿蜒的河流和茂盛的森林植被景观称著。

图 2-4-9　重庆绕城西段地貌

图 2-4-10　重庆绕城南段在如山水画般的桥口坝国家森林公园间蜿蜒

五、绕城高速公路气候与植被特征

重庆位于东经 105° 17'~110° 11'、北纬 28° 10'~32° 13' 之间的青藏高原与长江中下游平原的过渡地带。气候属亚热带季风性湿润气候，年平均气候在 18℃左右，冬季最低气温平均在 6~8℃，夏季平均气温在 27~29℃，日照总时数 1 000~1 200h，冬暖夏热，无霜期长，雨量充沛，温润多阴，雨热同季，常年降雨量达 1 000~1 400mm，春夏之交夜雨尤甚，素有“巴山夜雨”之称。

本项目经过区域的主要植被类型为亚热带常绿阔叶林、常绿阔叶林和针阔叶混交林。区域内植物资源丰富，各类植物共有 6 000 多种，境内主要原生本土乔木有银杏、雪松、云杉、柏木、侧柏、木麻黄、钻天杨、桤木、青冈栎、栓皮栎、朴树、黄葛树、天竺桂、枫香、喜树、法国珊瑚等，灌木有千头柏、铺地柏、接骨木、六月雪、小果蔷薇、茶梅等。药用植物资源丰富，是全国重要的中药材产地之一，主要有黄连、白术、金银花、党参、贝母、天麻、厚朴、元胡、当归等。高速公路沿线主要植物群落类型有：乔—灌—草组合，乔—灌组合，乔—草组合，灌—草组合四种类型（图 2-4-11）。

a）

b）

图 2-4-11　重庆绕城高速周边典型植被组合

第二节　绕城高速公路景观段落划分

分析绕城高速公路区位与功能定位，绕城高速沿线自然地理环境，绕城高速沿线土壤、植物群落特征，总结高速公路线形、路基、路面、构造物、附属设施等工程状况，根据这些景观要素构成的空间总体，考虑行车人视觉特征，绕城高速公路具体可划分为峰岭景观段、田园风光段、丘陵景观段，如图 2-4-12 和图 2-4-13 所示。

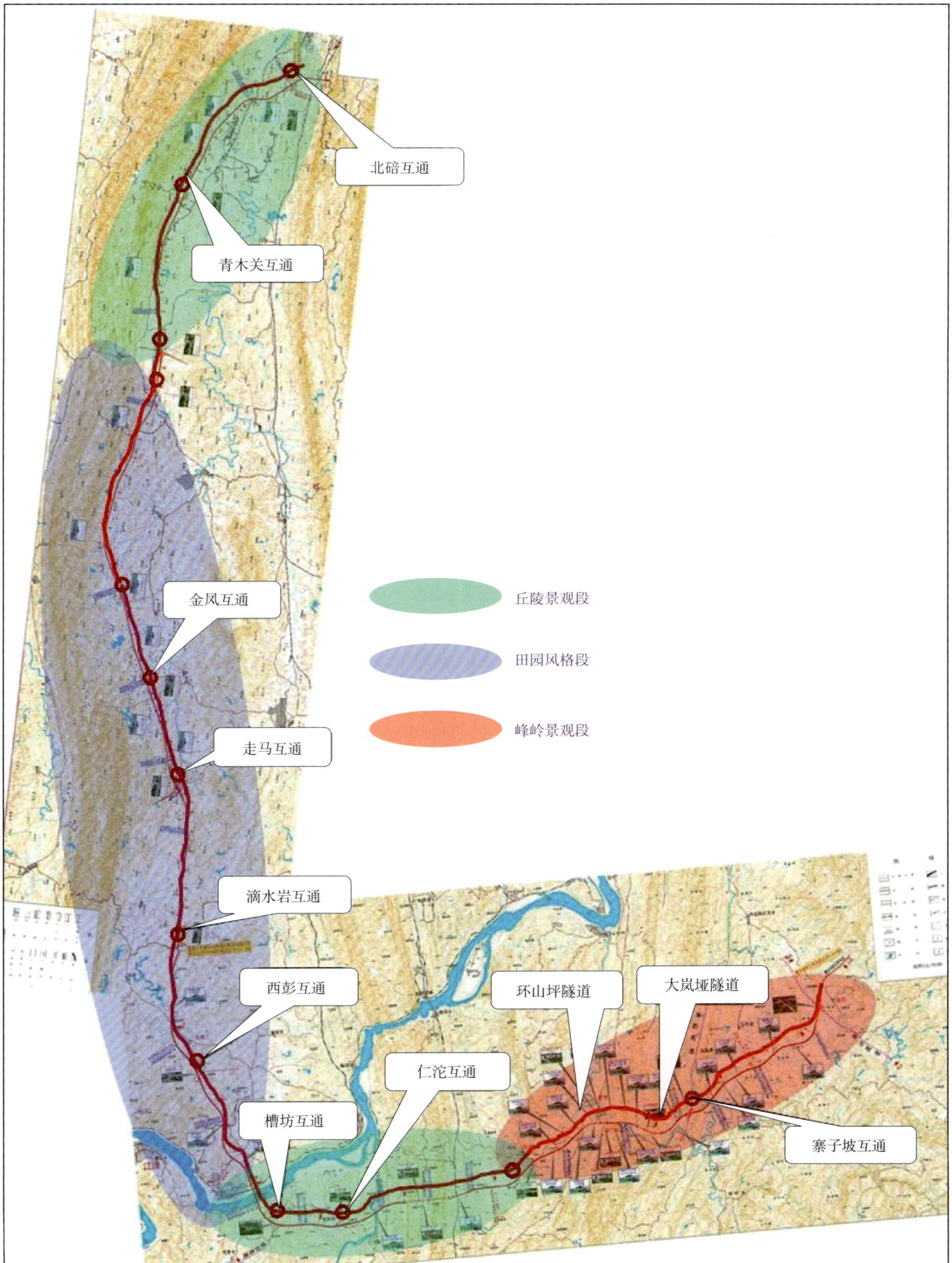

图 2-4-12　绕城高速公路西南段景观段落划分示意图

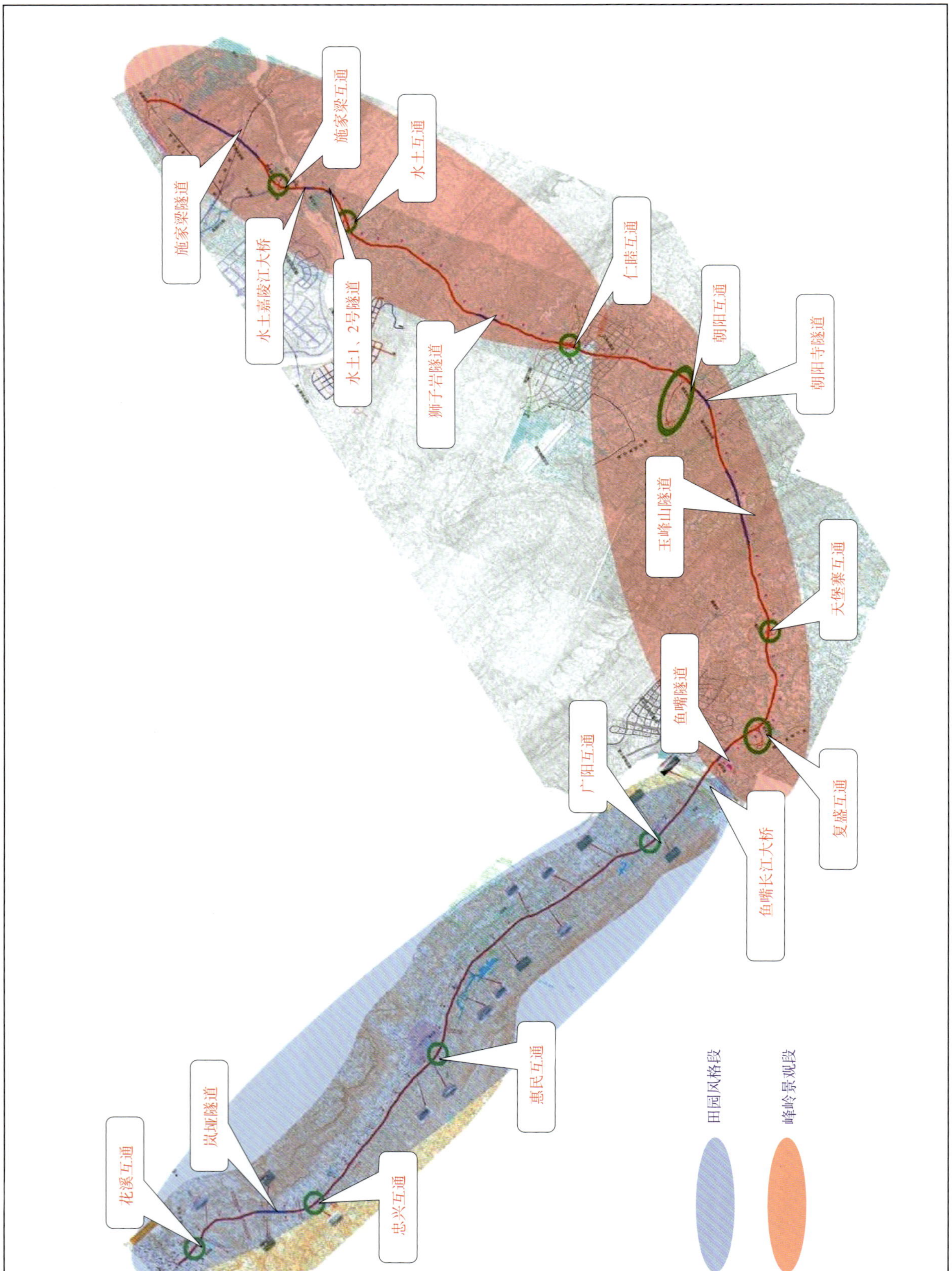

施家梁隧道
施家梁互通
水土互通
水土嘉陵江大桥
水土1、2号隧道
狮子岩隧道
仁睦互通
朝阳互通
朝阳寺隧道
玉峰山隧道
天堡寨互通
鱼嘴隧道
广阳互通
复盛互通
鱼嘴长江大桥
惠民互通
岚垭隧道
花溪互通
忠兴互通
田园风格段
峰岭景观段

图 2-4-13 绕城高速公路东北段景观段落划分示意图

一、峰岭景观段

峰岭景观段主要分布在绕城南段一品至桥口坝路段和绕城北段，此种景观类型段落的工程显著特征为以桥梁、隧道的方式在崇山峻岭、山岭重丘间穿行，路基工程段落表现为高挖方和深填方，挖填高度较大。周边自然环境优美，多分布有连绵起伏的山体、陡峻的悬崖、茂盛的丛林、湍急的山流，特别是路线穿越桥口坝森林公园和玉峰山森林公园的路段（图 2-4-14~ 图 2-4-18）。

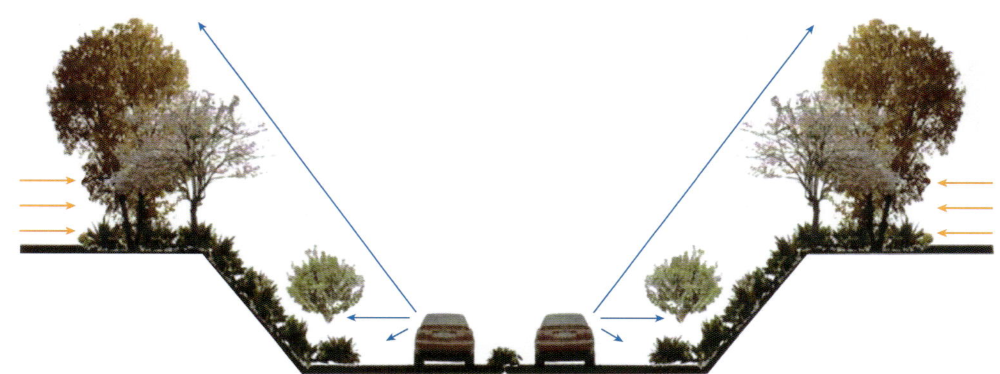

图 2-4-14　峰林景观段封闭式视觉环境

图 2-4-15　绕城南段路线穿越隧道后沿箭滩河展布的山区桥梁

a）

b）

图 2-4-16　桥梁、隧道构造物工程与周边环境

此种景观类型段落在行车过程中形成的视觉感受主要为封闭感，驾乘人员的行车视线被深挖方、

周边山体所遮挡，偶然视线开阔路段距离较短，给人惊鸿一瞥的感受，让人感叹自然的伟大和人类的智慧。此类景观段落景观营造的主要内容和重点如下：

a）

b）

图 2-4-17　隧道通过洞口景观营造悄然进入山体

a）

b）

图 2-4-18　立交工程、深挖方工程景观与周边融合

（1）公路线形总体与山川河流的走向顺势。路线布设尽量不切断山脉河流势的延续性，保持自然景观的完整。在条件不允许时，横向切割山体、跨越河流后的路段线形布设特别注意与山势、水势的有机切入配合。

（2）桥梁、隧道、立交等构造物工程与地形的适应与匹配，最大限度地保护周边环境，最小程度地破坏环境，使构造物自然地融入到周边环境中。

（3）路侧景观布局以何种方式，使路域人工生态恢复的生态景观过渡、融合到周边的大景观中。

二、田园风光段

田园风光段主要分布在绕城高速西段青木关—寨子坡路段、南段寨子坡—槽坊路段和东段。此种景观段落类型的工程显著特征为以路基填挖方式为主，填挖高度不大，桥梁隧道工程分布比例小。周边的环境多为成片的水田、鱼塘，零星分布的乔灌木丛，星罗密布的村庄农房，四季景观因农田的变换呈现不同特征，总体上呈现静谧的田园风光特点（图 2-4-19~ 图 2-4-22）。因绕城所处的区位关系和经济组团交通连接转换功能，此种景观类型段落经济组团相对密集，周边土地的开发利用快速活跃，在绕城高速建设期间已有明显的变化，周边环境正逐渐向组团城镇、规划园区、新农村建设区等社会人文景观环境转变。

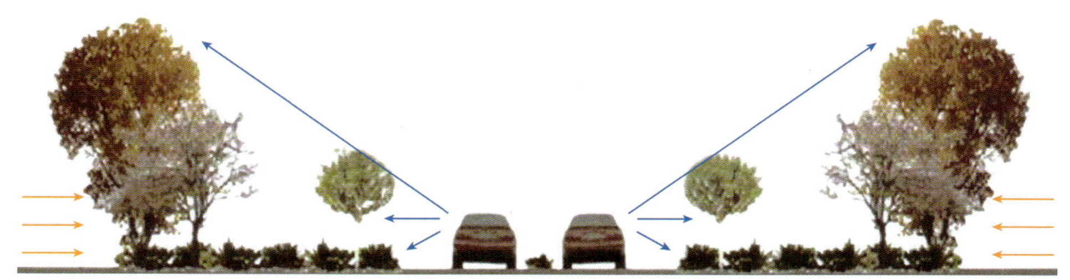

图 2-4-19　田园风光景观段开阔式视觉环境

a）

b）

图 2-4-20　田园风光段低填浅挖路段路域景观

a）

b）

图 2-4-21　田园风光段互通式立交区域景观

a）

b）

图 2-4-22　路侧静谧田园风光

此种景观类型段落在行车过程中形成的视觉感受主要为开阔感，可观赏远处山脉风光，周边田园景色，如火如荼的开发建设园区。

此种类型段落景观营造的主要内容和重点在于：

（1）路基工程与周边自然环境的和谐统一，包括边坡开挖填筑、边坡生态防护、路基排水工程、路基支挡结构等与周边地形、植被、水田鱼塘等的协调。在生态恢复的基础上，注重植物的疏密配植，拟自然的植物配植手法，使路基工程融入自然。

（2）互通式立交等构造物工程进行场地三维整形设计与施工，使立交区形态与周边地形的形态匹配，使构造物自然地融入周边环境中。

（3）路侧景观布局以营造小环境，突出周边大环境。

三、丘陵景观段

丘陵景观段位于田园风光向峰岭景观过渡区间路段，主要分布在绕城西段北碚—青木关、南段槽坊—一品路段。该类型景观段工程上以路基填挖和桥梁工程为主，路基填挖高度一般介于田园风光和峰岭景观段之间，周边地形以中浅丘为主，分布有水田、旱地及丛林。

此种景观类型段落在行车过程中形成的视觉感受交替频繁，有开阔感路段，有封闭感路段，也存在很多半封闭路段，即一边高另一边低路段，一般情况下，驾车人员有向下、向远投射的趋势，以寻求较开阔的景观感觉（图 2-4-23~ 图 2-4-26）。

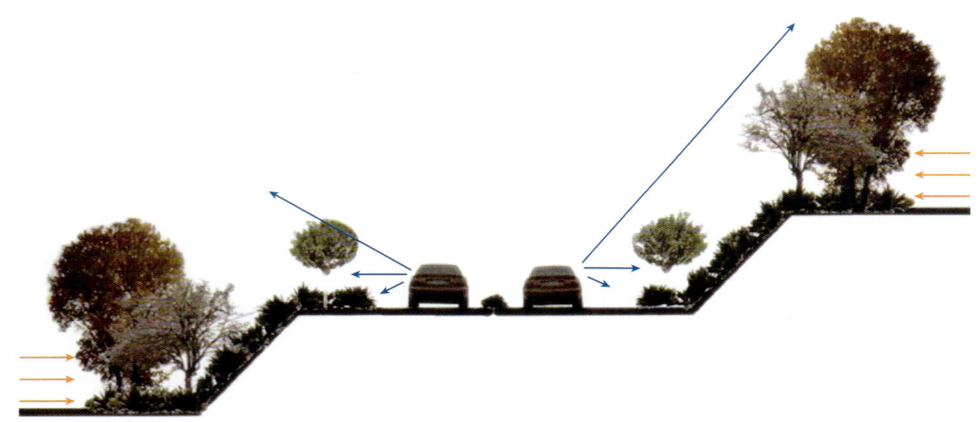

图 2-4-23 丘陵景观段半封闭式视觉环境

a）

b）

图 2-4-24 丘陵景观段路域与周边自然风光

a）

b）

图 2-4-25　丘陵景观段路基、立交区与周边自然融合

a）

b）

图 2-4-26　视觉景观过渡与对比

此种类型段落景观营造的主要内容和重点在于：

（1）路基工程与周边环境和谐相融。景观营造一方面尽量放缓边坡，做好边坡生态恢复，使公路与周边环境自然顺接；另一方面从路侧绿化的植物配置等方面入手，有目的地将路外景色引入路内。

（2）视觉景观过渡频繁路段的节奏感、韵律感景观营造。

（3）互通式立交等构造物工程进行场地三维整形设计与施工，使立交区形态与周边地形的形态匹配，使构造物自然地融入周边环境。

第三节　公路景观营造思路与方法

一、公路景观营造总体思路

公路是附着于大地表面，供汽车行驶的人工构造物。公路自身景观包括公路线形（平、纵、横）、公路构造物（桥梁、隧道、互通式、路基工程等）、服务设施（服务区、收费站、观景台等）、公路绿化；公路沿线景观是公路所处的外部环境，包括沿线地形、地貌、植被、民俗风情等。公路自身景观与沿线景观是相互依存的关系。公路景观营造总体指导思想应该是“追求公路自身景观融入公路沿线景观中，而不是求新求异”。

公路景观营造要维护自然的“势”。公路穿越的山脉、河流存在不同“势”的走向和延续，山脉以

其固有走势连绵起伏，河流蜿蜒曲折流淌不止，不同物种群落层峦叠嶂。因此，公路线形和结构物的布设应尽可能避免切割势的走向和连续，处理好线形与地形、城镇、河流之间的关系，处理好挡防工程、跨江越沟桥梁工程、穿山越岭隧道工程、交叉工程布设与地形、城镇、河流的关系，设计出与地形地貌环境相适应、顺应地形的优美线形和优美结构物。

公路景观要营造“动”的氛围，以动感景观为主，静态景观调剂。汽车高速行驶在公路上时，两侧景观飞逝变换，一般只会留下整体宏观印象，忽略较多细节。因此，公路线形的变化，结构物造型、质地、色彩的变化，生态恢复方式都应配合周边环境的变化，以协调、自然、连续的手法来营造动感氛围。同时，在互通式立交、服务区、观景台等工程节点，布设色彩丰富的静态景观，供使用者品评欣赏，起到调剂作用。

综上所述，高速公路景观营造应以自然性原则至上，其基本思路为“顺应自然”，基本方法为“师法自然”，其目标为“融于自然”。

公路线形是平、纵、横的三维空间曲线，行驶的车辆又为它引入了“时间”的概念，所以在路线空间造型设计时，应以四维空间理论进行道路景观设计，体现“动”的概念。路线空间造型是道路景观营造的基础，“顺应自然”主要体现在路线线形规划设计与自然地形、沿线景观、周边环境有机结合，随山就势，因势利导；路线平纵横组合合理搭配，体现渐变，保证视觉连续感。在绕避环境敏感点的基础上，真正体现“生态选线、景观选线”的思想。

二、公路景观营造具体方法

（一）从线形规划设计体现顺应自然

公路线形规划应从“扬长”和“避短”两个方面来考虑。所谓“扬长”，即是指路线布置时考虑自然景观的地形地貌、视觉特征和环境心理等因素，充分利用自然地形，使线形与地形高低的变化相适应。线形设计的好坏往往意味着对环境的改变程度，根据周围环境特点来引导路线布局，可以“因势利导”地发挥环境的特色，既避免过于生硬或突兀的布线方式对环境心理的影响，又可为其他景观要素的设置创造条件。

当路线无法避免的某些特定因素可能会对整体效果产生极大影响时，则应该采用“避短”的方法来尽可能补救负面影响。在路堑相当长的情况下，微弯的线形设计能在一定程度上弥补大规模挖方带来生态破坏所导致的视觉冲击，辅以精心设计的植被护坡，就好像道路在崇山峻岭之间游走，令人遐思万千；路线穿越林带时，公路笔直划开茂密的树丛，会让人感受不到树林的存在，在不影响通视条件的情况下，将公路线形直改曲，并适当拓宽中央分隔带，如此略微处理即能找到丛林的感觉；在半填半挖路段，路堤边坡暴露在外对外部景观有影响，这时将线形靠向山侧可极大地减少视觉冲击。

丘陵景观路段，合理的布线是沿着等高线或与等高线选择较小的角度和坡度进行穿越，这样可以与周围自然环境更好地相协调。如绕城西段路线绕避大学城路段，线路向山侧适当布设，绕避大学城规划区，连续挖方路段适当布设曲线和与地形等高线的配合，使公路工程顺应周边环境，融入自然景观中（图 2–4–27）。

峰岭景观路段，在线路需要横穿山脉、跨越河流后，路线线形曲线布置适当，可以顺势切入河流陡峻的岸坡，采用对环境最小破坏的工程布置方式（如顺坡桥），在施工中最大限度地保护环境，使公路工程在山岭间蜿蜒穿行，陡峻的崖体、茂密的丛林就在眼前，就在身边，工程与环境达到最佳的融合。

例如绕城南段箭滩河路段，路线穿越大岚垭隧道后，跨越地方道路、跨越箭滩河，在 70° 的陡峻斜坡上布设桥梁，顺应自然，如图 2–4–28 所示。

图 2-4-27　丘陵景观段路线布设顺应自然

图 2-4-28　峰林景观段路线布设顺应自然

（二）从线形平纵横组合体现顺应自然

公路平纵线形是永久性的设计要素，一旦建成便很难再来改善线形的缺陷。为使线形具有最佳的安全性、舒适性及经济性，设计阶段应对线形进行检验与评价，同时根据驾乘人员主体视觉感受和景观体验，找出线形的内在缺陷并进行改善，从而使线形元素的选取及搭配在使用质量上满足各项需求。合理的平纵组合要体现出渐变感和连续感。

体验渐变是驾乘人员在路线上行驶时，对车辆所在位置的线形合适度的最直接反应，通过这种体验得出的线形组合连续性和渐变性效果，是确定道路线形美学和体验舒适性的基础。一般来说，在长度适当的直线或曲线上行驶时，线形的平顺性基本上都能满足体验要求，但对于路线中有弯道和曲折的地方，如果处理不当则容易造成生硬感或缺陷。

视觉连续是驾乘人员对前方一定范围内线形尺度的预先判断。在行驶过程中，驾乘人员并不了解线形的曲率、坡度等问题，但是线形因素却在交通安全中起着直接作用，驾驶员根据不同的线形状况准确判断这几个距离的经验值，以确保交通安全，因此线形占据了驾驶员很大一部分视线。通过将路线高程进行调整，可以将远处的山形纳入视觉范围内，这样观察起来视觉具有连续性，而不仅仅局限在坡面廓影下，视觉体验会获得更好的效果。

对于高速行驶的汽车来说，高大的边坡会给驾驶员造成压迫感，这种压迫感的产生与视野角度有很大关系。当景物的高度与观察者与景物的距离相等，即构成 45° 视角时，观察者就会产生一种自己被该景物群体吞没的感觉，此时景物是以一个一个局部而非整体进入视野；当景物的高度与距离为 1：2，即视角约为 30° 时，仍然会有吞没的感觉，但景物已不再是局部而是以整体进入视野；当景物高度与距离之比达到 1：3，即视角达到 18° 时，就不再有吞没感了，对景物的印象也很淡薄了；当比值达到 1：4，即视角为 14° 时，压迫感将完全消失，远山等景物方能成为景观中的一个组成部分。

因此，横断面形式设计应尽可能融入自然，将边坡形式设计为曲线的组合形式，则既容易与周围环境协调，又便于采取生态防护处理，给道路带来活泼感（图 2-4-29）。横断面形式的选择还应考虑环境心理。当周围的环境信息过于复杂时，应调整断面形式以与自然环境隔离开；反之，若周围的环境信息过于简单，特别是长时间的高边坡体验会使驾乘人员产生封闭压抑感，此时应适当地放缓边坡坡度，开出一系列间断的开口，使驾驶员在某些地方能观察到周围的原野风光，或选取土坡为背景处理植被和新栽树木来进行造景处理。

（三）灵活整理场地，再现自然景观

在线形设计、平纵横组合顺应自然的基础上，对路基工程、结构工程细节、立交主题、上跨结构造型等进行处理，核心思路是师法自然。

图 2-4-29　线形平纵横组合顺应自然

1. 路基边坡坡形整理

路基断面的造型重点是路基边坡，目的是使路基尽量与自然地形、现有地带的地貌相适应，与沿线的植被绿化相协调。

路堑边坡的开挖是路基工程中的重点，开挖后路堑边坡的平整度直接影响后续防护工程的外观和内在质量。重庆绕城高速公路在设计中即明确要求岩质路堑边坡临近设计坡面线 2~3m 范围采用光面爆破施工技术，以保证边坡的平整度。

路堑挖方边坡坡形与其所处的地形、地质条件息息相关，应灵活处理。通过边坡坡形整理，可以达到的景观效果如下。

（1）软质岩边坡形呈流线型，边坡坡脚、坡顶取消折角，充分利用 3m 间距采用贴切自然的圆弧线或抛物线过渡。

（2）块状结构、层状结构的稳定硬质岩边坡采用直线形，坡顶、坡脚的折角给人以刚毅、挺拔、稳重有力之感。

（3）边坡的开挖并不强求极度平整，过度的平整“一刀切”反而显得不自然，给人呆板、生硬之感。对于整体稳定的边坡，清除不稳定岩块的边坡，允许边坡有一定的起伏，但大面须平顺，过渡自然。边坡上尽量少用硬质防护工程，对于自然裸露的稳定岩体（如孤石、独石），采用“露”的方式处理。

2. 立交区内场地修整

立交区内场地修整主要指对互通式立交内部区域的路基边坡、路肩、坡脚及三角区和环形区地面坡形的修饰整理。通过利用匝道的几何构成和原有自然地形，因地制宜，从整体上营造与自然地形近似的圆滑坡面，尽可能地效仿自然，开阔驾乘人员的视野（图 2-4-30）。

a）

b）

图 2-4-30　立交区场地地形宜形成圆缓丘陵

过去较为普遍的做法是将主线、被交叉公路和匝道分别作为独立的单元，按一般的公路进行设计，忽略了互通式立交内部区域“面”的概念，使得互通式立交区域人工痕迹严重，造型生硬。

绕城高速公路从土建设计开始，就结合土石方调运，根据互通特点对互通内场地进行整体设计，尽量营造圆滑的坡面。立交区场地修整一般要点如下。

（1）注重细节、体现特色

立交区场地的三维弧化应从设计开始，综合考虑排水、弃方量、周边地形及植被等因素，进行精细化设计，贯穿至施工中。一般路堑边坡宜结合借方取土及视距要求放缓边坡，整理为自然优美的坡形；填方边坡应结合弃土，放缓边坡，与场地修整衔接填筑为浅碟形。原则上，取土坑及弃土场应设在立交区内，少设在立交区外围周边。

（2）排水系统隐形化、自然化

立交区内排水系统宜结合立交区坡面修整改造为暗沟或浅碟形生态边沟，边沟材料也宜根据水流情况取用，避免生硬的边沟形式；应根据汇水面积的大小，取消大而无用的浆砌排水沟（图 2-4-31）；应结合水流方向和流量大小设置活水区域，丰富景观层次。

a）

b）

图 2-4-31　取消立交区大而无用的浆砌排水沟代之以生态土沟

（3）立交区内填方边坡应尽量取消浆砌护坡工程，生态防护工程优先（图 2-4-32）。

a）

b）

图 2-4-32　立交区应生态防护工程优先

（4）匝道桥梁墩台等结构物应精细化施工，把握好外观形式，锥坡设置灵活、精细，并与立交区场地修饰及景观相协调。

（5）应保留互通区域内的河流、有水源的水体。填方区域内，若外部有水进入，均可在互通区域

内设置水塘用于植物后期养护，并注意水塘与涵洞等排水系统的衔接。

（6）应弱化重丘、低山区互通式立交的场地修整。

位于重丘区、低山区的互通式立交，桥梁工程及路基填挖工程比重较大，其场地修整不应过度强求圆缓，做适当修饰即可；对于影响视距的三角形分合流区域挖方，应对可能形成尖角的区域进行重点处理；有河道的区域，应加强河道保护并恢复。

浅丘区、中丘区、重丘区立交区场地修整实景见图 2-4-33~ 图 2-4-36。

a）南段西彭立交环形区

b）南段西彭三角区

c）西段互通式立交区内的土沟与隐蔽的排水沟

d）南段仁沱立交自然水沟扩充为自然水景

图 2-4-33　绕城高速公路田园风光段浅丘区立交区场地修饰实景

3. 隧道进出口区域场地修整

隧道进出口区域是场地地形变化的过渡区域，也是行车视线由开阔收敛到封闭、由封闭扩散到开阔的视觉景观过渡区域。该区域的场地修整和景观营造布局非常关键，场地整理得好则顺势自然，整

理不好则突兀生硬。隧道洞口区域场地修整的要点如下：

a）歇马互通场地原三角区

b）歇马互通三角区修整后

c）歇马互通环形区域圆滑处理后与周边环境融合

图 2-4-34　丘陵景观段中丘区立交区场地修整实景

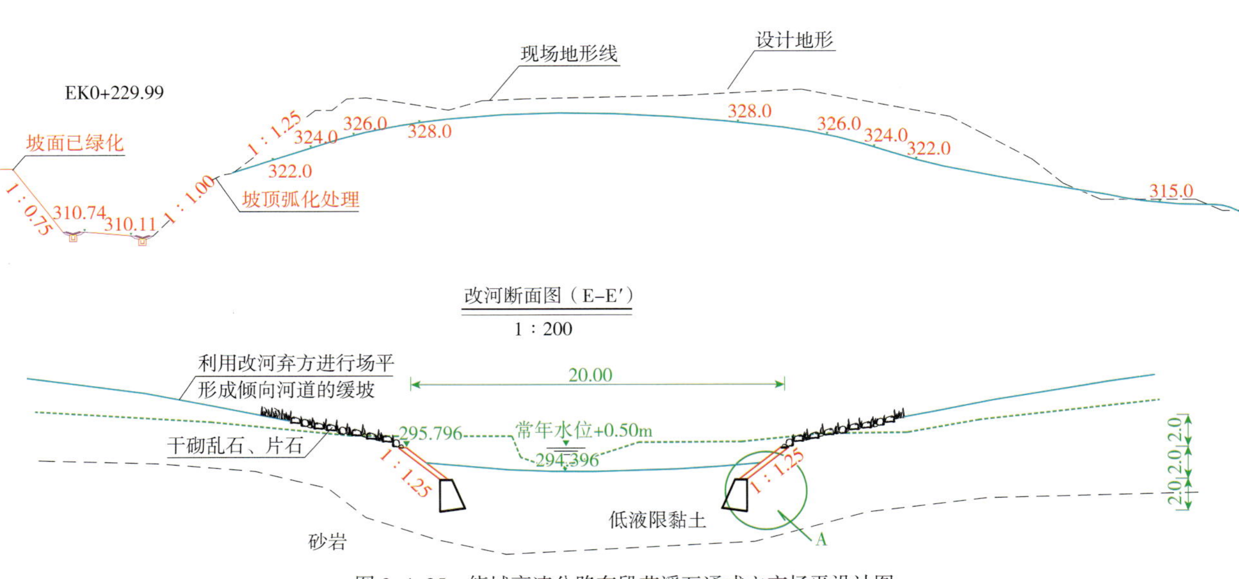

图 2-4-35　绕城高速公路东段花溪互通式立交场平设计图

（1）隧道仰坡宜采用曲面，即由低到高的坡比可为 1：5~1：1 的渐变，以使边坡与洞门顺接。

（2）仰坡在施工中应采取必要的结构措施尽量减少开挖量，严禁超挖。开挖后，初期应尽量避免采用挂网喷混凝土。对于高陡的岩质边坡，有局部落石时，可采用柔性防护方式；对于平缓的土质边

坡，可采用生态防护，也可移植周围原生乔灌木在坡面上绿化。

a）花溪河周边场地整治

b）桥下场地整理平顺

c）E 匝道边坡施工的框架防护

d）拆除高边坡框架放缓及弧化处理

图 2-4-36　绕城高速公路峰岭景观段重丘区立交区场地修整实景

（3）削竹式隧道洞门，待隧道进洞后，应回填土恢复原地面线，种植乔、灌、草加以绿化。

（4）隧道洞口前区域左右线间的场地处理不能简单以场地整平为主，而应根据现场地形条件，因地制宜地营造微地形，与周围地形自然过渡、圆滑顺畅，如保留两线间仰坡坡脚的山体，不破坏中间的原生植被等。

（5）洞口区域坡面汇水面积不大，或接近分水岭位置，雨水对仰坡冲刷不大时，可不设截水沟。当必须设置截水沟时，截水沟位置应隐蔽或采用暗沟。

图 2-4-37　绕城高速公路北段玉峰山隧道进口场地修整

图 2-4-37 为绕城高速公路北段玉峰山隧道进口场地修整效果图。

（四）注重细节处理，淡化人工痕迹

路基支挡工程、截排水工程及填挖交接路段等是公路的主要结构物，在设计时应仔细考虑其与周围环境的协调，各种构造物的结构、造型、材料等均应与当地自然和人文景观条件相适应。

1. 路基支挡结构

设计阶段应认真研究支挡结构物的设置位置，取消不合理的挡土墙，尽量避免和减少路堑边坡的圬工结构物，切忌采用高挡墙进行大段落

防护，以免影响高速公路的视觉效果。对必须设置挡墙的段落，可采取化高为低、化整为零、化大为小、化直为曲、化硬为软等方式，如采用阶梯式路堑墙（图2-4-38）、路堑边坡平台处嵌入式抗滑桩（图2-4-39），使构造物表面贴近自然，与沿线风貌相一致，消除其生硬痕迹并使其远离行车人视线。挡土墙与桥台和路基边坡的衔接应精心设计，使其顺适自然（图2-4-40），将挡墙与桥台、挡墙与路基边坡融为一体。

a）

b）

图2-4-38　阶梯式路堑墙隐入坡面中改变了呆板生硬的外观

图2-4-39　嵌入式抗滑桩远离行车视线

图2-4-40　挡墙与桥台采用相同坡率顺适衔接

2. 截排水工程

重庆绕城高速公路对截排水工程提出“在满足排水要求、利于养护的情况下，路基排水工程应尽量达到宽、浅、隐、绿的效果”，要求外观线形美观流畅，有条件地段设置在视线之外，以提高行车安全和景观效果。路基排水工程应系统完整，敏感路段，如沿溪线、跨水库等排水系统应自成体系，具体采用了以下一些措施。

（1）路堑边坡采用植物防护的路段，采用与暗沟配合的浅碟形生态边沟；纵向长度短、汇水面积小的低填、浅挖路段，采用与渗沟配合的浅碟形生态边沟；边坡不作防护处理的硬质灰岩或弱风化厚层砂岩路堑路段，以及与路堑墙构造物相配合的路段，采用加盖板的矩形边沟。通过这三种形式，改变了以往宽大的梯形边沟，同时在挖方路段取消了防撞护栏，有效改善了高速公路视觉效果，也增强了路侧安全性。

（2）将填方路段的排水沟形式由以往惯用的梯形改为了矩形，节省了占地数量（图2-4-41）。根据地形的不同、水量的大小，灵活设计了不同形式的截水沟，并进行了生态恢复，使其隐藏于行车人视线外。

a）

b）

图 2-4-41　绕城高速公路加盖板矩形边沟与以往高速路梯形明沟的比较

重庆绕城高速公路对边沟注重了细部处理，特别在填方边沟与挖方边沟、边沟与涵洞、截水沟与填、挖方边沟的过渡衔接处，根据不同情况，设置不同的过渡段形式，提高了边沟的使用寿命及外观质量（图 2-4-42）。

a）填方边沟与挖方边沟的衔接

b）边沟与涵洞衔接

c）碟形边沟实景效果

d）隐蔽的边坡截水沟

图 2-4-42　绕城高速公路截排水工程的细节处理

3. 填挖交界处的处理

填挖交接（包括坡脚、边坡轮廓线）三角形过渡区域是景观处理的难点，应结合截排水工程综合考虑，使其圆滑过渡，并将挖、填方边坡由中间向两侧逐渐变缓，在交接处顺接，连续顺畅，自然协调，并在过渡段栽植一些乔灌木进行遮蔽绿化。

具体实施时可在填挖交界处高度低于 4m 的部分（一般为 20m 范围内），在不增加占地的情况下，对边坡坡比进行渐变放缓，使挖填方能顺接连成一个整体曲面。填方边坡放缓后，排水沟外移，要注意边沟和排水沟顺接。渐变段若有涵洞，则将涵洞酌情延长。

4. 结构物表面处理

承重挡墙、桥台、抗滑桩等结构物的表面处理，其外观宜采用与周边环境和周边风貌相适应的形式。绕城高速公路主要采用了粗料石和文化石镶面两种外观形式，采用粗料石的外观和谐自然，控制较好，避免了单调感和压抑感（图 2–4–43）。

a）北段 N10 标楼房湾桥桥台丁顺浆砌

b）东段 E3 标马里岗大桥桥台丁顺浆砌

c）南段 K105+710 天桥保留混凝土原色

图 2–4–43 绕城高速公路结构物表面处理图

上跨结构物表面可不涂装，保留混凝土的原色更加持久，若要进行色彩涂装，应选用自然色调。

（五）韵律节奏交替营造森林之路

高速公路空间造型在引入时间概念后，成为四维景观体系。因此，景观营造时，既应力求统一，但又不能千篇一律，应在统一的主题下表现出各自的特色和韵味。适当的变化，如线形的弯曲、起伏，景观的色彩等，都会使用路者在行车中感受到沿途景观富有节律感、多变性，产生愉悦的心情，达到消除疲劳、提高行车安全的目的。

高速公路景观的多样统一是一个度的问题。如中分带绿化过分要求统一，整条路段采用相同的植物、相同的高度、相同的配置方式，不仅使整个景观显得单调乏味，缺乏表情，还会使驾乘人员产生视觉疲劳，甚至导致严重后果。相反，若过于追求变化，会显得杂乱无章，给驾乘人员带来不安。景观设计应在这两者之间寻找合适的平衡点。

在空间的处理上，开敞的空间与闭锁空间可形成对比。在高速公路上开与闭的对比主要由路侧的已有景观决定，当路侧有可以利用的优美或独具地方特色的景观时，应引导视线向外延伸，将已有景观纳入驾乘人员的视野中，形成一个开敞的空间；而当路侧景观可能影响整体构图时，可将其屏蔽，形成一个“闭锁空间”；当路侧的景观可露可遮时，可利用空间的收放开合，形成敞景与聚景的对比。它们相互对比，彼此烘托，增加了景观的层次感，使景观更有深度。

通过对路线两侧行道树、中央分隔带植物组合，运用“借景、障景、露景”等手法，可以营造出具有一定韵律与节奏的路域景观。可用的韵律节奏方式如下。

（1）简单韵律：如路侧等距离种植乔木，产生的连续构图。

（2）交替韵律：由两种或多种因素交替等距反复出现的连续构图。如路侧绿化带上用一株黄葛树一株杜英反复交替的栽植，中央分隔带上两种不同色带等距交替排列等。

（3）渐变韵律：由连续重复的因素按照一定的规律有秩序地变化形成。如体积的大小、高度的依次增减、色彩的浓淡等。

1. 路侧绿化

路侧绿化是建设绿色通道工程的主体，是景观环境再造、协调公路与周围环境关系的基本措施，其绿化配置的好坏不仅影响生态环境，而且关系到高速公路的建筑美和景观美能否充分展现。这部分绿化要达到一定的规模才能形成一道绿色风景线，其宽度根据两侧的地物、地貌确定。同时，应根据公路的线形特征，营造出一种韵律感，植物配置应以行列式为主组合，树种根据区域的土壤、气候等特征和树种的人文寓意来选定，一般以常绿为主。如重庆地区，可选择黄葛树、天竺桂、重阳木、小叶榕等。树林下面种植一些地被植物或花灌木等，丰富绿化带的景观层次。

填方边坡植树采取栽植乔木和点播灌木种子的方式进行绿化。乔木采用2~3种，选用2~3种植物规格，体现层次。施工过程中按照现场情况采用“诱”、“露”、“封”的方法灵活处理（图2-4-44~图2-4-47）。

“诱”——乔木合理搭配，可使周围的民居若隐若现，增加情趣。

“露”——路侧风光好的段落，尽量少栽大树阻挡，适宜点缀几株形成视窗。

“封”——靠近路侧影响视线的民居，可栽植乔木进行封闭。

行道树采用干径10cm的大树进行等间距栽植，展现高速公路的线形景观。

a）

b）

图2-4-44　周边环境较好的路段宜诱导视线

2. 中央分隔带韵律

高速公路中央分隔带起着分隔交通、诱导视线、减轻车灯眩光干扰、保障高速行车安全、美化公路景观的作用。驾驶员长时间行驶在高速公路上，其精力、视觉高度集中在路面上，极易产生疲劳，中央分隔带绿化后可以直接通过植物的颜色、形态的变化，调节驾驶人员的注意力，减轻驾驶员精神疲劳，提高行车安全。

a）

b）

图 2-4-45　周边风光较好的路段宜显露出来

a）

b）

图 2-4-46　距离较近的民居宜栽植乔木林封闭

a）

b）

图 2-4-47　路侧栽植大规格的乔木形成交替韵律

植物应选择适应性强、管理方便、植株低矮、耐修剪、耐尾气污染、具有防眩功能和较高观赏价值的常绿灌木为主，以规则形式布置，其间配以花灌木，下部则栽植地被类。应注意植物枝条不应超过中央分隔带的防护栏，以免阻碍驾驶员视线，植物色彩不宜过分缤纷，植物配置也应以简单明了为主，确保驾驶员视线开阔，以免干扰驾驶员安全行车。

绿化带高度以高出路面 1.5m 左右为佳，在半径较小的凹形曲线部分，为了防止眩光、引导视线，应种植 1.5m 以上的中型灌木。

绿化带上一种种植方式的持续距离以车辆行驶 5min 的距离为宜，若车速为 120km/h，5min 行程为 10km，因此种植方式可每 10km 作 1 次变化，这样可时常给驾驶员以新鲜感，避免驾驶员和乘客感到疲劳和单调。

按防眩效果和景观要求，绕城高速公路选择的主体防眩植物以蚊母、毛叶丁香、法国冬青等为主，其高度以 1.6m 为宜，单行间距 1.0m，有规律地排列，形成一定的韵律感，点缀开花色叶植物如紫薇、黄花槐、木芙蓉、红叶石楠等，增加景观韵律感（图 2-4-48 和图 2-4-49）。中央分隔带的地表应栽植地被覆盖，防止土层污染路面，达到保湿效果。防撞护栏外侧种植低矮的色叶小灌木（红花檵木、金叶女贞、四季栀枝、六月雪等），与主体植物形成高低错落的层次，同时通过花灌木的不同花期、花色以及叶色变化，丰富中分带的景观，每隔 20~30km 变换栽植模式，减少驾驶员的视觉疲劳。

a）

b）

图 2-4-48　中央分隔带主体防眩灌木（冬青、毛叶丁香）

a）

b）

图 2-4-49　点缀红叶石楠、搭配红花檵木丰富景观层次

绕城高速中央分隔带宽度分别为 3m、2m，将草、地被、灌木及小乔木进行交替布置，体现立体层次，注重考虑植物季相变化以及搭配，丰富静态和动态景观。

（六）疏朗稠密有致，打造主题特色

高速公路总体作为一个线形链状生态景观系统，互通式立交区、隧道口、服务区和观景平台就是链上的节点，节点景观应营造成“明珠”，按静态景观考虑，作为动态景观系统的调剂，这种节点的静态景观，不仅有利于缓解使用者长时间浏览窗外景致造成的视觉疲劳，也有助于丰富整个旅途体验，做到动静结合。

1. 互通式立交

互通是高速公路联络线的汇聚点，也是与其他公路交叉行驶时的出口，是景观构成的重要区域，直接影响公路景观的总体形象。

由于在立交区域车速较慢，停留时间相对较长，视觉变化多端，应进行重点打造。从景观角度看，它是高速公路景观设计中场地最大、条件最好、景观设置可塑性最强的部位，是公路的标志性景观，其景观营造要点如下：

（1）景观营造必须满足行车功能的需要和视觉要求，突出诱导栽植、标志性栽植和明暗过渡栽植等，同时兼顾绿化、美化和环境保护的功能。

（2）景观追求视觉上的舒适性，以植物造景为主，营造自然生态景观；地域特色突出的节点可以适当布置小品景观，但宜少不宜多。

（3）行车视线高度较低，视觉区域以立交区为主的节点，应充分利用自然地形条件，组团式布设高大乔木，形成视觉焦点，依次布设小乔木、灌木、地被，形成层次感。

（4）行车视线高度较高，视觉区域以周边环境为主的节点，以生态林方式营造景观，成林成片营造生态森林效果。

（5）行车道附近区域宜布设地被、灌木丛，形成视觉铺垫，既可保证行车视距，又可突出视觉焦点。

（6）立交区景观营造树种应选用乡土树种为基调树种，注意常绿与落叶搭配、树形搭配、季相变换。对重庆地区来说，一般应达到“四季常绿、三季有花”的生态景观效果。

如绕城高速公路上的金凤互通式立交连接地方道路，立交区周边为浅丘地形，圆缓山丘上分布茂盛丛林，周边以苗圃为主，大片的苗圃给整个大环境形成了良好的背景，是典型的田园风光。立交地形起伏小，以填方为主，形成封闭区域，填方高度不大于6m，行车视线较开阔，视觉区域以外部景观为主，立交区景观营造定位为生态林。

立交区周边分布弃土场，且堆放的土壤为耕种表土，利用弃土场的土壤来回填整理坡形，将互通地形整理圆顺后，由社会化力量进行苗圃绿化，节约了绿化工程的直接投资，苗圃的苗木与周边环境协调一致，充分利用了有限的土地资源，产生良好的社会经济效益。

金凤互通景观效果营造首先注重场地的整理，挖方边坡放缓边坡坡比至1∶4，填方边坡回填种植土与地形衔接圆顺。其次注重绿化与环境的呼应，在路线两侧栽植2~3排干径8~10cm的黄葛树，内部栽植小乔木苗圃，给人以一片森林的感受，达到了景观与经济合二为一。在视线焦点之处栽植1~3株干径30cm的黄葛树和群植银杏和香樟，起到“画龙点睛”的作用（图2-4-50）。

a）立交区与周边弃土场一起形成生态林

图　2-4-50

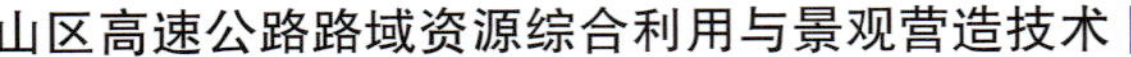

b）生态林与周边丛林连成一体　　　　c）郁郁葱葱生态林

图 2-4-50　金凤互通式立交生态林景观营造效果

仁沱互通也运用社会化苗圃绿化模式，蓄水池周边栽植亲水植物，周边栽植黄葛树、紫薇等，花开映入水中，增加了景观效果（图 2-4-51）。

a）　　　　b）

图 2-4-51　仁沱互通式立交亲水生态林景观营造效果

2. 隧道洞口区域

影响隧道洞口区域景观营造的主要因素有洞门结构、洞口边仰坡、洞口前区场地以及周边环境，景观营造应充分利用周围的自然环境、地形地势，结合洞门形式，加强对洞口边仰坡的修饰和洞口前区场地整理，营造出与周边地形顺接过渡、场地植物景观自然、洞门结构不突兀的整体景观环境，达到隧道“自然进山、悄然出洞”的景观效果。其景观营造要点如下：

（1）遵循“零开挖进洞”的设计理念，施工中严格控制隧道洞口区域的开挖断面，对左右线间的原始山梁进行保护并恢复，体现尊重自然、再造自然的思想。

（2）洞门结构应采用轻型、体量小的形式，有条件的尽量采用削竹式洞门，以利于营造自然式生态景观，若采用端墙式洞门，应严格控制端墙式洞门的体量，尽量采用阶梯式端墙形成渐变过渡，端墙式洞门周边的岩体一般较陡峻，应尽力保留原生岩体的形态，展现岩体肌理。

（3）隧道洞门在平面上前后有距离的，仰坡及洞门间边坡应三维弧化曲面过渡，避免形成折面连接，洞口前区的微地形应与仰坡连接顺势。

（4）洞口绿化以自然式为主，大量运用乡土树种，注意常绿与落叶搭配、树形搭配、季相变换。对重庆地区来说，一般应达到“四季常绿、三季有花”的生态景观效果。另外要特别注意前区植物与仰坡植物的过渡，仰坡植物与周边大环境的融合。

（5）有条件的在隧道洞口附近设置水池，与隧道消防、绿化养护相结合。

重庆绕城高速公路上的玉峰山隧道洞口，设计为削竹式洞门，左右洞口平面错位，周边山体植被丰富，以常绿阔叶林、竹类、松林为主，洞顶地形较陡，开挖仰坡坡比为 1 : 1，通过强化场地修整，配植乡土树种，栽植大量的常绿阔叶植物，与山体植被协调和谐过渡（图 2-4-52）。

a）

b）

图 2-4-52　玉峰山隧道洞口区景观营造

绕城高速公路上的环山坪隧道，设计为削竹式洞门，左右洞口平面错位，隧道穿越桥口坝国家森林公园，山体以竹林为主，周边分布有少量的阔叶植被，仰坡开挖坡比为 1 : 1，设计栽植重阳木、竹类为主，运用的植物与山体一致，营造出悄然入洞的景观效果（图 2-4-53）。

绕城高速公路上的水土 2 号隧道出口紧接水土嘉陵江特大桥，洞口设计为端墙式，周边山体为完整砂岩陡崖，施工中采用光面爆破技术，严格控制开挖，凸显岩石肌理，若调整洞门形式为环框式，则更能突出周边岩体，宛如天开（图 2-4-54）。

a）洞口周边环境

b）环山坪隧道洞口场地初期整理

图　2-4-53

c）洞口绿化后效果

图 2-4-53　环山坪隧道洞口景观营造效果

a）

b）

图 2-4-54　水土 2 号隧道洞口景观营造

3. 服务区

高速公路的附属设施有收费站、停车场、管理处等，统称为服务区。服务区的景观营造主要是面向高速公路工作人员与驾乘人员的，具有特殊的要求，应能够充分发挥休息设施的效用。其景观营造应遵循以下原则：

（1）以“因地制宜、因路制宜、经济适用、景观协调、易于管护”的基本原则确定标准，指导设计。

（2）整体规划、功能协调。依据总体布局统一格调，绿化应取得景观和功能的协调，根据地形地貌的水平、垂直、深度来注意植物的季节变化和空间的层次性，形成立体景观，同时应与周围外侧毗邻区相结合，做到防护、绿化、美化和谐统一。

（3）景观生态原则。运用景观生态学原理，将景观与地形、地貌、地物等自然要素和满足人类精神需要的人文景观进行优化组合，创造融科学、艺术、园林、生态、环保、美学等功能于一体的生态景观工程。

（4）以人为本的原则。用树木花草做到美化、净化景观，与不良环境隔离，为驾驶员、乘客以及工作人员创造消除疲劳、心情舒畅、安静优美的休息环境。

（5）节约的原则。充分利用自然地形和现存植物，设计最优方案。特别注意节约造价、节水及管理费用。

（6）乡土植物为主的植物造景、兼顾建筑小品的景观艺术。以乡土树种为主，同时引种适宜本土环境生长，具有美化、经济、高效、适用等多用途、多目标、多功能的树种，丰富地方植物资源，增

加稳定生态性。利用植物的形状、色彩、质感、神韵，创造各具特色的环境景观。合理配置乔灌花草比例，充分考虑植物的特点和景观效果，并可增加具有观赏品位的艺术小品，如亭、石、路等。

（7）选择不影响驾乘人员视线的树木，需要一定通透性，留出足够的安全视距。

（8）用植物来加强防护和遮蔽效果。如加油站种植常绿，不易着火的防火树种，种植坡地草、灌木防止水土流失。

在细节上，服务区景观营造的要点如下：

（1）在占地边界、小路和排水沟附近，要进行遮蔽栽植、区别标志栽植、防止进入栽植或设树篱。尤其是对于占地边界的栅栏，应通过植树与外部景观保持一致。

（2）停车区一般占地面积小，种植草皮往往易被人踩踏，应尽量铺草坪砖。为改善景观和诱导行车，在路面中设置槽形花池或种植绿茵树。

（3）考虑对驾驶员心理的调节，路面的种类应尽量使用沥青路面以外的彩色平板、硬质砖铺装。

（4）植物的种植设计应充分考虑地形、土壤、气候、自然植被以及将来的利用规划和发展规划、将来的维修管理等各种因素。所设计植物个体的长宽、方向应以不妨碍视距、辨认标志、照明区域等为原则。从规划设计初期应将植物的位置及生长后的间隔尺寸考虑到景观规划图内，兼顾近期与远期，采用速生树种与慢生树种相结合，既在建设的初期有较好的绿化效果，同时保证最后设计目标的实现。在立体空间中，划定其合理的位置和方向感，并协调好硬质景观与软质景观的设计，做到“先绿化后美化”、“香化、彩化”、“三季有花”、“四季常青”。

（5）植物配置比例可参考乔木、灌木数量比值为 1∶3；常绿树种与落叶树种比值为 2∶3；常绿树种中阔叶树占 60%~70%，针叶树占 30%~40%；草坪与地被植物数量比为 1∶1。

总之，服务区的景观营造相对其他地段要求更高，选择植物时应优先考虑当地乡土特色植物，较好地体现地方特色。一般偏重常绿阔叶树和花卉种类，将乔、灌、花、草有机的结合在一起，并利用植物枝条颜色和花色进行搭配，加之季节变化，构成丰富多彩的四季景观。服务区与外界的隔离应采用自然的“软性隔离”，即用矮墙和栅栏，内侧种植乔木、灌木，可选用刺槐等带刺植物。服务区还可结合当地的人文景观和历史典故，设置具有一定意义的雕塑（群）、壁画，增加服务区文化氛围。

绕城高速公路上的珞璜服务区采用多种绿化树种，以乔木、灌木、低矮灌木、草本等多种植物形成丰富的竖向层次，营造精细的空间景观，给驾乘人员带来愉悦的感受（图 2-4-55）。服务区景观营造主题为“金色年华”，以金黄色叶植物为主，片植金叶女贞，栽植银杏。在隔离带处以 3m 间距栽植行道树天竺桂。在进出服务区的视线集中区域点缀大规格的雪松、黄葛树、银杏，前面片植红枫、红梅及贴梗海棠，背景栽植小叶榕、小叶桢楠、杨树，形成多个层次。

图 2-4-55　珞璜服务区“金色年华”景观营造效果

4. 观景平台

公路观景平台不仅考虑其观景功能，还应考虑停车、休憩等功能，一般设置在公路两侧有较高景观价值且视域范围良好之处。观景平台作为路域景观的一部分，其本身也是行人视觉环境的一个构成要素，其设置应充分考虑观景环境的安全性和可行性。

观景台的布局手法多样，风格各异。设计时可借鉴园林景观的设计方法，结合石、水、泉、树等其他造景手法，不拘泥于形式，体现公路设计理念的“灵活性”，根据其所在地理位置及周围环境，从多方视角展现景点的独特魅力。观景台上景观小品的设计，既要突出实用价值，又要表现艺术特征，在满足交通功能的同时，注重细节景观的设计。如桌凳椅、垃圾箱等功能性小品，用材与颜色处理应考虑周围景观特征，可通过与铺装相协调来达到和谐与统一；雕塑、叠石等装饰性小品，宜结合路段的功能定位与文化取向来设计，以体现精神内涵和艺术追求；栏杆、景桥等分隔性小品，可根据周围环境条件灵活处理，就地取材，融于自然，表现野趣。

绕城高速公路上的观音岩长江大桥观景台，位于江津观音岩大桥北岸，其邻近路段路边有一棵黄葛古树，枝繁叶茂，与沿江景色相得益彰，在设计阶段专门对该段路线进行了调整，让道于树，在黄葛树与观音岩长江大桥之间，利用桥头弃土场，设置了观景台，满足驾乘人员休息、观景的需求（图 2-4-56）。

a）

b）

c）

d）

图 2-4-56　江津观音岩长江大桥桥头观景平台景观营造效果

观景台设置于长江边上，其视野开阔，周边自然风光较好，整个场地十分平整，利用铺装和颜色来划分加减速车道、停车区和步行区等功能区，并在观景台中设立了重庆首个桥梁博览园。博览园浓缩了重庆市 10 座著名桥梁的浮雕，同时把桥梁建设过程中的重要结构物以及模型搬进园内，利用修建

大桥的废弃部件做成雕塑和座椅，让人们不仅能够了解不同桥梁的造型及特点，还能感受桥梁建设的过程与结构。

（七）丰富天桥造型，突出视觉亮点

上跨天桥作为视觉区域内独立的个体，其造型不仅要有与其功能相适应的外形和比例，而且要有新颖、优美的造型，简洁明快、朴素大方的线条，强度牢靠、基础稳定的结构，并有强烈的时代气息。在保证桥梁实用和自身美的同时，使上跨天桥与路线及周边环境充分协调。

1. 上跨天桥造型的原则

上跨天桥造型应遵循安全、美观、创新、经济的原则。

安全——桥梁造型以保证结构安全为前提。

美观——第一是其形要美，与周围环境相协调、相融洽，因势而为，避免生搬硬套；二是其神要美，有主题，有思想，达到形与神的统一，观后给人以启迪、遐想。

创新——在采用传统结构形式的同时，要有所创新，体现所在公路的特点和亮点。

经济——在保证安全、美观的前提下，尽量降低工程造价。

2. 典型上跨天桥造型

按照上述原则，重庆绕城高速公路上跨天桥拟定了十几种桥型方案，经过反复斟酌，选定 7 种主要桥型，再根据现场地形地质、周边环境、线路视觉环境特点，确定具体方案，营造亮点景观。

（1）人字刚架桥

构图为“人”字，结构简洁，主题为“以人为本”，体现了高速公路新的设计理念，“人”字的两笔分别由红色和蓝色构成，红色代表人的体魄，血肉之躯，蓝色代表人的思想。人字刚架桥适用于基础条件较好的挖方路段，两根斜撑与地形的充分结合（图 2–4–57）。

a）

b）

图 2–4–57　“人”字刚架天桥造型景观

（2）独塔斜拉桥

独塔斜拉桥适用于路线周围视野较开阔的路段。桥面以上索塔是一个人字形，桥面以下为一个人字形的倒影，上下呼应，也集中体现了“人”这个主题，体现了“以人为本”的思想，具有时代感（图 2–4–58）。

（3）飞雁式拱桥

飞雁式拱桥适用于分离式路基路段。大雁拱左右两半拱在中墩处交叉，线条连贯，其构图犹如一只腾飞的大雁，中墩和桥面以上的拱分别构成了大雁的足和翼，展翅欲飞的大雁拱立于开阔的高速公路上，给人一种动与静协调统一的美感（图 2–4–59）。

（4）琴弦斜拉桥

琴弦斜拉桥适用于基础地质情况较好的挖方路段。桥左右两个索塔延伸相接为一个拱形，索塔由三片长短不一、颜色各异的构件组成，并通过三对斜拉索与桥面相连，外形似两把琴弦。两个索塔像大自然伸出的两只手，把高速公路拥入怀抱，人、车、路和大自然和谐统一，它表达了一种喜庆、祥和、欢快的主题（图 2-4-60）。

a）

b）

图 2-4-58　独塔斜拉桥造型景观

a）

b）

图 2-4-59　飞雁式拱桥造型景观

a）

b）

图 2-4-60　琴弦斜拉桥造型景观

（5）分岔拱桥

分岔拱桥适用于高速公路的挖方路段。分岔拱桥拱轴线较坦，由上下两个拱叠合而成，形成较坦的桥面，构图简洁大方，与边坡绿化衔接较好，充分体现了自然美（图 2-4-61）。

a）

b）

图 2-4-61　分岔拱桥造型景观

（6）葵花拱桥

葵花拱桥又称拱上拱，其构图简洁明了，有一种内敛之美，适用于高速公路高挖方路段。大拱和小拱均延伸到边坡，与边坡衔接自然，与地形和绿化融合较好（图 2-4-62）。

图 2-4-62　葵花拱桥造型景观

（7）斜腿刚构桥

斜腿刚构桥桥跨结构与墩台刚性连接，适用于高速公路的挖方路段。普通的斜腿刚构跨中截面高度较小，而绕城高速公路斜腿刚构桥将跨中部分做成较高的鱼腹形，从构图上犹如一只奔跑的猎豹，路、桥、环境组成了一幅生动的画面（图 2-4-63）。

图 2-4-63　斜腿刚构桥造型景观

（八）植物组合与边坡生态恢复融于自然

1. 生态恢复植物组合

高速公路绿化植物品种选择遵循“生态优先、因地制宜、适地适树”的原则，选择适合当地土壤、气候条件，耐瘠薄、抗旱性强，根系发达、分蘖力强的树种，以乡土树种为主。

在植物组合选型时，运用景观生态学的原理，结合绿化立地条件，充分利用公路用地范围内可绿化用地，选择适宜于生长的植物，且配置应有层次、有厚度、有联系，应考虑植物的高度、冠形、叶形叶色、枝叶开张角度和茂密程度等，使植物高低错落有致，乔木、灌木、藤木、花草等植物配置有序，各占其合理的空间位置，常绿植物、落叶植物合理搭配，并强调立体效果。

平地植物组合：采用高大乔木、小乔木、灌木、地被、草本进行搭配，营造出高低错落、疏密有致的景致。

坡地植物组合：挖方边坡以灌木、小乔木栽植为主。填方边坡以乔木和草本为主，起保持水土、固土护坡的功能。

2. 边坡生态恢复

边坡生态恢复功能一方面主要体现在固土护坡，提高边坡的稳定性，防止落石影响行车安全、减小水土流失；另一方面体现在美化景观、恢复植被，保护并改善沿线视觉环境和保护自然生态环境。在边坡生态恢复过程中，应尽量与沿线的农田防护林、护渠护堤林、风景林地相结合，充分利用当地植物资源。

重庆绕城高速公路路域植被茂盛、自然环境优美。在路基防护工程中，对存在深部稳定问题，需进行坡面加固处治的边坡，一般采用框架锚杆方式，框架嵌入坡面中，后期通过绿化遮蔽。对绝大部分砂岩、泥岩边坡，其主要工程病害为坡表的风化碎落，设计施工中避免采用硬性圬工砌体防护方式，而采用了兼具防护功能和绿化美化功能的生态防护措施，强有力地恢复了土石方施工造成的生态环境破坏，有效地改善了高速公路的路域环境。对完整硬质岩边坡，不强求全坡面绿化，在适当地方点缀栽植乔灌木和藤蔓植物，突出硬质岩边坡的刚硬感，体现其自然美（图 2-4-64~图 2-4-66）。

图 2-4-64　生态防护比工程防护更融入自然

a）W4 标 K74+700 软质岩边坡生态防护

b）乔灌草花生态防护实景

图 2-4-65　软质岩的生态防护融入自然

本路段为典型峰岭景观路段（图 2-4-69），路线布设极为困难，除按地形、地质条件进行选择外，重点考虑环保景观选线和安全选线。路线方案研究中，以“避开温泉群出水口、避开新近开发的旅游设施、减小路基挖填对地表植被的破坏和对自然景观的影响、减小工程建设对箭滩河河道的影响和对老 210 国道现有交通的干扰”为主要原则，拟定了 K、C 两条路线方案。两个方案特点鲜明，各具优劣，其中 K 线方案以隧道为主，中间露头段大部分为高架桥，从长远来看对自然环境及植被资源保护更为有利，但因通过桥口坝温泉开发核心区（敏感区），将核心区一分为二，对景区的视觉效果和旅游资源开发影响较大，地方政府对此意见甚大；C 线方案效果则与 K 线正好相反。通过充分研究分析，听取各方意见，最终采用了对周围环境影响最小的 C 线方案。路线技术指标按一般值控制，通过对相邻路段技术指标的均衡配置和运行车速检验来保障路线的安全性要求。

a）

b）

图 2-4-69　南段桥口坝峰岭景观路段周边环境

本路段路线以 2km 多的隧道穿越环山坪，以高架桥形式跨越老 210 线和箭滩河，经过桥口坝国家森林公园，然后进入隧道，接寨子坡枢纽立交。高架桥的设计充分考虑了与周围环境的协调，考虑到施工对环境的影响，尤其是对国家森林公园的影响，在建设中做到“最小程度地破坏，就是最大限度地保护”，在建成后进行最大限度地恢复，使结构与自然环境融为一体。桥梁蜿蜒穿行在山间，一派壮观景象。

绕城高速公路南段 S10 标箭滩河特大桥位于桥口坝国家森林公园，桥下有河流、老路、气管、军事线缆，且位于横坡约 70° 的斜坡上。设计顺势而为，尊重自然，施工精雕细凿，保护环境，凸显峰林景观，充分体现了尊重自然、保护自然、融入自然的景观营造理念（图 2-4-70）。

a）箭滩河大桥原始地貌

b）箭滩河大桥桥梁施工中

图　2-4-70

c）箭滩河大桥与河流和谐

d）箭滩河大桥与植被和谐

图 2-4-70　南段桥口坝峰岭景观路段箭滩河大桥工点

三、歇马互通式立交

歇马互通式立交为连接地方道路的一般单喇叭互通式立交，处于丘陵景观段落，周边地形以卵圆形小山丘为主，互通内地势较高，匝道及主线两侧以挖方边坡为主，特别是三角区域的分合流处，影响行车视线。

该互通景观营造先期进行整地，为保证视距，对分合流处的三角地带、弯道内侧的坡面或山头进行修整，消除折角，如图 2-4-71 所示。

a）

b）

图 2-4-71　歇马互通式立交初期场地修整

场地修饰整理后，整体地形呈圆缓丘陵状，与周边的地形相适应，视距良好。在主线和匝道两侧栽植成排常绿乔木展示路线线形，在视觉集中的焦点丛状栽植大树，期间栽植过渡性乔木，保证绿量，营造出生态森林景观（图 2-4-72）。

四、西彭互通式立交

西彭互通式立交为绕城高速公路与城市快速通道相交叉而设置的二级次枢纽互通式立交，通过连接线接白彭一级公路。

邻近路段范围内的表土收集堆放于互通区域内，互通所处地形较缓，填、挖方量不大，通过对场地竖向设计和施工修整，将挖方边坡放缓的土石方弃于填方路段，土石方就地平衡，消除边坡折角，地形弧化自然（图 2-4-73）。

a）

b）

c）

d）

e）

f）

图 2-4-72　歇马互通式立交景观营造过程及效果

a）

b）

图　2-4-73

c）

d）

e）

f）

图 2-4-73　西彭互通式立交场地修整理效果

景观营造以园林栽植手法，片植小叶榕、天竺桂作背景，在视线可及范围内点缀高大的银杏、香樟、黄葛树。毛叶丁香球规则布置体现互通的导向功能，地面用金叶女贞、夏鹃、蚊母等作造型栽植，蓄水池边及排水沟两侧栽植杨柳，做到“树成林、花成片、灌成丛”的视觉效果。乔、灌、草的立体搭配，注重绿化体量的展现。植物的高低搭配，常绿的落叶的搭配形成优美的林缘线（图 2-4-74）。

五、花溪互通式立交

花溪枢纽在 K151+588.56 与渝湘高速公路呈十字形交叉，作为环线的重要交通枢纽，交通量大，车辆转换功能要求高。设计结合所处的地形条件和转弯交通量的大小，灵活布置匝道，对匝道线形指标的选用在确保行车安全、保护自然生态的前提下，灵活掌握，充分重视匝道自身线形协调设计，避免一味求低或者求高求全，死搬规范标准。经综合比较，采用了半苜蓿叶 + 半定向形枢纽立交方案。

互通式立交内桥梁结构设计方面，采用能够较好适应曲线变化、行车舒适的现浇预应力混凝土连续箱梁，下部构造采用花瓶形实体墩，减少墩柱数量，消除混凝土“森林”，最大限度地提高桥下通透性。

该立交占地范围大，地形复杂，渝湘路左侧场地地形低，以高架桥的形式跨越花溪河；渝湘路右侧地势高，主线匝道在山丘间穿行，挖方边坡高达 20m。

因地势起伏大，场地设计充分尊重原地形，对花溪河局部进行加宽处理，并形成由桥台至河边的斜坡；挖方边坡部分拆除原设计的框架梁，将二级边坡放缓弧化，形成圆形山包（图 2-4-75）。

a）

b）

c）

d）

e）

图 2-4-74　西彭互通式立交景观营造效果

图 2-4-75　花溪互通式立交场地修整效果

桥梁施工后恢复河道，局部适当加宽，将蜿蜒水景引入高速公路景观中，营造工程与环境的完美相容；成片、成林栽植常绿乔木和落叶乔木，营造“青山绿水”的景观效果。

渝湘高速公路右侧的区域，在修整后的边坡上挖坑植树，植树由进到远依次栽植灌木、小乔木、大乔木等，形成立体层次的森林景观，山丘顶部栽植 4 株大黄葛树，形成视觉焦点（图 2-4-76）。

a）

b）

c）

d）

e）

图 2-4-76　花溪互通式立交景观营造效果

六、江津观音岩长江大桥与一棵树观景台

江津观音岩长江大桥为绕城高速公路南段的控制性工程，以一个主跨过江，气势恢弘，其高耸的桥塔、纤细的主梁与长江交相辉映。

初步设计阶段充分考虑了桥位处的通航、施工条件，充分考虑了施工难易程度、桥梁的耐久性、造价、景观效果等因素，提出了三个桥型方案，分别为 660m 悬索桥、198.5m+436m+198.5m 双塔混凝土主缆斜拉桥和 186m+436m+186m 双塔结合梁斜拉桥。三个方案各具特点，综合考虑投资、安全耐久性、对纵坡的适应性以及桥面宽度大的特点，最终选择了双塔结合梁斜拉桥作为实施方案。施工图设计时，充分考虑各主要结构物的形式和尺寸，重视桥梁的视觉效果，使大桥、铁路、长江和该处的山势浑然一体，成为绕城环线上一颗璀璨的明珠（图 2-4-77）。

图 2-4-77　气势恢弘的江津观音岩长江大桥

一棵树观景台，位于观音岩大桥北岸，因古树与江景相得益彰，通过各方努力，让道于树，在黄葛树与长江桥之间，利用弃土场，设置了观景台，满足驾乘人员休息、观景的需求。观景台场地平整，视野开阔，利用铺装颜色来划分功能分区，并设置重庆首座露天桥梁博览园，把桥梁建设过程中的重要结构物以及模型搬进园内，利用修建大桥的废弃部件做成雕塑和座椅，并浓缩了重庆市 10 座著名桥梁的浮雕，让人们不仅能够了解桥梁的造型及特点，还能真切感受到桥梁建设的过程（图 2-4-78）。

a）

b）

c）

d）

图 2-4-78　江津观音岩长江大桥桥头一棵树与观景台景观营造效果

七、环山坪隧道

环山坪隧道属构造岭脊侵蚀地貌，山脊走向与构造线基本一致，植被茂密，山脊上多松、杉等乔木，斜坡上灌木丛生；隧道进口地形坡度 15° ~20°，附近为农垦区，有大片农田分布，隧道轴线与地形等高线大角度相交；隧道出口地形坡度 15° ~25°，附近为农田及林区隧道轴线与地形等高线和岩层走向线大角度相交。

洞口采用“零开挖”技术使洞口区域自然环境基本无破坏；无洞门的设计理念，均采用削竹式洞门，采用三车道、大跨度、小净距设计与施工技术，节约了占地。

隧道穿越桥口坝国家森林公园，仰坡原设计开挖坡比为 1∶1，经修整后消除了仰坡和左右侧边坡的折角。生态恢复以栽植重阳木、竹类为主，运用的植物与山体一致，达到了和谐过渡的效果，给人郁郁葱葱的森林景观效果（图 2-4-79 和图 2-4-80）。

图 2-4-79 南段环山坪隧道进口区场地修整

a）

b）

c）

图 2-4-80 南段环山坪隧道进口区场地景观营造效果

参考文献

[1] 交通部公路司.新理念公路设计指南[M].北京：人民交通出版社，2005.

[2] 钱国超，唐述虞，景春，等.高速公路环境景观设计[M].北京：人民交通出版社，2009.

[3] 王珏.生态公路探索与实践[M].北京：人民交通出版社，2007.

[4] 沈毅，晏晓林.公路路域生态工程技术[M].北京：人民交通出版社，2009.

[5] 张卫平，董建辉.山区高速公路生态恢复理论与实践[M].北京：人民交通出版社，2006.

[6] 赵勇，孙中党，吴明作.高速公路建设项目对生态环境影响综合评价研究[J].安全与环境工程，2003，10(3)：27-30.

[7] 林晓青.高速公路建设对生态环境的影响及防治对策[J].福建环境，2000，17(3)：3-5.

[8] 黄江波.高速公路景观生态综合体系研究[D].武汉：华中科技大学博士论文，2007.

[9] 庞静.高速公路景观设计中若干问题的研究[D].济南：山东大学硕士论文，2007.

[10] 祝遵凌，尹红梅.自然与人文景观在高速公路景观营建中的应用[J].南京林业大学学报(人文社会科学版)，2006，6(4)：89-94.

[11] 陈建新.高速公路路际景观系统研究[D].武汉：武汉理工大学硕士论文，2005.

[12] 谷晓旭.山区高速公路景观研究[D].西安：长安大学硕士论文，2008.

[13] 关向群.隧道洞口景观设计实用方法的研究[D].成都：西南交通大学博士论文，2004.

[14] 先斌.重庆市生态公路建设理论与实践研究[D].重庆：重庆大学硕士论文，2006.

[15] 陈宗伟.在建高速公路土壤侵蚀规律及其防治体系研究—以湖北沪蓉西高速公路宜长段为例[D].北京：北京林业大学博士论文，2006.

[16] 陈有民.园林树木学[M].北京：中国林业出版社，1990.

[17] 余丹如.桥梁美学漫谈[J].国外公路，1998，18(1)：5-9.

[18] 李俊英.论高速公路绿化立地条件的特异性[J].河北林业科技，2000(1)：38-39.